全米No.1クリニックが教える
最強のマネジメント

著 レナード・L・ベリー　ケント・D・セルトマン　訳 近藤隆文

ACHIEVEMENT

MANAGEMENT LESSONS FROM MAYO CLINIC
by Leonard L. Berry　Kent D. Seltman

Japanese translation rights arranged with
Mcgraw-Hill Global Education Holdings, LLC.
through Japan UNI Agency, Inc., Tokyo.

医療の改善に注ぐ努力を誰よりも強く支えてくれる妻のナンシー、各々のキャリアですぐれた実績を残そうと必死に働く息子たち、マシューとジョナサン、その知恵ややさしさ、寛大さ、家族とコミュニティへの献身ぶりで鼓舞してくれたおばとおじ、クッキー・ゴールドとレスター・ゴールドに本書を捧げる。

——レナード・B・ベリー

私にとって最高の批評家で最強のサポーターであり、それぞれ医療検査学、法律、医学の分野で人生の多くを他者のニーズに捧げてきた妻のクリスティーンと娘のリーとアン、そして私の人生に可能性の宇宙というビジョンを与え、それを実現しようと懸命に働いてくれた両親、アルとジーン・セルトマンに本書を捧げる。

——ケント・D・セルトマン

メイヨー・クリニックの人々に。創設者のメイヨー一家もきっと誇りに思っている。

——レナード・B・ベリー、ケント・D・セルトマン

謝辞

本書のための取材と執筆に取り組むうち、われわれは生徒と教師の2役を務めることになった。教えるまえに、まず学ばなければならなかったからだ。並外れた成功をおさめているサービス組織について研究を重ねたいま、この本で、われわれはそのレッスンをお届けする。啓発されることの多い、やりがいのある旅だった。

このプロジェクトに着手した当初、われわれはメイヨー・クリニックのことも、その原動力もすでにわかっていると思っていた。色々と知っていたのは間違いない。だが、協力してくれた方々に感謝の言葉を書く段になってみると、さらに多くを学んでいたことが明らかになった。よい本を書くための系統立てられた調査と個人としての思索は、すばらしい学習方法だ。そのプロセスでは深く掘り下げ、見えなかったものを目に入れ、新たなパターンやつながりを検討せざるをえない。心に響く着想を得るだけではなく、その考えを言葉にして出版するには、より明確に、より深く考えることが求められる。出版物として長く残る以上、その言葉は的確なものにしておきたい。

われわれは的確な言葉で真実のメイヨー・クリニックを描き、メイヨーのサービスについて正確に語り、そのレッスンを授けるために最善を尽くした。完成稿へと至る旅の途中で助けてくれた大勢の方に感謝している。管理部門のリーダーとして傑出した業績を残し、2007年末にメイヨー・クリニックを退職したメイヨー・クリニック・ジャクソンヴィル初代最高管理責任者（CAO)、カールトン・ライダーは、本書を書くよう勧めてくれた人物だ。メイヨー・クリニックの歴史についてては書籍のかたちで発表されているが、メイヨー・クリニックのサービス文化、戦略、マネジメント、システムに関する本は出版されていない。そのような本は、非営利法人のヘルスケア組織の経営者たちという外部の読者だけでなく、当のメイヨー・クリニックにいる内部の読者にとっても、掛け値なしにためになるはずだと、ライダーは感じていた。メイヨー・クリニックには毎年数千人の新規スタッフが加わるのだから、こうした本はメイヨーの独自性を明確にとらえ、強化することに役立つだろう。メイヨー・クリニックのサービスのストーリーを語ることで、この本は年間50万人以上の患者がその卓越した患者体験の背景を知る助けにもなるはずだ。

カールトン・ライダーは、われわれが草稿の精読と批評を依頼した7人のうちのひとりだった。メイヨー・クリニックには、創立後の歳月、規模、ガバナンス構造、サービスの種類と範囲など、さまざまな要因による複雑さがあり、歴史上の出来事の誤った解釈はもちろん、軽率なミスも生じやすい。そこでわれわれは出版前の査読者グループを多種多様なメイヨー・クリニック体験をもつ人々で編成し、できるだけ正確かつ網羅的に物語を伝えられるようにした。この査読のプロセスは貴重なもので、われわれとしてはカールトン・ライダーに加えて、査読チームのほかのメンバーにも感謝を申し上げたい。ジョン・ラ・フォージア、ドクター・ロバート・ウォーラー、ドクター・マイケル・オサリヴァン、ロバート・スモルト、マシュー・デイシー、そしてドクター・ジェームズ・ドネリー・ジュニアに。

ジョン・ラ・フォージアは、メイヨー・クリニックの広報部長で、原稿について卓見を示すばかりか、このプロジェクトを支持し、研究に不可欠な独立性を守るためにクリニック内のサポートを確保してくれた。

ドクター・ウォーラーは、1999年に退任したメイヨー・クリニックの元CEOだ。30年にわたって臨床医を務め、メイヨーが地理的に拡大するうえで鍵となるリーダーシップを発揮した。ドクター・ウォーラーはいつでもわれわれの要望に応じ、「もう少しだけ質問を」と電話をしてもいつも親切に答えてくれた。

ドクター・オサリヴァンは、まず1964年にメイヨー・クリニックで病理学のレジデントとなり、1969年に病理科スタッフに参加、2002年にメイヨー・クリニック・スコッツデールのCEOを退任した。メイヨーでのキャリアは目覚ましく、その初期にはクリニックでも指折りの成功をおさめた事業をいくつか指揮していた。

ロバート・スモルトは、ほぼ36年にわたってCAOなど管理および経営のポストを歴任したのち、2008年にメイヨー・クリニックを退職した。スモルトはクリニックの経営システムの内情を知っている。多岐にわたる問題点の意味を明確にしたり敷衍したりする必要があるときに頼りになる人物だった。ヘルスケアに関する公共政策の改善に向けて深く検討してきたスモルトは、ヘルスケアの将来をめぐるどんな討議でもすぐれた見識を示してくれる。

マシュー・デイシーは、開発部のメイヨー・クリニック・ヘリテージ・ホール館長だ。熟練のライター兼編集者で、メイヨー・クリニックの歴史の明敏な研究家でもある。彼の詳細にわたる建設的な助言はたいへんためになった。

数年前にケンタッキー大学ガットン・カレッジ・オブ・ビジネス・アンド・エコノミクスの経営学教授を退任したドクター・ジェームズ・ドネリー・ジュニアが、われわれの7人目の外部査読者だった。彼に話をもちかけたのは、多作な著述家という経歴だけではなく、メイヨー・クリニックの患者としての経験もあったからだ。ドネリー教授が患者と著述家双方のレンズを通して原稿を熟読してくれたことには大いに助けられた。

本書はメイヨー・クリニックの承認と協力のもと、制限を受けることなく書き進められた。メイヨー・クリニックのリーダーたち、このプロジェクトを支援し、幾度となくインタビューで率直かつ綿密に語ってくれたみなさんにお礼を申し上げたい。その時間と見識はもちろん、われわれに寄せてくれた信頼に感謝している。力を貸してくれたクリニックのリーダーたちをつぎに挙げる。ドクター・デニス・コーティーズ、ドクター・ジョージ・バートリー、ドクター・ヴィクター・トラステック、ドクター・グレン・フォーブズ、ドクター・ヒュー・スミス、シャーリー・ワイス、ドリーン・フラスティ、クレイグ・スモルト、ドクター・ドーン・ミリナー、ドクター・スティーヴン・スウェンソン、ジェームズ・G・アンダーソン、ロバート・ブリガム、ジェフリー・コーズモ。

第1章で述べるように、本書の土台となるリサーチは2段階に分けて実施した。どちらの段階でも、メイヨー・クリニックの現在およびかつてのスタッフとの個人インタビューは欠かせなかった。インタビューに応じてくれた方々にお礼を申し上げる。読者はそのうちの何人かと本書で出会うはずだ。また、本書に必要な詳しい資料やデータを見つける手間をとってくれたメイヨーの3つのキャンパスの職員のみなさん、そして数限りない方法でわれわれの仕事をやりやすくしてくれた方々にもお礼を伝えたい。ニコール・バブコック、アダム・ブレイズ、ヴァージニア・ブルース、ドロシー・バーチ、エイミー・デイヴィス、リンジー・ディングル、ジーン・エングラー、スーザン・ファーゴ-プロッサー、ダニエル・ゴールドマン、ジェームズ・ハウク、パトリック・マカーティ、ハイディ・ミラー、ジム・ナセンズ、ロバート・ネリス、ドンリー・オクシンスキー、マリー・パーヘイ、ゲイル・プリチェル、クリフォード・ローム、アン・シャウアー、アラン・シルメラー、キンバリー・シュミット、トリップ・ウェルチ、ローリー・ウィルシューゼン、そしてルネ・ザイマー。

レナード・ベリーの〝書籍チーム〟の長年にわたるメンバー、グレンダ・ベスラーとシャーリー・デフィンボーにもお礼を言いたい。グレンダ・ベスラーはベリーのすばらしい管理担当助手となって20年を超え、新しい本のプロジェクトをいつでも大歓迎してくれる。もともと働き者のプロフェッショナルにとっては、仕事が相当増えることを意味するにもかかわらずだ。本書でグレンダが実現に尽力してくれた本は6冊目になる。シャーリー・デフィンボーは、シアトル在住の才能ある原稿整理編集者で、むだに長い文は断固として容赦しない。シャーリーが手伝ってくれた本はこれで四冊目だ。

われわれはマグロウヒルおよび担当編集者のメアリ・グレン、彼女の同僚たちと仕事をする機会に恵まれたことに感謝している。メイヨー・クリニックは世界的なブランドで、マグロウヒルも同様だ。われわれの考えでは、この2つのブランドを結びつけ、本書で何かしら魔法の力を生み出せるか確かめるのは価値のあることだった。

ケント・セルトマンは妻のクリスティーン、そして娘のリーとアンからの温かい愛情とサポートに感謝している。本書への情熱のせいで家族重視の家具工房の製作は遅れたが、幸いにして、家族は全員、大きなプロジェクトへの精力的な取り組みから好結果が生まれることをじかに知っている。クリスティーンは創意あふれる献身的な母親、リーは米国司法省の公民権弁護士、アンは30年にわたる教育の最終年をメイヨー・クリニックで終えた結腸直腸外科医だ。リーには、ビジネススクールで学んだことやヘルスケア産業で働いたことのない一般読者の代表として、原稿を批評してくれたことにも感謝している。さらに、ドクター・パトリシア・シモンズ、フランクリン・イオッシ、そしてメイヨー文化について、キャリアの初期に〝メイヨー式〟の指導を受けた当時の話をしてくれたロバート・スモルトにも謝意を表したい。

レナード・ベリーは妻のナンシー、そして息子のマシューとジョナサンからの愛と本書の出版に対する誇りに感謝している。彼にとっても家族の活動は大きな誇りで、ナンシーは活動的なコミュニティのリーダーであり、カレッジステーション医療センターをはじめとする地元や地域の複数の団体で理事を務めてきた。マシューはESPN局でファンタジースポーツのディレクターを務め、その界隈では〝才人ミスター・ロト〟として知られている。そしてジョナサンは新作テレビ番組などのエンタテインメントサービスの制作者だ。さらに、医療改善研究所（IHI）のリーダーであるドクター・ドナルド・バーウィックとモーリーン・ビゾーニャノにも、ヘルスケアの安全性、効果、効率の向上への情熱と献身に対してお礼を申し上げたい。ふたりの仕事と、彼らが率いる輝かしい組織は大きな励みになっている。

メイヨー・クリニックのみなさん、われわれはあなたたちの物語を正確に、興味深く、役立つように伝えるべく最善を尽くした。読者のみなさん、どうもありがとう。あなたの投資に大きなリターンがあることを信じている。

レナード・B・ベリー
テキサス州カレッジステーション
ケント・D・セルトマン
ミネソタ州ロチェスター

メイヨー家の医師たち：父、ウィリアム・ウォロル・メイヨー（中央）と息子たち、チャールズ・H・メイヨー（左）とウィリアム・J・メイヨー（右）

チャールズ・H・メイヨー医師

ウィリアム・J・メイヨー医師

ウィリアム・ウォロル・メイヨー医師、19世紀の田舎医者。

シスター・メアリ・ジョーゼフは、セント・メアリーズ病院の管理者を47年にわたって務めるかたわら、ほぼその期間を通じてウィリアム・J・メイヨー医師の手術助手としても働いた。

ヘンリー・プラマー医師。患者別統合医療記録の発案者にして、"デスティネーション医療"を支えた数々の初期システムの設計者。

ハリー・ハーウィック。メイヨー・クリニック初代管理者で、メイヨー兄弟とともに医師および管理者による経営モデルの開発とガバナンスのための理事会の立ち上げに尽力した。

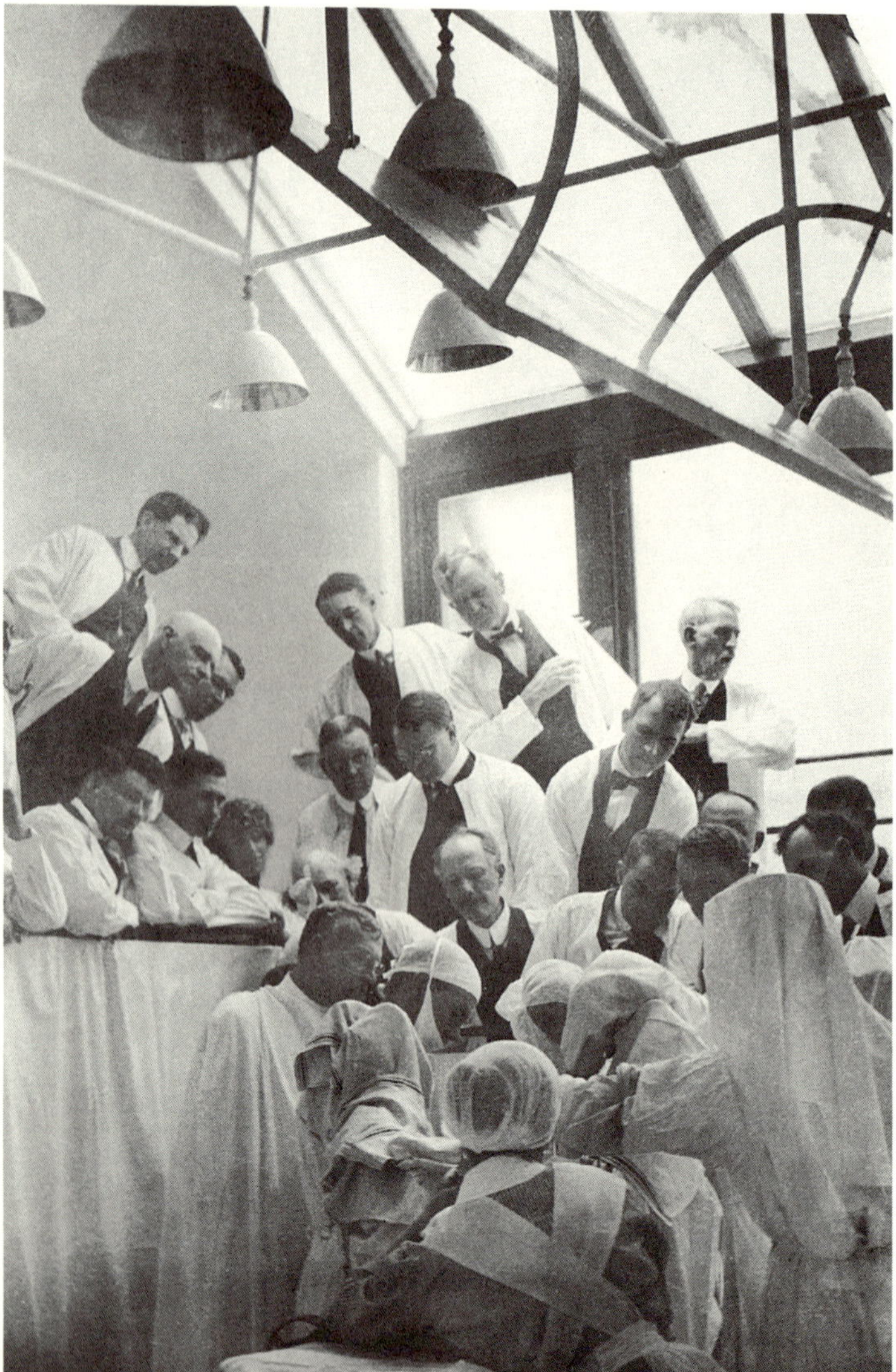

セント・メアリーズ病院の手術室《シアター》で執刀するチャールズ・H・メイヨー医師と、見学する医師たち。階段状の席に加え、患者の上方に鏡が設置されている。1913年ごろ。

1914年に完成したメイヨー・クリニックのビル。多分野統合型のグループ診療用に設計された史上初となる建築物。

1928年完成のメイヨー・クリニックのビルは現在、ヘンリー・プラマー医師の設計上の功績を称えてプラマー・ビルディングと呼ばれている。

プラマー・ビルディングのメインフロアにあるロマネスク調の装飾も豊かなエレベーターロビー。

メイヨー・ビルディング医療記録配送センターのリフトとシュート。21世紀初頭の電子カルテ登場で廃れる結果となった。

Mayo Clinic Downtown Campus

Rochester, Minnesota

A Baldwin
B Charlton
C Charter House
D Colonial
E Damon Parking
F Eisenberg
G Gonda
H Guggenheim
I Harwick
J Hilton
K Mayo
L Medical Sciences
M Ozmun
N Plummer
O Siebens
P Stabile

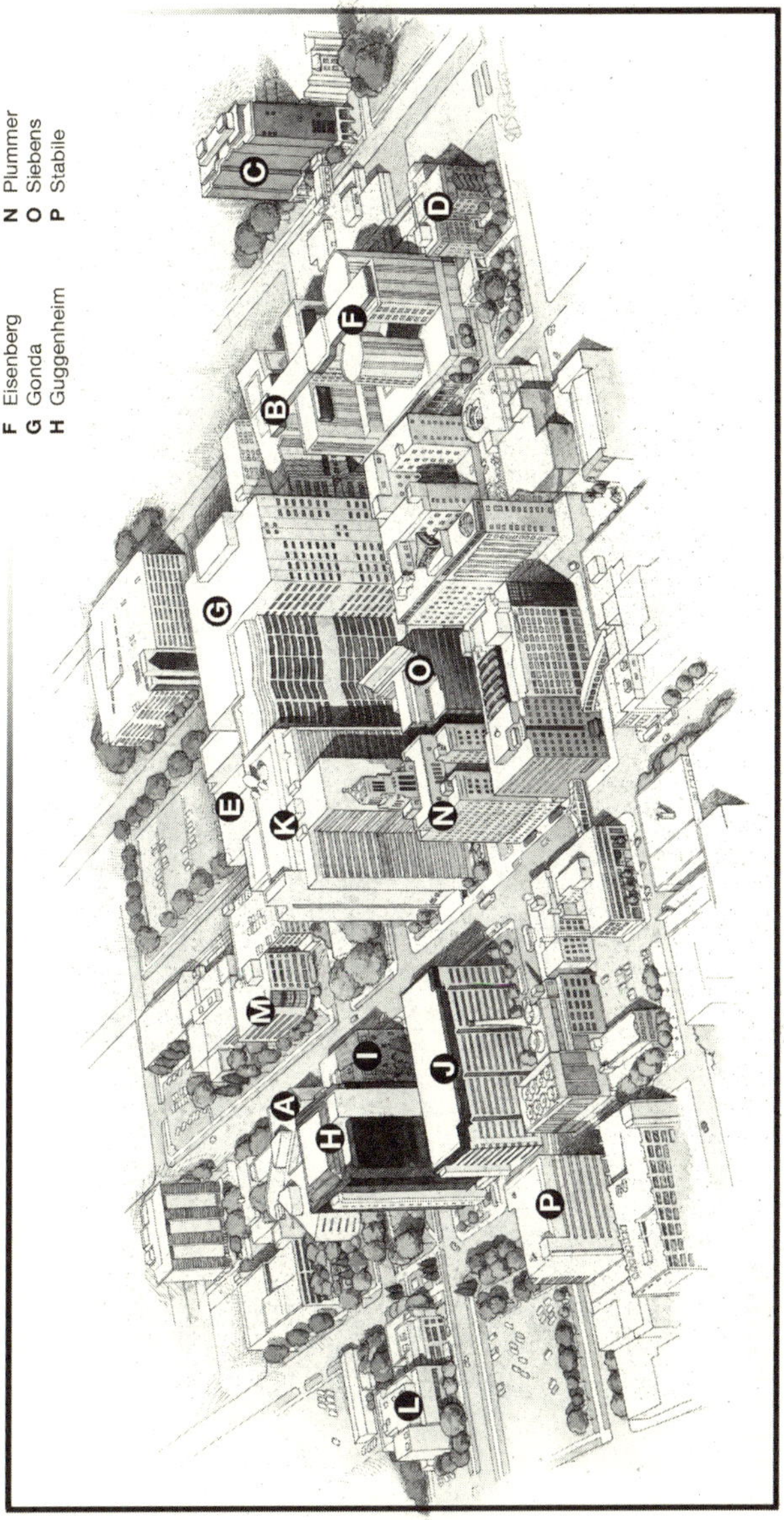

メイヨー・クリニック・ダウンタウン・キャンパス

Aボールドウィン／Bチャールトン／Cチャーターハウス／Dコロニアル／Eデイモン駐車場／Fアイゼンバーグ／Gゴンダ／Hグッゲンハイム／Iハーウィック／Jヒルトン
Kメイヨー／L医学研究／Mオズマン／Nプラマー／Oジーベンス／Pステイビル

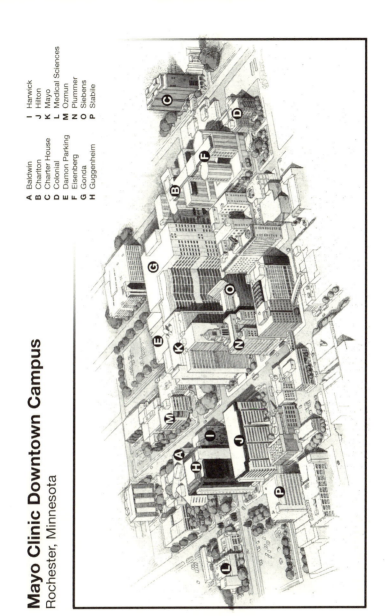

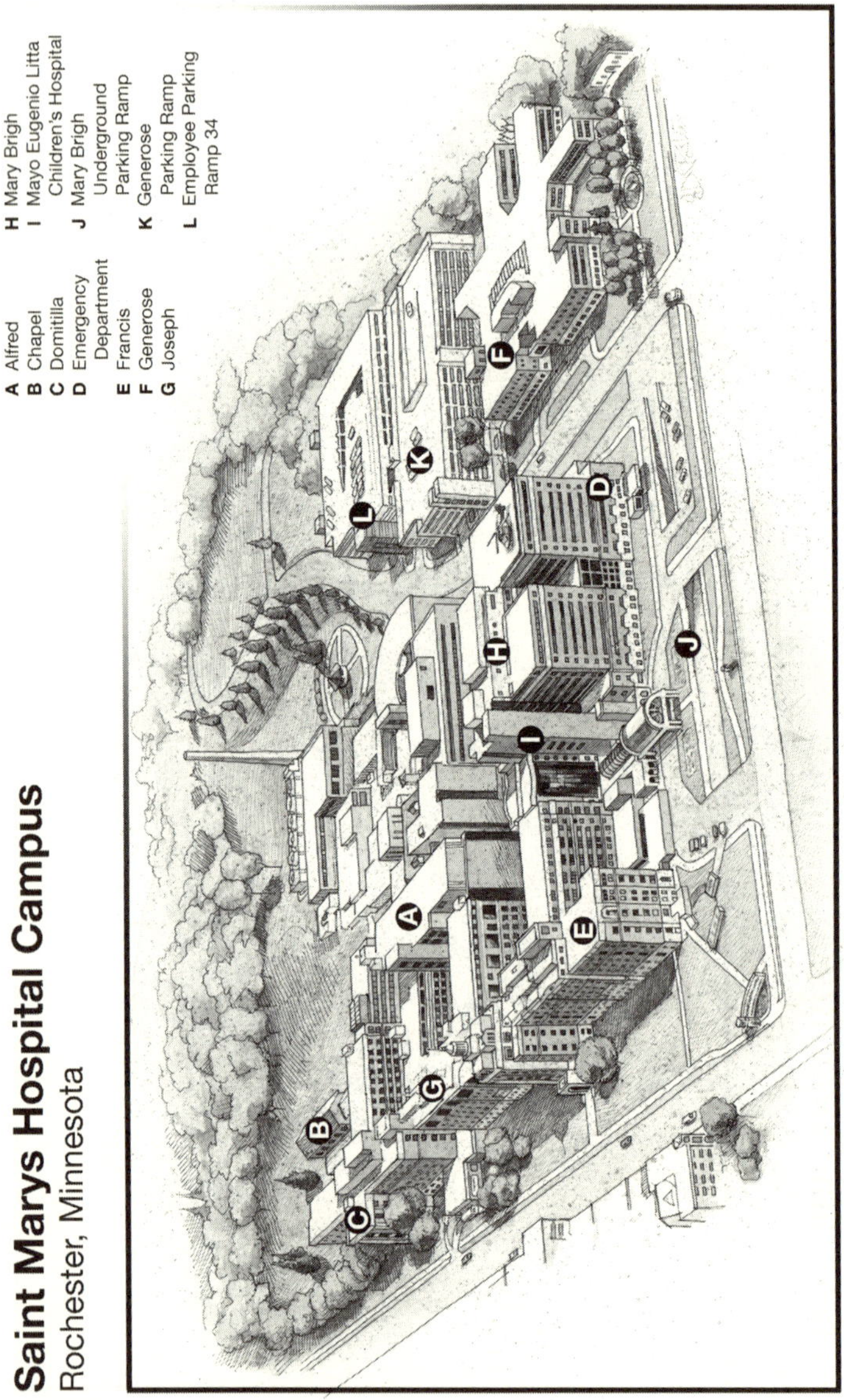

セント・メアリーズ病院キャンパス　ミネソタ州ロチェスター

Aアルフレッド／B礼拝堂／Cドミティッラ／D救急部／Eフランシス／Fジェネローズ／Gジョーゼフ／Hメアリ・ブリー／Iユージェニオ・リッタ子ども病院／JIメアリ・ブリー地下駐車場／Kジェネローズ駐車場／L職員用駐車場34

メイヨー・クリニックの現在の正面玄関、ゴンダ・ビルディング。2001年オープンの20階建てで、メイヨー・ビルディングやロチェスター・メソジスト病院チャールトン・ビルディングと連結されている。この種の相互接続された医療施設として世界最大で、総面積は32万5000平方メートルを超える。

ゴンダ・ビルディングの広々としたロビー。名高いガラス彫刻家デイル・チフーリがデザインしたシャンデリア（左）やメイヨー・クリニックがんセンターの入り口（右）が見える。

奥の壁に〈自由の男〉像を配したゴンダ・ビルディングのランドウ広間

「メイヨー・クリニックで患者が見つける自由、喜び、希望、愛を表現したかったのです」と初めて来院したこの患者は説明する。ボランティアのピアニストの演奏に合わせたダンサーの即興表現は多くの見物人の涙を誘った。

チャールズ・H（左）とウィリアム・J・メイヨー両医師。生家の階段にて。

チャールズ・H（左）とウィリアム・J・メイヨー両医師のブロンズ像。ファイス・ファミリー彫像公園にあるメイヨー・クリニックの“玄関の階段”にて。

メイヨー・クリニック・ビルディング。スコッツデール・キャンパスにある5階建ての外来用施設で、240の診察室、外来外科センター、内視鏡検査センター、ラボ、放射線室、薬局、多階層の地下駐車場などを備える。

ジャクソンヴィル・キャンパスにある8階建てのデイヴィス・ビルディング。外来診療に加え、2008年にオープンした隣接する214床の入院病棟の業務を支えている。

アリゾナのメイヨー・クリニック病院のロビーで行われた結婚式。病院スタッフが３時間で準備し、重病の母親はベッドに寝たまま新郎新婦のすぐ後ろに運ばれて、娘の結婚式に立ち会うことができた。

手術を見学した共著者のひとり、レナード・ベリー（左）がジョナサン・レイトン医師とともに。ベリーがメイヨー・クリニックで過ごした研究休暇中の１枚。

メイヨー・クリニックの院長兼最高経営責任者、ドクター・デニス・コーティーズ（左）と最高管理責任者のシャーリー・ワイス

第3章　チーム医療を実践する

第4章　デスティネーション医療の実践

第5章　リーダーシップのための提携

第6章 価値観と才能で雇う

第7章　品質の手がかりを編成する

第8章　ブランドをつくり、広げ、守る

第1章

100年ブランドの誕生

6月下旬のある日曜の午後、わたしはミネアポリスの空港でレンタカーの受け取りに向かっていた。車の上の電光掲示板にわたしの名前が点灯していたから、見つけるのは簡単だった。フロントガラスのワイパーの下に手書きのメッセージがはさまれていた。リーガルサイズの紙の両面に文字が書かれている。なんだろう、とわたしは読みはじめた。

その手紙はある女性からのものだった。彼女は掲示板のわたしの名前を見て、きっと昔ミネソタ州ロチェスターのメイヨー・クリニックで父親を治療してくれたあのドクター・コーティーズだと考えたのだった。父親は初期の肺がんで、当時わたしはレーザーと光活性化型の抗がん剤を使った実験的治療法の開発チームにいた。父親は3回にわたって治療を受け、彼女は世話になったお礼をわたしに言いたかったのだという。あれから15年、娘さんが空港にいたのは空路カリフォルニアから父親の葬儀に駆けつけたからだった。父親は前夜に心臓の障害で急死していた。

わたしは感動した。悲しみのさなかにわざわざ手紙を書いてくれたのもさることながら、これをきっかけに、わたしが医療の何に強い魅力とやりがいを感じているかを思い出したからだ——それは患者を世話《ケア》することであると。

最良の医師と医療従事者は半ばエンジニアであり、半ばアーティストである。エンジニアは問題を見て取り、テクノロジーを用いてそれを修正する。患者がCTスキャンや低侵襲手術、コンピュータ支援ピンポイント治療を受けられるのも、エンジニアのおかげだ。工学的アプローチは患者を大いに助け、数多くの命を救ってきた。この方法は測定可能で、目に見えるし、コストは必ず償還されるといっていい。

アーティストは患者に温かい笑顔や心強い言葉、やさしいハグが必要なときが分かる。全ての患者に、自分は歓迎されている、居心地がいい、安全だ、希望があると感じさせるのがアーティストだ。アーティストは不安を見て取り、この赤ちゃんの熱は心配いらないと新米の母親を安心させる。中年の患者に耳を傾け、禁煙に失敗した挫折感を取り除く。エンジニアには手の施しようがなくなったとき、アーティストはそれに気づき、患者と家族が人生の終わりに対処する助けとなる。このアーティストの役目こそ、わたしが医師になった理由なのである。

以上はメイヨー・クリニックの院長兼最高経営責任者（CEO）デニス・コーティーズ医師が2002年、フロリダ州にあるメイヨー・クリニック・ジャクソンヴィル支部のトップだったころに書いたエッセイからの引用である。[1] 彼はこれを職員向けの院内報に発表した。本書をこの話からはじめるのは、これが分野を問わず全てのマネジャーに当てはまる力強い真理を思い起こさせるからだ。つまり、組織としての卓越性とは科学面に限定されるものではない。そこにはコーティーズ医師の語る〝芸術性《アーティストリー》〟も関わってくる――すなわち、人間らしさ、教えること、協力、寛大な行為、個人としての勇気、そして意思決定を導き、より一層の努力へと駆り立てる中心的な価値観《コア・バリュー》も。

本書はサービスの芸術《アート》についての本であり、読者をたぐいまれなサービス組織、メイヨー・クリニックへと案内し、レッスンを提供するものだ。顧客のために差別化された価値を創出する際、職員の行動を頼りとする全てのマネジャーに向けて書かれている。伝説的な医療機関についての本ではあるが、医療本ではない。持続可能なサービスの卓越性とその原動力となるものについての本だ。揺るぎないコア・バリューの力と、それを実践して教示し、その価値観を維持するために文化やインフラへの投資を始めたリーダーたち――ウィリアム・ウォラール・メイヨー医師とその息子ウィリアムとチャールズ・メイヨー両医師――についての本だ。

この診療所は140年以上前にミネソタ州の孤立した小さな町ロチェスターで開業され、1900年代前半に〝メイヨー・クリニック〟と呼ばれるようになった。メイヨー・クリニックがそうした歳月を経てなお存在していることは特筆しておきたい。世界でも指折りの有力かつ有益なサービスブランドを創り出し、長きにわたってそのブランドの維持と拡大、保護に成功してきたのは、じつに驚くべきことだ。今日に至るまで、このクリニックは臨床ケアの宣伝広告はほとんど使っていない。マーケティングスタッフは1986年までひとりもいなかったし、それ以降も1992年までマーケティング部門はひとりで構成されていた。

新しいコンセプト、新しい理論、新しいモデル、新しいテクノロジーと、〝新しさ〟ばかりがマネジメントの世界で注目されるなか、1900年代前半に成功の基礎を築き、いまなおそれを土台に21世紀の成功を収めている世界的に有名な機関から学ぶのは、かえって新鮮で、発見があり、刺激的でもある。メイヨー・クリニックは、組織のビジネスに対する基本コンセプトが正しければ、その構想は長年にわたって耐えられることを示す実例だ。このクリニックは、戦略と価値観、イノベーションと伝統、タレントとチームワーク、科学とアートを一致させる〝モダントラディショナル〟な事業体がもつ可能性を示してくれる。

数字で見るメイヨー

週5日、小さな都市がメイヨー・クリニックを出入りする。日勤の職員たちが姿を見せはじめるのは午前5時ごろで、それからの24時間に4万2000人以上の職員や学生、ボランティアがミネソタ、アリゾナ、フロリダの各州にあるメイヨー・クリニックの3つのキャンパスで勤務や研究に従事する。午前5時30分には早くも外科の患者たちが来院しはじめ、典型的な平日におこなわれる、計300件の手術に備える。午前6時45分には患者の数が増え、検査室を訪れて採血を受けはじめる。午後半ばまでに最大で1万3500人の患者が――たいていひとり以上の家族や友人に付き添われて――メイヨー・クリニックで医療サービスを受けている。一日の終わりまでには総勢6万5000人もの人々――患者、家族や友人、そしてもちろん職員、学生、ボランティア――が、メイヨー・クリニックのいずれかのキャンパスで21世紀の医療提供という現実のドラマに参加する。多くの場合、それは生死に関わる真実のドラマだ。

この24時間のあいだに、患者たちは放射線科で4600件以上の処置や診断検査――レントゲンや、CTスキャン、MRIなど――を受け、メイヨー・クリニックに在籍する230人ほどの放射線科医のいずれかが、通常90分以内に画像を調べて報告書を完成させる。メイヨー・クリニックの医師約2500人がおこなう診察や検査は9000件を超える。メイヨー・クリニックの各病院にある計3つの救急部門で治療される患者は約375人、入院患者として宿泊する患者はおよそ1300人だ。

メイヨー・クリニックは世界初の、そして最大クラスの統合型非営利グループ診療機関だ。複合専門医療グループとしてほぼ全分野の専門医を集め、共通のシステムと価値観のもと、医師たちは共同で患者のケアにあたっている。1世紀以上前から、メイヨー・クリニックは大規模な医療機関だった。1912年の登録患者数は、1万5000人以上。12年後、メイヨー兄弟の最盛期には、年間約6万人の患者を診療し、2万3600件以上の手術がおこなわれていた（表1－1参照）。当時の利用できるベッド数は1500床以上、手術室は27室。1983年

表1-1　時代別の推移

		1924*	1983†	2007‡
患者	患者登録数§	60,063	276,800	520,000
	入院患者数		63,600	135,000
	手術件数	23,628	30,800	76,300
	病床数	1,507	1,848	2,400
メイヨー・クリニックの職員	メイヨーの医師および医学研究者		889	2,706
	管理および医療関連スタッフ		5,350	35,971
	レジデント、フェロー、学生		1,504	3,229
	計		7,743	41,906**
業績（単位:100万ドル	総収入		$411.6	$7,322.4
	総支出		$353.1	$6,699.6
	支出に対する収入の超過		$58.5	$622.8

***Sketch of the History of the Mayo Cliic and the Mayo Foundation* (W. B. Saunders: Philadelphia, 1926), pp. 30-31.
†メイヨー・クリニック年次報告書、1983.
‡メイヨー・クリニック年次報告書、2007.
§各患者は通院や入院の回数にかかわらず、12カ月ごとに1回計上した。
**2007年末の時点でメイヨー・クリニックには5万4000人以上が雇用されていたが、本書で扱う3つのキャンパスに勤務していた者は4万1906人にすぎない。

の時点では、患者数約27万6800人と、業務の規模は1924年の約4・6倍におよんでいた。

　1983年、メイヨー・クリニックは創設時と変わらずミネソタ州ロチェスターを拠点に運営されていたが、その年の戦略的判断によって、現在も続く加速度的な成長の軌道に乗った。1986年にはロチェスターのセント・メアリーズ病院とメソジスト病院をメイヨー・クリニックに統合し、同じく1986年にフロリダ州ジャクソンヴィルへ、1987年にはアリゾナ州スコッツデールへと事業を拡大している。こうした変革の影響については表1-1にくわしい。1983年から

資料1-1　メイヨー・クリニックのロゴ

２００７年にかけて、患者数はほぼ2倍になり、医師と研究員の数は２００パーセント以上増えている。２００７年の収入は計73億ドル（１９８３年の17倍以上）で、支出に対する収入の超過は６億２２８０万ドル（１９８３年の10倍以上）だ。

その歴史を通して、主に患者への医療サービスで知られてきたものの、メイヨー・クリニック自体は〝３つの盾の組織〟であると認識している。メイヨー・クリニックのロゴ（資料１－１参照）の中央にある、やや大きな盾は患者のケアを表すものだ。だが、そこには患者のケアを補完する２つの盾、医学研究と医学教育が連結している。

この３つからなるミッションを定めたのはメイヨー兄弟ことウィリアムとチャールズ・メイヨー両医師で、彼らは毎年〝休暇中〟に他の医師たちを研究・観察してきたからこそ自分たちはすぐれた医師なのだと信じていた（チャールズ・メイヨー医師は新婚旅行で新妻のイーディスとともに東海岸やシカゴの病院や外科診療所をまわったほどだった）。兄弟はさらに研究、出版を通じて世界中の同業者と交流した。メイヨー・クリニックでの医学の研究と教育を後援する寄付金を最初に投じたのも、この兄弟だ。医学教育と医学研究のプログラムはメイヨー・クリニックが何よりも重視する臨床医学を補完するものに他ならない。

メイヨー・クリニックは、研究と教育、臨床を掲げる診療所でありながら、附設のメディカルスクールが総合大学を基盤としていないという点に特色がある。[2]現在、メイヨー・クリニックの医学校《カレッジ・オブ・メディスン》は適格と認定された5つの学校からなり、例年レジデントや学生約3200人が在籍している。教育プログラムはメイヨー・クリニックの医療と慈善に関わるミッションの一環だ。

2007年には、メイヨー・クリニックの資金と篤志家の寄付金を合わせた1億6600万ドル以上が、2億1500万ドルを要するメイヨーの教育プログラムの補助金として投入された。1972年に創設されたメイヨー医科大学は、小規模ながら競争力の高いメディカルスクールで、約200人の学生が医学士プログラムと医学士/医学博士プログラムに在籍している。

1917年創立のメイヨー大学院は現在、生命医科学プログラムに約250人の修士および博士課程の学生が在学中だ。研修医《レジデント》と専攻医《フェロー》を対象としたメイヨー卒後医学教育学校は、1915年にミネソタ大学と共同で開発したプログラムを母体としている。いまは同大学と提携していないが、この卒後医学教育学校では現在2200人以上のレジデントとクリニカルフェロー（医員）がメイヨー・クリニックの280種類のプログラムで研鑽を積んでいる。

また、メイヨー・クリニックは1世紀以上にわたり、医療関連従事者に学校教育を提供してきた。現在、メイヨー医療学校では約600人の学生が医療関連職の34課目を履修している。卒業生の約半数をメイヨー・クリニックに就職させるのがこの学校の狙いだ。そしてメイヨー医学生涯教育学校では、毎年およそ170課目の短期講座をメイヨー以外の医師約1万5500人を対象に開いている。

メイヨー兄弟を嚆矢《こうし》として、メイヨー・クリニックの医師と科学者たちは、医学研究を患者の治療の改善はもちろん、診断のツールや技術の改善に役立ててきた。メイヨー・クリニックの研究者だったエドワード・ケンダルとフィリップ・ヘンチ両博士は、副腎皮質ホルモンのコルチゾンの発見などにより1950年のノーベル生理学・医学賞を受賞している。

2007年のメイヨー・クリニックの年間研究予算は約4億9500万ドルで、うち1億7900万ドルはメイヨー・クリニックの資金と篤志家の寄付によるものだ。研究の範囲は実験室での基礎研究から患者が直接関与する臨床研究、人口研究(疫学)、そして実験室から得た知見をまず〝臨床試験〟で患者のケアに応用する橋渡し研究《トランスレーショナルリサーチ》まで多岐にわたる。メイヨー・クリニックの医師の約80パーセントは、常時7000以上ある進行中の承認されたプロジェクトで積極的に研究に取り組んでいる。

医療《メディカル》のメッカ

メイヨー兄弟が存命中に、その名を冠するクリニックともども国際的な評価を得たのは、医学や革新的な外科技術への貢献によるところが大きい。1939年にふたりが没して以降70年以上にわたり、医科学の発展が兄弟の科学や技術に関する貢献に取って代わってきた。当時は驚異的だった兄弟の貢献もいまや歴史上のこぼれ話にすぎない。

メイヨー兄弟の最大の遺産とは、ひとつの現存する事業体で、それは組織に関する彼らの天分の生きた記念碑となっている。彼らが在任中につくり出した基本的なマネジメントの構造とシステム、臨床ケアモデルは今日もなお持続している。頑なに過去を崇拝しているからではなく、すぐれた臨床結果と組織の効率性、対人サービスをもたらし、多くの場合、患者の期待を上まわって彼らの忠誠心《ロイヤルティ》を獲得するからだ。

1961年、独立系消費者調査会社のソーシャル・リサーチがメイヨー・クリニックに対して初診患者の抱くイメージを調査している。そうした患者による主な認識のなかに、メイヨーは「ほんとうに具合が悪い場合に行くところ」「最後の手段としての裁判所——医師の意見の〝最高裁判所〟」などがあった。その報告書にはこう書かれている。

人々はメイヨーが診断と解答を示してくれると信じて疑わない。医師たちの対立する意見や、診断または治療を明確にするとともに解決してくれると期待する。メイヨーなら決定的な答えを出してくれるという信頼が、そのイメージのきわめて顕著な一面である。[3]

1962年、ソーシャル・リサーチは続いてメイヨー・クリニックに対する患者以外の人々の意識を追跡調査している。そこで調査員たちが発見したのは、このクリニックが重要な国の機関とみなされ、愛おしまれる神話の性格を帯びていることだった。アメリカの最良の医療の象徴だったのだ。なかにはそのことに脅威を感じる者もいた。他の診療所がいかに優秀であっても、メイヨーの診断を改めたり翻したりするのは考えにくいという理由からだ。調査員たちによると、「……われわれが面談した非患者たちには……過去にメイヨーに頼る必要がなく、現在もまだないことへの安堵が感じられる」[4]。

のちに紹介する近年の調査によれば、メイヨー・クリニックはいまも医療の〝メッカ〟であり続けている。これはソーシャル・リサーチの調査員たちが1961年の報告書で使った言葉だ[5]。現在のクリニックの活動は異なる手法でおこなわれているが、メイヨー兄弟の時代からの人間味のある価値観、臨床モデルと管理モデル、哲学的基盤はほとんど変わらず、この組織は新たな時代の医科学、公共政策、医療財政、患者の期待に順応してきた。医療の精髄に対する兄弟の鋭い見識は、いまなおこの組織のマネジメントに行き渡っている。

クリニックの精神

ウィリアム・メイヨー医師は晩年、メイヨー・クリニックの将来の成功に欠かせないと考える3つの条件を定めた。

1　サービスの理想を追求し続け、利益は追わない。

2　個々の患者のケアと福祉を優先して真摯な関心を抱き続ける。

3　職員の一人ひとりが他の全員の職業上の成長に関心を寄せ続ける。

1975年、当時の理事長エマソン・ウォード医師が第4の条件を提案した。

4　社会のニーズに応じて変化することをいとわない。

1984年、メイヨーで37年にわたって管理運営に携わったのち、1983年に退職したロバート・ローズラーが、さらに2つの条件を加えた。メイヨー兄弟の行動に示されていながら語られていないと彼が感じたものだった。

5　あらゆる活動に秀でるための努力を続ける。

6　全ての業務を徹底して誠実に遂行し続ける。[6]

ローズラーの考えでは、この6つの条件こそ、ウィリアム・メイヨー医師がメイヨー同窓会への1919年の演説で述べた〝クリニックの精神〟の肝心な部分だった。その演説で彼は、クリニックの成功の秘訣を説明しようとしている。

数多くの患者がケアを受けにやってくることから考えて、来院の理由をすぐれた実績に帰するのは当然でしょうが、すぐれた治療はどこでもおこなわれているのですから、きっと別の、もっと深い理由があるに違いありません。その別の理由を一言にまとめるなら、〝クリニックの精神〟がよいのではないでしょうか。そこには、苦しんでいる人々を助けたいという願い、医学教育を研究によって、入念な観察によって、よそから得た知識の応用によって進歩させたいという願い、そして何より、この精神が灯した科学の蝋燭《ろうそく》を他の人たちに渡していきたいという願いが含まれているのです。[7]

現代の研究により、職員を通じて顧客にサービスを提供する企業における、社会利益と財務上の利益の関係が確認されつつある。[8] 企業が社会利益を生み出すのは、商品・サービスのマーケティングや雇用機会の創出といった、財務上の利益をあげるのに必須の要素を超える純便益を、その活動によって社会にもたらすときだ。社会利益を生み出すには、財務資源だけでなく非財務資源（知識など）を生活の質《クオリティ・オブ・ライフ》（ＱＯＬ）の向上に向けて投じなければならない。社会利益は一種の利益分配だが、ここでの利益は財務上の利益に限定されないし、分配も組織の枠を超えて広がるものだ。[9]

社会利益は寛大の精神によって成り立つ。研究者たちが知りつつあるように、寛大さはサービス組織の成功への投入資源であって、単なる結果ではない。寛大さが利害関係者《ステークホルダー》——たとえば顧客へのサービスを果たす者——の心をつかみ、彼らの当事者意識を強めるからだ。利己心がサービスから人の活力を奪うのに対し、寛大さは逆にプラスの効果をもたらす。[10]メイヨー兄弟のまれに見る寛大さと医療行為を通して社会利益を生み出す献身的姿勢こそ、本書で明かされるサービスのサクセスストーリーの基礎となるものだ。あるいはどの要因にもまして、並はずれた寛大さがクリニックの精神を定める口火となったのかもしれない。この事業は金儲けのはるか先をめざしている。

第5章で、メイヨー兄弟が１９１９年に医業の成果と私財の大半を、非営利慈善団体、メイヨー資産協会に寄贈した話を紹介する。１９３１年、ドクター・ウィル（ウィリアム）は自身とチャーリーの哲学をある新聞記者にこう語った。

1894年には弟もわたしも家の支払いを終えていました。われわれのクリニックは順調でした。患者さんはあとからあとからやってくる。われわれの理論が的中したようでした。患者の死亡率は十分低かった。お金がどんどん貯まりはじめました。あれほどの額はどんなふたりの男にも持つ権利はないと思えました。

そのことについて話し合いを重ねたのがその1894年のことでした。そしてある決断に至ったのです。その年、われわれは収入の半分を蓄えることにしました。その半分には1セントも手をつけてはならないと。感傷的だと思われるかもしれません。うぬぼれだとか横柄だと思われるかもしれませんが、でもそんなことはなかった——そのお金はどういうわけか、神聖なものに思えたのです。

1894年からこの方、われわれが自分や家族のために収入の半分を超えて使うことはありません……弟もわたしもいまは給料制です。その給料はクリニックの収入の半分よりずっと少ない。われわれはその範囲内で暮らしています。

あの神聖なお金、とわれわれは呼んでいますが、それはこちらに支払ってくれた人類の役に立つようにお返ししなくてはならなかったのです。

われわれは有望な精鋭たちの内科・外科教育を、国の後押しを受けて続けようとしています。わたしの関心も弟の関心も、人々を人類の役に立つように訓練することにあります。わたしのこの2本の手でどれだけのことができるでしょう？　でも、50人、あるいは500人の手を訓練できたら、知識の灯火を伝えていく手助けができるのです。だからわれわれは人々を訓練する――現在、メイヨー財団にはそうした人材がほぼ300人いて、1400人ほどが順番を待っています。彼らが灯火を受け継いでいく人々なのです。[11]

ヘルスケアから学ぶ

ヘルスケア施設、それもメイヨー・クリニックのような世界有数の機関についての本は実際のところ、ヘルスケア以外の分野の経営者に、重要かつ実践的な教訓を提供できるのだろうか？　なにしろヘルスケアは他の大半のサービスと多くの点で異なっている。第一に、ヘルスケアサービスの顧客《カスタマー》は病人かけが人で、相当なストレス下にあるのが普通だ。第二に、入院患者はサービス施設に入るだけではなく、そこで暮らすことになる。顧客を宿泊させるサービス産業はごくわずかだが、病院はそのひとつというわけだ。第三に、ヘルスケアは〝欲しい〟サービスというより〝必要な〟サービスである。病気になったり、その可能性がある場合、人は医療消費者の役割をしばしば意に反して担わざるをえない。消費者は、外食をしたい、休暇を取りたい、電話で話したい、フットボールの試合を観にいきたいといった欲求を抱く。診察を受けることや、乳腺X線写真《マンモグラム》を撮ること、手術を受けることは望まない。第四に、ヘルスケアサービスは本来、個人的なものだ。他のサービスでは感情や、ときに体をさらけ出すことをヘルスケアほどには要求されない。第五に、ヘルスケアの顧客は多くの場合、他のサービスの顧客よりも全体的にカスタマイズされたサービスを求める。ヘルスケアサービスは患者固有の病状だけでなく、患者の年齢や精神状態、性格、嗜好、学歴、家庭環境、財政上の制約にも合ったものでなくてはならない。重大な病気では「全人的《ホールパーソン》」なサービスが強く求められる。第六に、ヘルスケアの顧客は既存の健康問題以外の害を受けるリスクがある。医療によるケアを求めれば、間違った診断から間違った治療プランを立てられたり、投薬過誤や院内感染などの被害を受けたりするかもしれない。ヘルスケアサービスの実施に際しては多くの間違いが起こりうる。[12]

じつは、こうしたヘルスケアと他の大半のサービスの相違点があるからこそ、メイヨー・クリニックのような堅調なヘルスケア機関は、経営者全般にとってとりわけ有用な研究対象となる。こうした組織から何が学べるのか、想像してほしい。その顧客は、(1)病気やけが、痛み、不安、恐れなどをいくつか同時に抱え、(2)入院する場合は自由の大部分を放棄し、(3)サービスを受ける必要があるのに恐怖感もあり、(4)通常、プライバシー(と羞恥心)を初対面の臨床スタッフに明け渡すことになる。メイヨー・クリニックや経営状態の良い他のヘルスケア機関が、患者という特殊な顧客にこうしたサービスを提供し、なおかつ高い評価と強い忠誠心を得ているのだとすれば当然、成功しているヘルスケア組織はほとんどの企業組織に重要な教訓を示せるに違いない。

もちろん、多くのサービスはヘルスケアサービスと共通の次のような力学を持っている。

・サービスのコア・ベネフィット（中核となる価値）は無形のもので、パフォーマンスに由来し、顧客は有形の資産を獲得するのではなく、費用を負担する。
・パフォーマンスは労働集約型、かつ技能集約型であり、そのためサービス業者によって相当な違いがある。
・顧客はサービスを受けるためにその場に居合わせ、時間と場所をサービスの提供者と一致させなくてはならない。
・サービスは消滅することがある。サービスの実施に用いられる物的・人的資源が使われない場合、そこで創出されたはずの価値は消滅する。
・サービスに対する顧客の需要は一様に分布しているのではなく、場合によっては急を要する。
・顧客のニーズと嗜好は多様なため、組織は各種の技能などの資源を随時利用できることが求められる。

・サービスの確実性——正確さと信頼性——がきわめて重要である。
・複数のサービス提供者がカスタマーエクスペリエンス〔訳者注：顧客体験。サービスの利用体験を通じて得られる心理・感覚的な価値〕に寄与しており、それぞれのパフォーマンスを協調させる必要がある。
・サービスチェーンは相互に依存する数多くの部分で構成される。[13]

ここに挙げたサービスの特徴は全てヘルスケアにふさわしく、発電所から航空会社、飲食店に至るさまざまなサービス産業にも、全面的あるいは部分的に当てはまる。ヘルスケア業界のマネジャーと臨床スタッフはメイヨー・クリニックから教訓を得られるし、他のサービス産業のマネジャーにもそれは可能だ。パフォーマンスを製品とする組織の効果的な運営はひどく困難なため、リーダーたちはつねに他のサービス業から学ぶ余地がある。そして本書はあらゆるサービス産業のなかでもとくに困難な分野の指折りの機関から見識や着想を紹介するものだ。

リサーチ

本書を執筆する最大の目的は、高度に複合された労働集約型かつ技能集約型のサービス組織が、いかにしてこれほど長期にわたりうまく機能してきたかを明確に語り、いかにしてその教訓がヘルスケアの内外の人々に当てはまるかを示すことだ。その目的を達成するために、まずはこの組織を深く理解しなければならなかった。うわべだけの理解では十分ではない。読むに値する本を書くには、実体験からメイヨーを知っている数多くの人――患者ならびに職員たち――の考え方を聴き取らなくてはならなかった。わたしたち自身の体験からメイヨーを知ること、このクリニックの〝音〟に耳をそばだて、振る舞い方を観察し、メイヨー・クリニックのサービスを提供する側とされる側の感じ方を把握することも必要だった。観察に基づく歴史的研究と、より一般的な個別の面談や調査研究とを融合させなければならなかった。

今回のリサーチを進めるあいだ、われわれはさまざまな状況を活用し、堅実で控えめな私設機関の内部に深く切り込んで、そのサービス業務の方法と理由を知る機会を得た。ひとつ目のファクターはレン（レナード）・ベリーが長期休暇で、2001年から2002年にかけての学年度にメイヨーのサービスの文化とシステムを研究したことだ。ふたつ目はケント・セルトマンのメイヨー・クリニックからの退職が間近だったことだ。彼は1992年から2006年までマーケティングディレクターを務め、患者、職員、ヘルスケア市場についてのこのクリニックによる多くの調査を指揮していた。

今回のプロジェクトにわれわれが共同で取り組むことで、〝部外者〟と〝部内者〟双方の視点を獲得できたのは大きい。3つ目のファクターはメイヨー・クリニックが首脳陣《リーダーシップ》とスタッフの参加という形で協力し、インタビューに応じ、独自の調査情報の本書での使用を許可してくれたことだ。われわれの本はこのクリニックから完全に独立したもので、クリニックは内容をいっさい規制していない。それでいて、この名うての〝私有〟組織は情報を全面的に開放してくれたのだ。

4つ目のファクターはメイヨーの〝全体像〟を見てきた人々――さまざまな時代の退職したメイヨーのCEOや上級役員たち――から、他では得られない卓見を聞かせてもらったこと。読者の皆さんはこうした人々をはじめ、過去と現在のメイヨーのスタッフにこのあとのページで数多く出会うことになる。このクリニックは本書の内容を規制していないが、正確を期してわれわれの方から全体像の観察者6人に原稿を読んでいただいた。

本書のための一次資料調査は2段階にわたって実施した。長期休暇での研究は本書の執筆が決まる前におこなわれたが、それでも堅固な土台となっている。リサーチ上の課題は、患者、臨床スタッフ（医師と看護師）、非臨床スタッフ（関連医療スタッフと管理職）の視点から見た理想的なサービス体験を特定することだった。

リサーチはメイヨーのミネソタ州とアリゾナ州の各キャンパスで実施され、ここに挙げたグループのうち約1000人の面談の書き起こしを収録している。診察室と病室での臨床スタッフと患者のやりとり数百件について、個人による観察記録も含まれている。数多くの手術を観察したり、メイヨーのセント・メアリーズ病院に患者として滞在したり、救急ヘリコプター〈メイヨー・ワン〉に乗ることも、長期休暇のリサーチで体験した。

このリサーチで焦点を当てたのは、外来患者と入院患者へのサービスとさまざまな急性度を広く表すために選んだ14の診療科だった。循環器科、心臓外科、皮膚科、救急科、内分泌科、健康診断プログラム、家庭医療、消化器科、腫瘍内科および放射線腫瘍科、神経科、整形外科、移植手術科、胸部外科、泌尿器科である。外部の研究者がこのクリニックのサービスの文化とシステムを内部から学び、模範的な医療機関についての知識という宝を持ち帰る稀有な機会だった。その機関は高い評判に値し（医学の心得がない者にも明らかだ）、しかも改善の見こみまであるのだ（これはメイヨーのリーダーたちに共有され、本書でも折りに触れて紹介している）。

第二段階はもっぱら本書のために実施されたリサーチである。ケント・セルトマンが数十件の詳細なインタビューを現役と退職者双方のクリニックの職員を相手におこなった。現在や歴代のCEO、臨床あるいは管理部門のリーダーたち、医師、看護師といった人々である。インタビューの長さは通常、約1時間。数多くの調査インタビューが、見識と思考パターンを引き出して本書の構成とテーマに磨きをかけるために計画され、最初の単語を書く前に完了していた。これに加えて、特定の章の主題に的を絞ったインタビューが執筆中におこなわれた。複数回インタビューを受けた回答者もいる。インタビューは全て文字に起こされた。

また、われわれの題目に沿ったクリニックでのリサーチも調べ、アーカイブや図書館のスタッフから提供された歴史的な情報も活用した。さらに関連のビジネス系出版物も参照し、アイデアの提示や結論の裏づけに役立てた。

これは実在する組織と実在する人たちについての本である。引用の際は、クリニックの患者の名前は別として、実名を用いている。出典のない引用の発言者は、第一あるいは第二段階のインタビューで一次資料を提供してくれた方々だ。そうしたインタビューをした人物には引用の正確さを印刷にまわす前に確認してもらった。さらに、その発言を明確にしたり推敲《すいこう》したりする機会ももうけている。

伝統的なやり方で進歩する

労働集約型のサービス組織は年をへるにつれて効果的ではなくなるのが普通だ。官僚的で規則主導に傾き、柔軟さと機敏さに加えてハングリーさも薄れる。サービス組織はサービスに従事する人々の個人的な献身とエネルギーがなければ、すぐれた組織となることも、その状態を維持することもできない。ありがちなのは、こうした人々が活気、〝ボランティア精神〃、サービスに対するより一層の努力を失うことだ。結果として、成功していた、もしくは非常に有望な事業がつまずくことになる。

サービス組織は若くなってからも若く振る舞う方法を学ばなくてはならない。メイヨー・クリニックはサービスを堅固に保つことを学べる貴重なケーススタディとなる。伝統的なやり方で進歩するこのクリニックは、いまなお自身の価値観を実現し、ケアモデルを遂行し、経営システムを固守し、新たな医学の知識を生み出すとともに受け入れ、しかも時間や発展、成功、名声を犠牲にすることを恐れない。長く存続することで何百万人もの患者の役に立ってきたのであり、今後さらに数百万人の助けとなるだろう。

われわれはもうひとつの大きなグループの役に立つようにこの本を書いた。組織のサービスを改善し、組織が年をへても改善を維持・継続していきたいと考える経営者やサービス提供者である。人は年とともに衰えるのを避けられない。組織は必ずしも衰えず、向上することができる。

本書は、大まかにいって、このクリニックのコア・バリューから中核戦略《コア・ストラテジー》、そしてそのバリューとストラテジーの実行と維持の仕方へ、という流れになっている。歴史的な出来事や展望をメイヨー・クリニックの現在の姿と織り合わせている。エピソードや引用をふんだんに盛りこみながら、論点を明らかにしたい。各章のテーマを〝経営者のためのレッスン〟という形式で説明しよう。それぞれの章は前の章を受けて展開されるので、読者には順番に読んでいくことをおすすめしたい。章を飛ばして読めばメイヨー流サービス術の一部分を見のがすことになる。1895年、ウィリアム・メイヨー医師はミネソタ州立大学医学部の卒業生に向けた講演で医療における完全さの重要性を語っている。

とりわけ声を大にして伝えたいのは、診断を下すためには綿密な診察が必要不可欠であることです。わたし自身の経験からいうと、世間の人々は診断ミスよりも治療ミスに寛大ですし、診断の誤りの半分以上は軽率あるいはぞんざいな診察によるものだと確信しています。結論に飛びつくのではなく、予断を排し、毎回、徹底した念入りな診察をするよう肝に銘じることで、成功は保証されるのです。[14]

本書のためにリサーチし、執筆することを通じて、われわれはメイヨー・クリニックが長く維持しているすぐれたサービスの基盤を丹念に検証し、解釈に努めてきた。このクリニックの物語からは、他の組織で応用できる貴重なマネジメント方針を教えられるからだ。この本の世界へようこそ。ぜひ今回の旅路を楽しみ、役立てていただきたい。

第2章

患者第一という遺産を守る

「ありがとう」と千回言っても、先日……手術で入院中の妻がお世話になったすばらしいお医者さん、看護師さん、サポートスタッフの皆さんへの深く大きな感謝は十分に表せないでしょう。わたしの立場から見ると、とくに3つの点がメイヨー・クリニックはユニークで、これまで見たどのヘルスケア施設よりすぐれています。ひとつ目は、あらゆるレベルで明らかな、学問的な優秀さとプロ意識。ふたつ目は、一人ひとりの患者のケアにチームで取り組んでいること。医師、看護師、サポートスタッフそれぞれが各患者の評価、ケア、回復に貢献しています。そして最後、これがわたしたちにとってはとくに大きいのですが、患者第一、という考え方を行動の面でも気持ちの面でも最優先する模範的な姿勢です。

ロチェスターに来る前に、わたしたちは別の外科医のもとに足を運びました。その分野の世界的大家という触れこみの専門家です。その医師を訪ねていくのが楽しみで、妻は質問のリストを用意して、医師に訊きたいことを全部書いたか確かめていました。診察室にやってきたとき、医師は白衣の襟に〝患者第一〟と記されたバッジをつけていて、わたしたちは意気込んでいました。ところが妻が最初の質問をすると、医師はいちいち全部の質問に答えたら……世界中から訪ねてきている他の患者たちの質問に答える時間がなくなると言ったのです。

それとは大違いで、メイヨーでは〝患者第一〟は単なる襟のバッジではありません。生き方なのです。[1]

このメイヨー・クリニックの経営陣への感謝状が書かれたとき、書き手である弁護士も、その妻で患者である看護師も、メイヨー・クリニックにとってもっとも大事な価値を強調していたとは気づかなかった。それは〝患者のニーズが第一〟ということだ。この患者はのちのインタビューで、外科医の白衣にとめられていたバッジは皮肉なことに、彼女がヘルスケア提供者にほんとうに求めるものを明らかにしてくれたと語っている。そのバッジの約束が実体験では果たされなかったことで、失望は余計に大きくなった。

外科医を訪ねたあと、患者と夫は友人たちにこの経験について話をした。するとある友人が「それなら、メイヨー・クリニックに行かないと」と言った。患者はこの助言に従い、「患者を第一に考えるのはメイヨー・クリニックではただのスローガンではない」ことをじかに知ったという。

ロチェスターのメイヨー・クリニックのCEO、ドクター・グレン・S・フォーブズがそうなった経緯を説明している。「ある価値を唱えておきながら、運営にも、方針にも、意思決定にも、資源配分にも、ひいては組織の文化にも反映させていないとしたら、それはただの言葉なのです」。そしてこう続ける。

メイヨー・クリニックが独特なのは、〝患者のニーズが第一〟と当初より言い続けてきたからです。このクリニックでは何世代にもわたり、患者のニーズを考慮して方針を立案してきました。組織やガバナンスの構築、資源配分を検討するときも。人材の補充やスタッフの構成を考えるときも。マネジメントと運営に広く深く行き渡らせ、いまや文化の一部になっています。したがって、われわれがある提案をするときは、そう、それは誰かが先週思いついた薄っぺらなマーケティングのマントラではありません。そうではなく、組織のもっと奥まで織りこまれている。だからこそ、このクリニックはよそとは違っているのです。

メイヨー・クリニックの100年ブランドは組織全体に浸透したコア・バリューを土台に築かれている。この章のトピック――〝患者のニーズが第一〟――は、そのなかで筆頭に挙げられるものだ。他の重要な価値観、患者のケアにおけるチームワークや組織のリーダーシップ、時間効率の良いケアの提供などについては、あとの章で述べるが、こうした価値観がメイヨー・クリニックの登録カウンターから重役用会議室に至るまで、意思決定と行動の指針となっている。患者のケアでは医療や倫理、サービスに関わる意思決定を形成するものでもある。業務と戦略双方についてのビジネス上の問題、患者や同僚との人間関係《ヒューマンリレーションズ》にも行き渡っている。そして運営の堅固な基盤をつくり出し、組織を維持しているのだ。

この章では、〝患者のニーズが第一〟という価値観が、いかにして現在のメイヨー・クリニックの職員たちのあいだでも創設者たちの時代と同じように生きているかを探っていく。患者中心の考え方（とそれを支える関連の価値観）を守ることは、過去、現在、未来のメイヨー・クリニックの経営陣にとってもっとも重要な責務だ。このコア・バリューがどのようにクリニックの文化に埋めこまれているかをくわしく説明したい。どのように組織がそれを支え、強調し、維持しているのか。どのように従業員にエネルギーと力を与え、患者や彼らの大切な人たちに共感を呼ぶのか。そして、どのように発展して社会と歩調を合わせるようになったのかを。

職場で生きている価値観

〝患者のニーズが第一〟というコア・バリューはメイヨー・クリニックの長期的な成功に著しく寄与してきた。メイヨー・クリニックの主要な顧客にとって意義深いものだ。その顧客とは、患者とその家族、紹介医、そして支払者たち、すなわち米国の医療費の大半を負担する雇用主と保険会社である。だが、この価値観は4万2000人以上のメイヨー・クリニックの職員――医師、看護師、臨床技師、多くの補助スタッフ――にとっても意義深い。ケアの提供者は最善のケアを提供することにやりがいを感じる。こうした価値観は日々、職員たちが患者とその家族への労働集約型サービスで形づくる人間的な経験を通して新たな命を帯びるのだ。

メイヨー・クリニックでの例に漏れず、価値観は協力することで浮かんでくる。最初の、そしてもっとも重要なものは、ともにセント・メアリーズ病院を創立・運営したメイヨー家の医師たち——ウィリアム・ウォロル・メイヨーとその息子たちウィリアム・ジェイムズとチャールズ・ホレス——とアッシジの聖フランシスコ会のシスターたちとの協力だった。

フランシスコ会との協力が始まったのは1883年、ミネソタ州ロチェスターが大きな竜巻の被害を受けたあとのことだ。重傷者の手当をするために、W・W・メイヨー医師はこの街で学校を運営するフランシスコ会のシスターたちに支援を求めた。当面の危機が去ったあと、マザー・アルフレッドがロチェスターにシスターたちで病院を開設することを提案する。ドクター・メイヨーは当初、病院は患者が死ににいくところだとみなされること、そしてロチェスターは小さ過ぎて病院を支えられないとの考えから渋っていた。それでもマザー・アルフレッドは初志を貫徹し、結局ドクター・メイヨーも修道会の病院を使用することに同意した。セント・メアリーズ病院は1888年に開設された。[2]

この協力が発展するなか、メイヨー家の医師たちはシスターたちに自分たちと共通の価値観を持つパートナーの姿を見いだす。医師たちとシスターたちはどちらも、個人のニーズに関心を注いでいた。フランシスコ会の会員で、現在セント・メアリーズ病院のフランシスコ会からの後援を管理するシスター・メアリ・エリオット・クロウリーはこう説明する。「ドクター・メイヨーの関心の焦点は人と人の病気に、フランシスコ会のシスターたちは人の精神と身体のケアの必要性にありました」。そして、「弱者と貧しい人たち」への心配りという点でも一致団結していたと語っている。

現在のブランドの原動力となるこうした価値観は、クリニックを創立したウィリアムとチャールズのメイヨー兄弟が、医師生活の最初の20年間に抽出したものだ。それは数千人におよぶ患者にケアを提供した経験をふりかえるなかで明らかになった。彼らの父親、フランシスコ会のシスターたち、同僚の医師、組織の全スタッフがメイヨー・クリニックの精髄となった価値観に多大な貢献をしている。

ウィリアム・J・メイヨー医師はこうした価値観を1910年にラッシュ大学医学部の卒業生に向けた演説で雄弁に語っている。「患者にとっての最大の利益こそ、唯一、検討すべき利益であり、病人が進歩する知識の恩恵を受けられるようにするために、さまざまな力を結集することが欠かせません……医学を協力の科学として発展させることが不可欠になっているのです[3]」。補い合うふたつの価値を明らかにするこの声明が、その後の各世代にわたってメイヨー・クリニックを形づくってきた。メイヨー・クリニックが現在、コア・バリューとして〝患者のニーズが第一〟と宣言するのは、明らかにこの発言が原点になっている。ドクター・ウィルの声明が示唆するとおり、患者のニーズは患者のケアを提供・支援する職員のパートナーシップとチームワークだけで満たすことはできない。

ヘルスケア産業以外の業界のリーダーたちは、ヘルスケア組織が〝患者のニーズを第一に〟といった人間味のある価値観を中心に法人組織の総意を築くのは、小売り、金融、ホスピタリティなど、他のサービス業種の営利目的の業者に比べて自然だろうと言うかもしれない。だが、この章の冒頭に挙げた手紙から分かるように、患者のニーズに焦点を当て続けるのはヘルスケア業務につきものというわけではない——絶対確実ではない。その手紙で体験が語られている患者はわれわれに、メイヨー・クリニックの前に訪れた4つの一流医療機関ではまともに病歴を聞いてもらえなかったと話してくれた。一方、メイヨー・クリニックでは、診療看護師《ナース・プラクティショナー》が45分にわたって長期的な治療歴の話に耳を傾けた。その看護師とともに、やはり患者とじっくり面談した消化器科医が、詳細な治療歴から隠れた問題についてさまざまな仮説を立てた。そうした仮説を念頭に、医師は問題の根幹に焦点を絞った検査を指示し、その結果、手術によって解決をみる。この患者の体験に関していえば、メイヨー・クリニックの患者中心のアプローチは他に類を見ないものだった。

患者重視のヘルスケアが不足していることが、米国の医療政策や医療業務に対する社会的・政治的な不安の根底にあるのかもしれない。2007年2月、「ニューヨーク・タイムズ」紙がニューヨーク州衛生局長リチャード・F・デインズ医師の「州のシステムは支払い中心であって、患者中心になっていない」という認識を報じた。記事によれば、デインズは、「州の努力は患者にとって最善のことに注がなくてはならないのであり、われわれは患者を制度に沿わせるのではなく、制度を患者に合ったものにするつもりだ」と述べている。[4]

たしかに、ヘルスケアに携わる多数の専門家たちは他の何より患者のニーズを優先させる。メイヨー・クリニックだけがこの基準を満たそうと奮闘している組織ではない。また、メイヨー・クリニックとて患者に十分なケアを提供できない場合があり、そのことにクリニックの経営陣は懸念を抱いている。にもかかわらず、メイヨー・クリニックのブランド調査では、90パーセント以上の患者がメイヨー・クリニックの「良いところ」を友人や家族に話すと回答している。

１００年のブランドは口コミで形成されたもので、当初は数千人の、現在では数百万人の患者がメイヨー・クリニックで患者第一の臨床体験を語り継いできた。彼らがその体験について話すのは、他の病院とは違っているからだ。この価値観が守られてきたことこそ、強力なブランドが長期にわたって強力なブランドであり続けていることを理解する鍵になる。数世代の医師や医療関連スタッフ、そしてもちろん11人のＣＥＯが代替わりしても、それは維持されてきた。もっとも重要な価値観を実践することが、全ての原点になっている。

患者中心の文化

メイヨー・クリニックの患者や訪問者が患者重視のサービスを体験し、それをつくり出すのにメイヨーが用いる講習やトレーニングについて知りたいと医師や管理部門のリーダーたちに求めることは少なくない。会社に来て講習をしてほしいと言う者もいる。けれども、そのような全職員必修の〝スーパーな〟講習などない。仮にあったとしても、他の組織で同じ効果は得られないだろう。

患者重視のサービスは、クリニックの発祥地、ミネソタ州南東部に入植した北欧の農民による農耕文化の労働倫理から育まれると推論する者もいる。たしかに、ロチェスターの職員の多くが農場に暮らしているし、ほんの1、2世代前まで農家だったという者はさらに多い。ミネソタ州民は人がいいという評判があり、〝ミネソタ・ナイス〟として知られているのも確かだ。だが、それではメイヨー・クリニックのフロリダ州ジャクソンヴィルやアリゾナ州スコッツデール／フェニックスの運営でも、患者満足度がロチェスターに匹敵することは説明がつかない。患者中心のサービスはその両支部にも存在している。

〝患者のニーズが第一〟はメイヨー・クリニックの生地――文化――に織りこまれている。

そうでなければ、クリニックはもう存在していないかもしれない。その秘訣は講習や研修プログラムではなく、戦略目標でも医療の通信簿《レポートカード》の数値でもない。あとの章で述べるように、サービスのシステムと手順、臨床スペースと共用スペースのデザイン、給料制の医師たち、チーム医療のどれもがこの中核的な価値観を強く打ち出し、それを反映させるだけでなく強化している。戦略プランと全ての重要な運用戦略ならびに、クリニックの運用戦術が〝患者のニーズを第一に〟を中心にまわっているのだ。この最重要なコア・バリューが組織の「存在理由」を明確にすることで方向づけをおこなっている。

　患者第一という価値観を教える単一の研修こそないものの、指導者や各種プログラムがこのトピックを取り上げることは珍しくない。たとえば、この価値観は新人向けのオリエンテーションで強調される。ジャクソンヴィルの最高管理責任者（CAO）、ロバート・F・ブリガムによると、「新入りの職員はこれをオリエンテーションの最初の5分間に耳にします。わたしがそのように話をはじめますから」とのことだ。ロチェスターの職員はオリエンテーションの冒頭に流される「メイヨーのレガシー」の映像でこの価値観が強調されるのを目にする。そのメッセージは続くプレゼンテーションでも繰り返される。ロチェスター支部では、さらに3カ月後、4カ月後、1年後のオリエンテーションでもこうした価値観が念押しされる。

　だが、オリエンテーションから数カ月後、あるいは数年後には、職員は最重要の価値観は知っていても、オリエンテーションの他の部分はうろ覚えになるか忘れられることが多い。職員が〝患者のニーズが第一〟を承知しているのは、毎日職務中にそれを実践し、体験しているからだ。職員の大半は価値観の声明版《バリュー・ステートメント》の文言を暗唱できる――「患者のニーズを第一に」と。これは〝ミッションステートメント〟とか〝キーストラテジー〟と呼ばれているかもしれないが、その内容は深く根づいている。

ところが、メイヨーの経営陣はこうした文化の受容プロセスを信頼しきるには至らなくなってきている。とくに新人医師の同化についてだ。たとえば、最近になって医師のコミュニケーション講座が開設された。この講座はキャンパスによって若干異なるが、いずれも「医師と患者のごく個人的な関係を改善するコミュニケーションに力点を置いている」と、ロチェスターで講師を担当するダニエル・L・ハーリー医師は力説する。また、ジャクソンヴィルの慣例では新規採用者だけでなく、全医師がこの講座に出席しなくてはならない。患者満足度はすでに高くとも、ジャクソンヴィルの品質・安全・サービス委員長、ウィリアム・J・メイプルズ医師は、「もっと改善できるはず」と満足していない。この講座では、他にも最初の問診で患者の話をさえぎらずに傾聴することを医師に促している。また、医師は「他には何かありませんか?」と尋ね、患者が重要な情報や懸念を言い出せずにいないか確かめるよう指導される。「これで患者満足度の向上が見られました――われわれの考えでは、この講座が役立っている」とメイプルズ医師は結論づけている。2006年、ジャクソンヴィルの経営陣は全職員に同様の患者／職員コミュニケーション講座を受けさせることを決めた。

とはいえ、結局のところ、こうした教育的取り組みも趣旨がメイヨー・クリニックの文化になじまなければ成功しない。名誉管理者のジェーン・キャンピオンはこう語っている。「メイヨーの価値観に傾倒したら、メイヨーはあなたのDNAの一部になる」。こう例えると、わかりやすいかもしれない。化学の教授は元素周期表を習ったおぼえはまずないが、完璧に知っている者がほとんどだ。大学院でも学部でも授業で暗記を求められないのに、化学という学問を理解したとき、彼らは周期表を知っている。同じように、メイヨー・クリニックの職員であるとはどういうことかを理解したとき、その価値観はすでに身についている——職員はその価値観を知っているわけだ。それはお仕着せではなく、文化を通じて伝えられる。

価値観を守る

メイヨー・クリニックは価値観と文化、期待を〈メイヨー・クリニックのケアモデル〉という文書にまとめ（資料2-1参照）、全職員に配っている。正式に採用されたのは1998年になってからだが、この文書はつまるところ、クリニックが創立から現在に至るまで、いかに機能してきたかを反映したものだ。その歴史をほぼ通じて、創立者たちのことは直接もしくは1人介せば知ることができた。たとえば、メイヨー・クリニックのシステムと手続き部門の初期のリーダー、リチャード・W・クリアマンズは1950年にメイヨーに加わり、1992年に退職したが、彼は冗談めかして「イエス・キリストに会ったことはないが、十二使徒なら知っ

資料2-1　メイヨー・クリニックのケアモデル

メイヨー・クリニックのケアモデルは、複数の専門分野にまたがる統合型学術機関での、上質で思いやりのある医療ケアと定義される。もっとも重視するのは、患者のニーズを満たすことで、これは医療が進化を続けるなかで以下の核となる要素(特性)をそなえることによって達成される。

患者のケア

- 複数の専門分野を統合し、同等の権限をもって協力するスタッフのチームワーク。専門家のチームが用意され、適切に活用される。
- じっくりと患者の話に耳を傾ける丁寧な診察。

・医師は地元の医師と連携し、長期的な患者のケアの方針に個人的な責任を負う。
・最高品質の患者のケアを思いやりと信頼とともに提供する。
・患者、家族、患者の地元医師に敬意を払う。
・適時の効率的なアセスメントと治療による包括的な評価。
・最先端の革新的な診断・治療用テクノロジーと手法を利用できる。

メイヨーの環境

・メイヨーの文化に育まれ、貢献度で評価される、きわめて質の高いスタッフ
・強固な労働倫理、専門知識、メイヨーへの献身を兼ね備えた、評価の高い専門職の関連医療スタッフ
・研究と教育の学究的環境
・医師によるリーダーシップ
・全ての外来患者および入院患者の統合医療記録と共通の支援サービス
・量より質の重視を可能にする専門職報酬
・類のないプロフェッショナルにふさわしい服装、礼儀正しさ、設備

ている」と言う。つまり、メイヨー兄弟には会わなかったが、兄弟に見込まれて薫陶を受けたリーダーたちとともに働いていたということだ。彼はまたドクター・ウィルとドクター・チャーリー（クリニック内でのメイヨー兄弟の通称）双方の子息たちのことも知っていた。クリアマンズにとって、遺産は手の届くところにあったわけだ。ところが、1990年代後半になると、メイヨー・クリニックの初代か2代目をじかに知る現役の関係者はほぼいなくなる。しかも1980年代半ばには、急成長の時代が始まっていた。たとえば、ジャクソンヴィルやスコッツデールに事業を拡大する前の1985年、メイヨー・クリニックの職員は勤務医832人も含めて総勢8159人だった。1997年、理事会がメイヨー・クリニック・ケアモデル特別部会を任命し、ケアモデルの成文化を進めたとき、職員総数は2万3182人と、ほぼ3倍にふくれ上がり、医師の数は1527人になっていた。成文化プロジェクトの責任者、ケリー・オルセン医師はその発足についてこう説明する。

それまでの10年間に急激な成長を遂げ、われわれはメイヨーで研修を受けていない新人医師にはメイヨーの成功を導いた診療方式と価値観が分からないのではないかと懸念を抱いていました。短期的な財政難から医療業務が変わり、長期的にメイヨーにとって痛手になりかねないことも心配でした。そこでわれわれのケアモデルに不可欠な要素は主に新人教育によって維持しなければならないと判断し、メイヨー・クリニックをユニークで価値あるものとする患者体験の継続を期したのです。

メイヨーの3つのキャンパスにわたって臨床診療諮問グループの調整役を務めるドーン・ミリナー医師が続ける。「絶えず変化する診断や治療のテクノロジー、ヘルスケアに対する市民の期待、政府や法律の要求事項、ヘルスケア実施の財政的課題などにまぎれて、この価値ある伝統が失われるという懸念がありました」。ロチェスター・キャンパスの元臨床診療委員長、デイヴィッド・ハーマン医師が文書の役割を説明する。「われわれはこの文書を国にとっての憲法のように扱っている。メイヨー・クリニックをメイヨー・クリニックたらしめる信条の表明というわけです。執行委員会や臨床診療委員会の会議でこの文書に具体的に言及されないことはまずありません」。ミリナー医師はこれを「接点」と呼んでいる。[5]

本章冒頭の手紙から分かるように、患者はメイヨー・クリニックや附設の病院での体験から、このモデルの特質にはっきり気づく。医師やチームのメンバーたちとの時間に感謝し、もう治療歴を隠そうとしない。担当の医師たちがたがいに明快でオープンなコミュニケーションをしていることに気づく。

サービス業の新入職員は他の職員のやり方を見ながら仕事をおぼえることが多い。この体験は本来、社会的なもので、組織の価値観と文化を非公式に伝える格好の機会となる。これがどこよりも当てはまるのが、研修やオリエンテーションのプログラムが長期にわたるヘルスケアの分野だ。メイヨー・クリニックの医師の62パーセント以上が研修の一部もしくは全部をメイヨーで受けている。ある意味、〝就職面接〟が何年も続いているのに等しい。メイヨー・クリニックの内外科医となるのに必須の技術や認識のスキルを見きわめることに加え、指導医はクリニックの価値観に傾倒している証拠を探す。第5章で述べるように、メイヨー・クリニックは医師主導型の組織であり、医療スタッフによる患者中心主義の理解と実践が、この価値観の存続には欠かせない。

登録看護師(RN)は全員、経験豊富であっても新規採用であれば、広範囲にわたるオリエンテーションを受けることになる。ロチェスターのオリエンテーションプログラムを指揮するRNのエリザベス・ペストカによれば、価値観がこのプログラムの重要な要素だという――つまり講義そのものではなく、オリエンテーション体験に織りこまれたコンセプトが、だ。近年、このプログラムにメイヨー・クリニックの看護の原点を題材にした〝朗読劇〟が加えられた。[6] オリエンテーションの参加者が、メイヨー家の医師たち、フランシスコ会のシスター、セント・メアリーズ病院初の専門教育を受けた看護師イーディス・グレアムに配役されるというものだ。あるシーンでは、若きフランシスコ会士、シスター・メアリ・ジョーゼフの初出勤日が描かれ、彼女はそこでこうふりかえる。

> 看護師となって最初のころの仕事に、男性患者の診察の補佐があったのですが、その患者さんは検査のために全裸にならなくてはなりませんでした。先生とミス・グレアムが患者さんの検査をしているあいだ、わたしは背中を向けてすみの方に立ち、怒りと恥ずかしさに震えていました。診察のあとでミス・グレアムに抗議し、教師の仕事に戻してほしいと伝えました。するとこう言われたのです。男性であれ女性であれ、患者全員のお世話をすることが務めであって、シスターが上品ぶっていたら看護をおろそかにしかねないと。わたしは全ての患者さんの要望を満たすことを学びました[7]……。

このフランシスコ会のシスターはその後、セント・メアリーズ病院の管理者として47年以上勤め上げ、「シスターが上品ぶって看護をおろそかにすることがないよう、つねに気をつけていた[8]」。

患者第一という価値観を守ることは、毎年10月に開催される祝賀週間、〈メイヨー・クリニック文化遺産の日《ヘリテージ・デイズ》〉の趣旨でもある。これはロチェスターキャンパスでメイヨー・クリニックとセント・メアリーズ病院、ロチェスター・メソジスト病院の歴史的な協力関係を強める狙いから創設された。この2つの病院は1980年代半ばまでメイヨー・クリニックとは独立して運営されていたのだ。2000年にメイヨー・クリニックの文化を3つのキャンパスで研究した顧問の人類学者から、〈ヘリテージ・デイズ〉を2つの新しいキャンパスに拡大することを勧められたのを受け、3つのキャンパスでのプログラムが2001年に開始された。

2004年開館のヘリテージ・ホールは、館長のマシュー・デイシーによると、「メイヨー・クリニックの偉大な物語を伝える」ことを目的とした博物館だ。まずはロチェスターに開設されたが、現在では同様の博物館がジャクソンヴィルとスコッツデール／フェニックスにも設置されている。展示の一部は3館の巡回制だ。こうした博物館は、デイシーによれば、「患者のケアこそ第一に伝えるべき最大の物語」であることを示すものだという。最初の博物館を創設したのはふたりの篤志家、メイヨー・クリニックの忠実な患者であるジョンとリリアンのマシューズ夫妻だった。寄贈にあたって、ふたりは「メイヨー・クリニックという合唱団に声を加えること」が目的だと語っていた。ヘリテージ・ホールは声を重ねることで、過去の偉人たちがまず堅固な価値観を、続いて偉大な組織、偉大な名声、偉大なブランド——患者のニーズが第一のメイヨー・クリニック——を築いたことを、患者と職員の両方に強く唱える。

ロチェスター・キャンパスにある歴史的な1928年建造のプラマー・ビルディングには、創立者である兄弟のオフィスが、最後に兄弟が使用した1930年代当時とほぼ同じ状態で保存されている。その続き部屋には、数十年のあいだ理事会が開かれた会議室もある。高い壁を覆うのはメイヨー兄弟が授与した額入りの栄誉の品々——名誉博士号、世界各国の医学会の会員証、公益事業賞。この部屋を訪れた者は、メイヨー兄弟がまぎれもない医療のパイオニアであって、マーケティングキャンペーンの産物でも腕利きの広報担当者でもなかったと分かるだろう。こうして保存された過去に触れたら、後代の職員たちは、すぐれた技術と専門性、慈悲の精神をもって務めを果たし、百年のブランドを生み出した名声を守ろうと思わずにいられない。それは個人的な成果に感じる自己満足の解毒剤にもなる。

ゴンダ・ビルディングの正面入口から通りをはさんだ向かい側には、彫像公園がある。これは2004年にロチェスター・キャンパスに加えられた。メイヨー・クリニックの創設者を息子に持つウィリアム・ウォロル・メイヨーと、セント・メアリーズ病院の創設者マザー・アルフレッド・モーズの彫像が寄り添うように公園の一方の端に立っている。もう一方の端には、ウィリアム・J とチャールズ・H・メイヨー兄弟のブロンズ像が、メイヨー・クリニックの正面入口を背景にさりげないポーズで階段に腰かけている。そのポーズは自宅の前の階段にすわる最盛期の兄弟の写真をもとにしているが、彫像公園で彼らがすわっているのは彼らの名前を冠した1世紀後のクリニックの前の階段だ。アーティストの特権で木の階段が大理石に変えられ、弓形に拡大されている。写真を撮りたくなる彫像と設定だ。メイヨー・クリニックの職員たちが階段の上で創設者兄弟とともにポーズをつける。兄弟は実物大で、大理石の高い台座にのっているわけでもない。メイヨー・クリニックで研修中の医師たちのスナップ写真を見ると、兄弟と肩を並べてすわっている――もちろん、ときにはおどけた様子で。訪問客や患者もメイヨー・クリニックの癒やしの遺産との交流を写真に収める。

結局のところ、職員のオリエンテーションや研修コース、〈ヘリテージ・デイズ〉、博物館、彫像公園といった正規の取り組みは、あくまで補完するものにすぎない。価値観を守る上で中心となる力は、患者第一という価値観を職員が事業を通じて仕事中に実践することだ。

サービスの権限

ある価値観が「職員のＤＮＡの一部」になったとき、それは日々の仕事の仕方を指南するだけでなく、他に類を見ない状況で行動するための権力と道徳的権限を職員にもたらす。患者のニーズが行動を求めるものだと分かった場合、職員は明確な許可を得る必要はない。そのときの選択肢が時間どおりに仕事に戻るか、足元のおぼつかない患者のために10分をさいて車椅子を用意するかであるとしたら、患者はおそらく車椅子に乗せてもらえるだろう。職員が価値観に基づく権限を行使する場合は、往々にして例外的なサービスに行き着く。

メイヨー・クリニック・アリゾナの元人事部長、マシュー・マケルラスが職員への権限委譲の例を紹介している。

わたしは……結局、患者としてメイヨー・クリニック病院のICUに運ばれたのです。ロチェスター出張からアリゾナに戻ってきたドクター・トラステック［メイヨー・クリニック・アリゾナのCEO］と夫人はわたしが入院したことを知り、面会にやってきました。何に驚いたかって、それは夫妻が面会にやってきたことではありません――彼らが会いたいと思ってくれたことには感激しましたが、驚くべきはそのことではなく……看護師がわたしを眠らせ、ドクター・トラステックに門前払いを食らわせたことです。

その日、あとで目が覚めたわたしに彼女はこう言いました。「面会の方が何人か来ましたが、追い返しました。お気になさらないといいのですが――ただ、ひとつ引っかかることがあるんです」。

わたしは尋ねました。「どうして？」

すると彼女は、「ドクター・トラステックと奥様が面会に寄られたのですが……いまは眠っていらっしゃいますと伝えました。ほんとうに眠っていただきたくて」。

わたしは言いました。「どうもありがとう。それが最善だ。彼にはあとで会えばいい」。

すると彼女は、「大丈夫でしょうか——それでかまいませんか？」

そこでわたしは、「もちろん」。内心こう考えました。「これはナースが『患者にとって何が最善か？』と自問する格好の例で、まさに彼女はそのとおりのことをしたのだ」と。彼女はたとえCEOを追い払うことになるにせよ、わたしにとっては睡眠をとるのが最善だと分かっていたのです。

⁘⁘

フォローアップ診察のスケジュール調整が主な職務のある臨床アシスタントは、予約システム上で診療や検査の間隔が丸一日空いた場合は、〝特別な努力モード〟に突入する。患者第一のサービスへの決意とプライドを示し、相当な時間をかけて患者固有のニーズをもとに予約を組み立てるのだ。患者は臨床アシスタントが裏で特別な努力をしていることなど知る由もないだろう。しかもその努力は、アシスタント本人というよりこの施設に患者第一のサービスという信用をもたらす。この職員への報酬は、メイヨー・クリニックが〝患者のニーズを第一に〟を果たす一助となっているという個人的な満足感だ。

権限の委譲は、職員が患者の問題に気づき、病状の悪化を見て取った際にきわめて重要だ。米国の医療施設認定合同機構は近年、不十分なコミュニケーションを有害な出来事の大きな原因と特定し、「ケア提供者間のコミュニケーション効果の改善」を2007年の米国患者安全目標の上位に挙げている。

メイヨー・クリニックは時代を先取りし、アリゾナ州ではいち早く2005年に〈プラス－ワン〉というプログラムを開始した。このプログラムは、「患者の臨床上のニーズ」が満たされない可能性がある場合に、重大な情報を正確かつ納得できるように伝えることを意図している。メイヨーの歴史上重要な第一の価値観を実践する責任を明確にするものだ。〈プラス－ワン〉では、ひとりのスタッフが指揮系統の上位にいるもうひとりの人物に相談し、患者にとって必要なものを手配することが期待される。そのもうひとりは管理者やマネジャーとなることが多いが、同輩の場合もある。たとえば、ふだんから協力し合う看護師たちは、午前2時であっても待機中の医師を呼び出すべきかどうか、即座に相談して決めることができる。同じように、ケアの提供者が患者に関する所見が他のスタッフと一致しないと気づいたとき、〈プラス－ワン〉を発動してその時点の患者にとって最善の行動方針を決定してかまわない。看護師、技師、医師など医療チームの誰であれ、この方法を用いることで患者のニーズを適切にタイミングよく満たすことが保証される。

メイヨー・クリニックの救急医、ドクター・アニー・サドスティには、クリニックの教育セッションでときどき使用されるサービスにまつわるエピソードがある。大型輸送トラックの運転手がロチェスターを走行中に具合が悪くなり、メイヨー・クリニックのセント・メアリーズ病院までやってきて正面に駐車し、救急科（ED）にたどりついた。医師たちは直ちに入院するよう強く勧めたが、その女性ドライバーは抵抗した。

よく訊いてみると、運転手がひどく気にしていたのは、トラックを路上に駐車したままで、飼い犬が運転席に閉じこめられているからだとわかった。ここで、EDの担当看護師がトラックと犬の扱いはまかせてほしいと申し出、自分の仕事でもない重責を引き受けた。そして患者からトラックのキーを渡されたが、看護師は「少々驚きました。53フィート〔約16メートル〕のトレーラーつきケンワースでしたから」と言う。だが彼は、EDの看護師仲間が元長距離トラック運転手で、営業用運転免許証をまだ持っていることを思い出した。このふたり目の看護師が患者のトラックを移動させたが、これを数日間駐車しておくのはまた別の問題だ。彼は地元のショッピングセンターの管理者とロチェスター警察に電話をかけ、そこの駐車場に置いておく許可を得た。ひとり目の看護師は飼い犬の面倒を見た。

この看護師たちは自ら進んで「患者のニーズ」を尊重し、ED内にとどまらず、職務を超えて個人的に尽力した。犬を引き受けた看護師は世話をするだけでなく、医療上のニーズにも気を配った。彼によれば、「犬も患者も快方に向かい、数日後に再会を果たした」という。ドクター・サドスティはこう結論づける。「以上のことはどれも、患者にとって必要なことを確実に果たすためにおこなわれました。信じがたい話です。スタッフも信じがたい人たちですし、しかもわたしはこうした話が毎日生まれていることを知っているのです」。

メイヨー・クリニックのアリゾナ州スコッツデールのキャンパスで清掃主任を務めるアーマンド・ルチェージは、スタッフに日勤であれ深夜勤であれ、いつでも電話をくれと呼びかけている。こうした電話の例で示されるのは、彼が患者第一の価値観をスタッフに浸透させてきたこと、そしてスタッフが、患者のほぼいない夜間の勤務が多いにもかかわらず、患者の体験に違いをもたらす権限を委ねられていると感じていることだ。

病気で欠勤したある職員が自宅からルチェージに電話をよこし、その日のクリニックでの検査中に検査室の天井のタイルが1枚剥がれ落ちていることに気づいたと伝えてきた。今後は他の患者の目に入らないように、との配慮からだった。ルチェージのような清掃スタッフはメイヨー・クリニックについてほとんど予備知識なしにやってくることが多い。「わたしはスタッフにメイヨー・クリニックの歴史について、ここに来る人たちが寄せる期待について話します。それが自尊心をもたらすのです」とルチェージは言う。「伝統とメイヨー兄弟が激励してくれるのです。われわれは患者に最高の体験を提供するチームの一員になりたい」。

メイヨー・クリニックの職員は、メイヨーのもっとも批判的な患者だ。患者満足度のスコアはどの患者群よりも低い。求める基準はきわめて高く、患者中心のサービスの小さな瑕疵《かし》を真っ先に見つける。ドクター・エドワード・ローズナウ3世はメイヨーを退職後、メイヨー・クリニックのサービス文化について現職員向けの講演を買って出ているが、そこで次のような最近の経験について語っている。勤続15年のメイヨー・クリニックの職員が乳がんだと診断され、放射線科へレントゲンの追跡検査を受けにやってきたときのこと。

彼女は待合室から臨床アシスタントに呼ばれた。ふと見ると、臨床アシスタントがあくびをしている。病気に対する大きな不安に苦しんでいた職員兼患者は、腹が立った。ドクター・ローズナウに「わたしは乳がんですが、担当の女性は疲れてうんざりしているようでした」と訴えた。権限を与えられた職員たちは、ささいに思えることについても、たがいにきわめて高い基準を求める。

1999年にメイヨー・クリニックの会長兼CEOを退いた眼科医、ドクター・ロバート・R・ウォラーも、「患者のニーズ」は往々にして単純な事柄を含むが、決して取るに足らないものではないと指摘する。たとえば、ある金曜日の午後遅くに内科医の同僚と電話で話したときのことをふりかえっている。その内科医が診ていた患者は、飛行機の時間に間に合うように早く帰る必要があった。糖尿病を患い、視力に不安を覚えていたが、眼科の予約がうまく取れなかったらしい。ともかく安心してもらうだけでよかったため、ドクター・ウォラーは患者と話すことを承知した——「5分しかかかりませんでした」と彼は述べている。このケースでは、詳細な検査は次回まで延期しても大丈夫だと安心させることができたのだ。ドクター・ウォラーによれば、「患者が納得して安心するだけではなく、医師たちもこうしたサービスを提供することで大きな喜びを得るのです」。

2005年9月、数人の患者がハリケーンの被害を受けたニューオーリンズからフロリダ州ジャクソンヴィルにあるメイヨー・クリニックの病院に運ばれてきた。そのひとりの治療に当たっていた救急科の医師が、その日が患者の誕生日であることに気づいた。ところが、彼女と一緒に祝ってくれる家族がジャクソンヴィルにいないどころか、そもそもどこにも身寄りはないことが判明した。医師は自宅にいる妻に電話をかけ、バースデーケーキを用意して子どもたちを救急処置室まで連れてくるように言い、みんなでお祝いをした。この単純な、人間味のある行為が、命以外の全てを失った患者の心と魂に必要な喜びをもたらした。

このような逸話がメイヨーの内部で伝えられると、職員たちは自分もやってやろうと感化される。ある管理者によれば、がんで死を迎えようとしている若い女性を担当していた看護師たちがお金を出し合って航空券を買い、彼女の夫を1500キロ以上遠方から患者のそばに呼び寄せたという。別の例では、その患者がこうコメントしている。「がんの診断と手術でストレスに悩まされるまで、〝触れ合い〟の価値に気づかずにいました。体も心もケアしてくださり、ありがとう」。最後にメイヨーのコメントカードシステムで収集された数百の例からひとつ。看護部のスタッフが2人用の病室をひと晩だけ個室に模様替えし、37歳の男性の「良性」と思っていた腫瘍の手術後に配偶者が一緒に過ごせるようにした。外科的生検で骨肉腫——骨のがん——だと分かると、配偶者はそばにいることを希望したのだ。

患者中心主義は委員会や理事会での討議でも役割を果たしている。ドクター・ウォラーが理事を務めていたころ、理事会で厄介な意思決定を迫られることはたびたびあった。全員の合意がなかなか得られずにいると、必ず誰かがこう問いかけたという。「たしかにそうですが、患者にとって最善なことは何でしょうか?」。メイヨー・クリニックのCAO、シャーリー・ワイスもドクター・ウォラーと同じ意見だ。「患者のニーズが第一という価値観はミーティングで無駄なおしゃべりをはしょるのに役立ちます。こう尋ねればいいのです。『これは患者にとって正しいのか否か?』。これで確実に問題の核心に切りこめるのです」。彼女が例として挙げているなかに、電子カルテの扱いに関して、どのくらい時間がたったら医師にサインオンのやり直しを求めるかという問題があった。サインオンがわずらわしいのはいうまでもない。だが、ある医師が患者にとってプライバシーを守るというニーズにもっとも適うのはどのくらいなのかと問いかけると、患者のニーズを優先した決定が即座に下された。

メイヨー・クリニックの建物は堂々としている——大きくて清潔、能率的で利用しやすい。博物館、彫像公園、庭園は、入ってみたくなる快適な設計だ。とはいえ、結局のところ、真のメイヨー・クリニックは無形のもの、サービスであって、レンガやモルタル、大理石ではない。

サービス組織としてのメイヨー・クリニックでは、何よりもきょうのサービスが肝心だ。患者が友人や家族に話すメイヨー・クリニックとは、人間味のある、医療と人間に関わるサービスであり、それは毎日、患者やその家族と交流するスタッフたちが臨機応変に提供している。職員に広く権限を委譲することがメイヨー・クリニックの享受する長期的な成功の達成に欠かせない。

寛大な行為が芯を強くする

〝患者のニーズが第一〟という価値観では当初から、金銭的な要素が重視されることも多かった。ドクター・ウィリアム・J・メイヨーその人から指導を受けたひとり、ヒュー・バット医師が、ドクター・ウィルと1936年に3カ月の輪番制で診療していたときのことを語っている。ドクター・ウィルは1928年に外科診療から、1932年に理事会から退いたが、クリニックの業務にはまだ携わっていた。ドクター・ウィルは若きバット医師にこう指示した。「わたしが診たい患者は、病気の重い、ひどく貧しい人たちだけだ、他の患者は診ない。わかったかね?」。バット医師はまもなく、極貧で重病の、おそらく死に瀕している患者を見つけた。その患者のベッドは仕切りのない8人部屋にあり、そこでバット医師とドクター・ウィルは診察した。バット医師の回想によると、病室から去る際、ドクター・ウィルはこう言ったらしい。「そうだな、君に同感だ。彼は重病だし、君が言うように貧しい」。バット医師の話はこう続く。

ドクター・ウィルはわたしに400ドルをよこしたのです！……そしてこう言いました。「これを上の階の会計係に渡したまえ。お金の出どころについては何も言わず、彼［患者］を看護師つきの個室に移すんだ。氷を入れた桶と扇風機を置いて涼しくしておくように」。当時はそれが唯一のエアコン設備でした。彼はこういったことを何度も繰り返して、そういう人たちを助けていましたが、個室に移動させたのがドクター・ウィルだと知る者はいなかったのです。

メイヨー・クリニックの創設者たちは言葉少なに価値観を実践していた。患者のニーズは臨床上にかぎらず、いま挙げた例のように、重病の患者とその家族が、プライバシーと安心感、尊厳といった、お金があれば買えるものを必要とすることもある。

メイヨー兄弟は、全ての患者が同じ最高レベルの治療を受けるべきだと言って譲らなかった。初期のメイヨー・クリニックは標準的な〝料金体系〟がなかった時期も長く、むしろ患者の料金は支払い能力を確認した上で設定されていた。たとえば、第2次世界大戦中、ヨーロッパに赴任していた米国軍人の若妻がロチェスターに重度の多発性硬化症の治療を受けにきたことがある。彼女は母親と数カ月間アパート住まいをし、毎日のように治療を受けた。彼女に対する一度きりの請求額は帰郷する際に進呈された。「検査と投薬、治療の合計で約28ドルでした」と歳を重ねた夫は近年、ふりかえっている。「その金額が選ばれたのは、当時のわたしが米国陸軍から受けていたひと月分の報酬と同じだからです」。この患者のニーズに対応するために、クリニックには相当な金銭的コストがかかったに違いない。

ドクター・ウォラーは1980年代後半の循環器専門医との会話を憶えている。その医師はメイヨー・クリニックにとって金銭的に影響のある決断を迫られていた。患者にペースメーカーを植えこむ必要があったのだ。選択肢Aはメディケア〔高齢者と障害者を対象とした米国の医療保険制度〕で承認されたモデルだが、やや複雑な手術と術後数日間の入院が必要で、合併症のリスクがある。選択肢Bは新型で手術は簡単、入院も1日のみのモデル。ただし、Bはメディケア未承認で、メイヨーは保険による償還を得られない。ドクター・ウォラーはこうふりかえる。「悩むまでもなかった――患者にとってベストなペースメーカーを使うだけです」。

現在では、保険契約や公共政策のためにメイヨー・クリニックが〝社会契約〟を実行することはできない。その〝社会契約〟は、富める者も貧しい者も収入に応じた額を慈善団体に支払い、その団体は全ての人を公平に扱いつつ、その使命を続けていけるだけの収入を得るというものだった。21世紀の非営利組織として2007年に70億ドルの収入があったメイヨー・クリニックは、そうした創設者たちのやり方とは若干異なる方法で慈善の精神とコミュニティの一員としての意識を表現している。個々の患者のニーズに重点を置くことは変わらない。

2007年には5560万ドル相当の医療を支払い能力のない患者に提供した。さらに、メディケイド〔低所得者と障害者を対象とした米国各州と連邦政府共同の医療保険制度〕などの低所得者医療扶助プログラムの未払い分は合計1億2710万ドルにのぼる。つまり、2007年には1億8200万ドルを超える未払いの医療が直接、困窮している患者に提供されたわけだ。しかも、メイヨー・クリニックは新人医師や他のヘルスケア提供者の教育や、病気の治療法もしくは症状の緩和方法の医学研究を支援することで、さらに多くの患者の役に立っている。2007年、メイヨー・クリニックは3億4600万ドルを医学教育と医学研究のプロジェクトの援助金として拠出した。したがって、2007年に広くコミュニティに還元された利益は総額5億ドルを下らない。そして結局、純営業利益が全て、後の世代のために医学研究と医学教育に再投資されるのだ。

見つかった新たなサービスのニーズ

現代の消費者から見れば、メイヨー・クリニックのサービスの伝統のなかには患者中心とみなされない要素もあるだろう。予約カレンダーがその一例だ。長年にわたり、外来臨床の受付ではおおむね、ふたつの予約時刻しかなかった。午前8時と午後1時だ。これは通常、午前中の4人の患者のうち、ひとりがすぐに診察を受け、あとの3人は1、2時間あるいは3時間待つ可能性があることを意味する。このシステムは、医師が診察と診察の合間の「時間を無駄にする」必要がないという意味で医師中心だった。ところが、メイヨー・クリニックで43年間管理部に勤め、1993年に最高管理責任者を退いたロバート・フレミングは、このシステムには患者中心の側面があると説明している。何より、医師はそれぞれの患者と必要なだけの時間を過ごす機会が得られるわけで、それこそがきわめて重要なメイヨー・クリニックの責務なのだ。たとえば、気のめいる診断結果と複雑な治療の選択肢に直面した患者は、通常割り当てられる60分以上の時間が必要になるかもしれない。私的な時間をなるべく削りたくないという患者のニーズから、このスケジュールシステムは1990年代前半に廃止された。現在、予約のスケジュールは、各患者の待ち時間を15分未満に抑えることを目標に組み立てられている。

近年、メイヨー・クリニックはキャンパス内でのケアにとどまらない患者のニーズに敏感に対応するようになっている。エリック・イデル医師は10年近い歳月をかけて改善に取り組んできた。彼の意見によると、「いったんメイヨーに入ってからの患者の管理についてはすばらしい仕事ができていますが、予約の高まる需要には周囲に砦を築いて対応してきました。この病院の外にいる方にとっては、入りづらく、サービスが不十分になったこともあります」。そこで予約の受け付けはいくつか改善されたとイデル医師は言う。たとえば、予約の要望を受け入れる前に医学的検討が必要な場合、現在のサービス基準では24時間以内に結論を出さなくてはならない。この基準が採用される前は、患者は1週間以上、あるいはまったく連絡をもらえないこともあった。

現在は、予約オフィスに24時間後の時点で臨床検討担当者から連絡がない場合、予約を受け入れる決まりになっている。さらにイデル医師によれば、「過去には、予約について手紙や電話で通知していました。『3月3日火曜日午後2時に来てください』といった具合に。しかしメイヨーから患者にこちらの都合に合わせるよう頼むのは配慮を欠いていると、われわれは気づきました。いまは患者に希望の時間を尋ね、うまく調整するようにしています」。

患者のニーズに応えるにあたって、サービス上の最大の課題は、おそらく解決されることはないだろう。そこには予約の要望を拒否することがからんでいるからだ。1世紀以上にわたり、元患者たちのあいだでメイヨー・クリニックは「最後に頼る裁判所」として語られてきた――クリニックがその立場を自称したことはない。身体的もしくは感情的な苦痛を抱えていたり、ショッキングな診断を受けた人はメイヨー・クリニックで受診することを最後の望みとみなすことが多い。そこで予約を断れば、希望を打ち砕く残酷な拒絶と受け取られることもある。その判断は通常、確認された患者のニーズに対して、メイヨー・クリニックでの治療に効果がある見こみを評価した上で下される。そうした判定が、結果的に悲しみをもたらすこともあるだろう。

〝患者のニーズ〟の中心にあるのは、医療の、すなわち臨床上の患者のニーズだ。だが、この医療消費者主義の時代にあって、メイヨー・クリニックはここに〝カスタマーサービス〟のニーズと期待を含めるようになった。そこには患者の審美的なニーズ、そして精神的なニーズが組みこまれている。

全ての人への心身ケア

20世紀の大半を通して、メイヨー・クリニックの臨床スペースと共用スペースは、医学では満たせない患者のニーズに、建築と内装の設計で対応してきた。建築上の意図は、患者が寄せる信頼にふさわしい内容を感じさせることにある。「患者にはメイヨー・クリニックを訪れてすぐに、いい選択をしたと感じてもらわなければなりません」と語るのはジェイムズ・ホッジ、開発部副部長兼メイヨー・クリニックの芸術委員長だ。ロマネスク風アールデコ様式の傑作、1928年竣工のプラマー・ビルディングは豊かな設計要素が今日でも、医療診断と治療という、患者にとってときに過酷な恐ろしい現実からの避難所となっている。クリニックの２００１年に完成したゴンダ・ビルディングの設計コンサルタント、シーザー・ペリは自身の方針をこう語る。「患者が入った瞬間に癒やしのプロセスが始まる建物を設計したかった」。たしかに、あるフォーカスグループで重病の初診患者が言っていた。「キャンパスに足を踏み入れたとたん、気分がよくなりました」。これは奇跡的に治ったということではなく、到着した場所の、堅実で成功している組織といった様子で、安息地と希望をもたらしてくれたということだろう。

さらに近年になると、後援者たちのおかげでメイヨーは治療プロセスにおける美術や音楽、建築、庭園の美しさの重要性をますます理解するようになった。セリーナ・フライシュヘイカーは、チフーリが制作した大きなシャンデリアを93歳のときにゴンダ・ビルディングのロビー用に寄贈したが、２００１年10月8日の落成式でホッジにその意図を語っていた。ホッジは彼女のメッセージを憶えている。

メイヨーにやってくる患者が皆、治るわけではありません。ひどく悪い知らせを受ける人もいれば、波乱の人生を送っている人もいる。わたしはこのチフーリのガラスのシャンデリアが皆さんを楽しい気分にし、目を天に向けさせ、診察と診察の不安な幕間に区切りをつけ、苦しみを少しでも忘れさせてくれたらいいと思うのです。

ある患者は感謝をこめて書いている。「メイヨーにやってきたとき、すばらしい医療がしっかり実践されているのは予想していました。予想外だったのは、美しいアートに満ちた環境です――ミロの絵、コールダーやロダンの彫刻。体のケアはもちろん、心のケアをどうもありがとう」。

プラマー・ビルディングの屋上には3オクターブの組み鐘《カリヨン》が設置されている。ウィリアム・J・メイヨー医師が1920年代半ばのイングランド旅行で買ったものだ。1928年にこの鐘が寄贈されて以来、メイヨー・クリニックはカリヨン奏者を雇い、週6回定例コンサートを開いている――患者や職員が屋外に出る正午と夕方に。1928年から1957年まで演奏者を務めたジミー・ダーモンドは自分の仕事がメイヨー・クリニックに合っているという感覚を雄弁に語っている。「ここでは科学が仕え、建築が王座を、音楽が王冠を用意するのです」[9]。

「メイヨー・クリニックの芸術プログラムは考え抜かれたものです」とホッジは述べている。「メイヨー・クリニックは医学の芸術を建築の芸術のなかで実践し、絵画や彫刻、ガラス、織物までそろえている――芸術の形式とメディアの大部分があるのです」。この雰囲気が治癒環境の一部となっている。「診断と治療、癒やしを求めてやってくる人々の、体のなかの心と魂のニーズに応えるのです」。

近年、メイヨーには新たな歌声が数多く寄贈されてきた。3つのキャンパス全ての共用エリアにグランドピアノが置かれていて、その多くは患者や見舞客が弾いてかまわない。ホッジによれば、「ゴンダのロビーはピアノを弾いている人がいない方が珍しい。患者と見舞客が一緒に歌っているのを見たことがあります——踊っていることもありました。オペラの歌姫が立ち止まって、ふと歌いはじめたこともある。またあるときには、有名なポップミュージシャンが飛び入りのピアノの伴奏つきで歌ってくれました」。寄贈者や有志の音楽家たちが持てるものを提供してくれるのは、苦痛と恐怖、希望を感じている患者のニーズに合っているとわかっているから、寄贈者自身が身をもってそれを知っているからだ。

メイヨー・クリニックは全ての人への心身ケアの重要性を認識し、1888年のセント・メアリーズ病院開設以来、患者の精神的なニーズへの配慮を示してきた。ただし、クリニックはわずかな関与にとどまり、各病院で採用された専属の宗教師《チャプレン》は、入院患者のみを相手にしていた。チャプレンがメイヨーの職員となったのは、病院の所有権がメイヨー・クリニックに移った1986年のことだ。それから10年後に初めて、チャプレンはがん患者を皮切りに、外来患者の精神的なニーズに対応するようになった。現在は30人以上のチャプレンがメイヨーに雇用され、4つの病院とクリニックにも配置されている。

こうしたチャプレンの職員には、キリスト教徒もイスラム教徒もユダヤ教徒もいる。宗教プログラムでは、全ての患者に自身の伝統、儀式、信仰、信条に通じる精神的なサポートを求めるよう奨励している。これをかなえるためにセント・メアリーズ病院は1998年、瞑想用のスペースを開設した。そこには、あらゆる信仰の人が使える個別の礼拝エリアもある。

変革の時代に合致した価値観を唱える

メイヨー・クリニックの元CAOで2008年に退職したロバート・K・スモルトは、管理者になってからのほぼ36年間、一貫して〝患者のニーズ〟の重要性を説いていた。揺るぎないメイヨー・クリニックの文化がその価値観を身近なものとして存続させていたが、経営陣は1980年代半ばのジャクソンヴィルとスコッツデールへの事業拡大とともに失われるリスクを認識していた。さらに、当時の理事長ドクター・ウォラーが語るには、リーダーたちは、米国大統領ビル・クリントン政権の初期に予期された「医療改革」という海図のない海を進むにあたり、メイヨー・クリニックが従来の価値観と順調な針路を維持することを望んでいた。ジャクソンヴィルとスコッツデールの診療所はメイヨーが管理していたとはいえ、医療政策を決定づける市場の勢力と政治勢力には手が届かない。メイヨー・クリニックにできるのは、せいぜい変化に影響を与えることくらいだった。

こうした勢力に対して、メイヨー・クリニックは〝患者のニーズが第一〟を「第一の価値観」として正式に認定した。際立たせることで内部のコミュニケーションに指針が示され、そこではこのメッセージが隠れたテーマとなっている。ときに前面にして中心ともなるのは、資料2-2に示すとおりだ。ここではメイヨー・クリニックの院長兼CEO、デニス・コーティーズ医師が、権限を与えられた、この価値観を仕事に活かす職員たちを称えている。

資料2-2　ひとつの焦点――ドクター・コーティーズからのメッセージ

> 2005年7月21日
>
> 同僚の皆様
>
> 35年前に新人臨床医としてメイヨーに加わったとき、医師であるわたしは、受付係からスケジュールを調整してすぐ患者に会ってくださいと言われることに慣れていませんでした。やがて先輩臨床医のひとりから諭されました。ある言いまわしと哲学を教えられたのです――「受付係に迷惑をかけるな」と。これは受付係から患者のことで助けを求められたら、

応じるべきだということです。メイヨー・クリニックでは、焦点はつねに患者に当てられると彼は説明してくれました。そして、スタッフの誰であれ、患者に応対している者は、全面的なサポートに値するのです。

わたしは受付係を信頼することを学びました。わたしにスケジュールを変更するように言った女性は何年もの経験があり、患者に耳を傾けることを知っていました。わたしのスケジュールを5分変えることがその患者にとっては天と地ほどの違いになると知っていたのです。

その教訓を忘れたことはありません。キャリアを重ね、CEOとなった現在まで、つねに肝に銘じてきたのです。自分の仕事はつまるところひとつだ——メイヨー・クリニックの資源を全て、患者への応対を支えることに注ぐようにすることだと。庭園から建築、配管設備、コンピュータシステムに至るまで、教室での講義からクリニックの新人教育、実験室での最先端の研究に至るまで、メイヨーのあらゆる資源はわれわれの患者に注がなくてはなりません。

35年前、あの受付係は経験と知識を総動員して持ち場の患者たちに尽くしていたのであり、わたしの仕事は彼女を手助けすることでした。あれからたいして変わっていません。いまもわたしの仕事は、われわれ全員の仕事は、患者に直接尽くすこと、あるいは患者に尽くしている者をサポートすることです。35年たったいまでも、それが特権であることに変わりはありません。

デニス・コーティーズ、M.D.
院長兼CEO
メイヨー・クリニック
出典：コーティーズ医師からメイヨー・クリニックの医師と経営陣に送られた2005年7月21日付の院内eメール。

経営者のためのレッスン

メイヨー・クリニックの第一の価値観のストーリーからは、これが「役に立つ価値観」であることがわかる。つまり、日々、組織の全てのレベルのほぼ全ての職員の体験で機能を果たすということだ。この価値観が働く人々に重点を置き、個人と組織による大小の意思決定を推し進めるのは間違いない。この価値観に対する職員の高い意識が、クリニックが成功し、ブランド力を維持する上で決定的な役割を果たしている。メイヨー・クリニックの物語からは、あらゆる種類の組織のマネジャーが教えを得られるはずだ。

レッスン1　組織の真の価値観とは、実践される価値観である

価値観を信奉していても、組織の職員と顧客の人間的な交流を通じて生きたものになるまでは空疎な言葉、襟に留めたバッジにすぎない。第一の価値観に後押しされた躍動するエネルギーと自尊心が、メイヨー・クリニックの患者も驚く並はずれたサービスの多くをつくり出している。だが、患者が直接体験する生きた価値観は、この組織で実際に起きていることのほんの一部だ。メイヨー・クリニックではその価値観は最前線の現象にとどまらない。陰で臨床アシスタントが、遠方から来る患者が次の予約まで何日も待たずに済むよう手配するのは組織全体に行き渡っているその一例だ。第一の価値観は組織をその「存在理由」に集中させる。複雑になりかねない意思決定の正しい道筋を明らかにし、あらゆる組織――とそこで働く人々――が経験する苦しい時期に大局観を示してくれる。価値観は実際の行動によって守られるのだ。

レッスン2　人間味のある価値観は共鳴を呼ぶ

〝患者のニーズを第一に〟は、組織の内外で価値連鎖《バリュー・チェーン》に関わる全ての人に共鳴を呼ぶ。当然、患者とその家族や友人はその価値観を体験すると拍手してくれる。ヘルスケアを職業に選ぶほとんどの人も、この価値観を実践することに個人的な充足感を見いだす。バリュー・チェーン

の誰か――患者、家族、医師、看護師、記録転写士、庭園整備スタッフ、清掃員など――が組織に利用されていると感じようものなら、表明された価値観は崩壊しかねない。メイヨーのバリュー・ステートメントには人間味がある。バリュー・ステートメントの道徳的権限の根拠は、ひとつの民族や政治、宗教の流派によるものではなく、職員は価値観と自身の信念や伝統のあいだに個人的なつながりを見いだすことができる。

レッスン3　内容が美辞麗句に勝る

メイヨー・クリニックの7語からなるバリュー・ステートメント（"The needs of the patient come first."）は、単音節の単語を使っているが、"patient" だけは違う。何より見のがせないのは、この価値観の焦点が個々の患者に当てられていること―― "patient" と、複数形ではなく、単数名詞が使われていることだ。ここには、一人ひとりの患者にしっかりと尽くしなさいという期待がこめられている。文法的には、シンプルな平叙文で、ドクター・ウィルの雄弁な宣言を一般向きに純化させたものだ。内容語は4つだけ、"needs" と "patient" と "come" と "first" だ。こうした単語はまったく修飾されていないため、何かしらの条件で意味を失うことはありえない。

この宣言がおぼえやすいのは、その主語である「患者のニーズ」がいつも全職員の目の前にあるからだ。診療所や病院で働く人は皆、ふだんから患者とそのニーズの鮮明なイメージを抱いている。患者のケアに直接関わらない職員でさえ、廊下やロビー、駐車場で患者を目にする。職場に向かうとき、秘書や管理者、検査技師の胸には、たったいま見かけた患者のイメージが焼きついている――帽子とスカーフをつけたがん患者、電動車椅子でロビーの人ごみのなかを進む10歳に満たない子ども、方向感覚を失った母親を子どものように手引きする中年女性。この価値観がメイヨー・クリニックの職員の記憶に残るのは、それが生身で見る人間のニーズに訴えかけるからだ。バリュー・ステートメントの述部、"come first"（第一に）は、どんな職員にもできるせめてものことを示している。それをおぼえられない者などいるだろうか？

レッスン4　コア・バリューはめったに変わらないが、効果的に実行するには変化が求められる

メイヨーの第一の価値観は1世紀のあいだ変わっていない。にもかかわらず、患者のニーズに対する理解は進化してきている。メイヨー兄弟が望んだのは各患者が最善の臨床ケアを受けることだった――これはいまも継続されている。だが現在のメイヨー・クリニックは、インターネット上の情報への効率的なアクセスなど、〝カスタマーサービス〟面のニーズも、予約の待ち時間の短縮、明快な案内標示、精神的・心理社会的なサポートといったキャンパス内の便宜に加えて、満たさなければならない。

まとめ

〝患者のニーズ〟という何よりも優先される価値観は、メイヨー・クリニックが各患者に提供する臨床ケアで体験できなければならない。患者が病歴を話せるようにし、ケアの提供者はそれを真摯に検討する。各患者が徹底的かつ丁寧な診察を受けられるようにする。ただし、メイヨー・クリニックとそのブランドに関連づけられる魅力のなかには、メイヨー・クリニックの職員による思いがけないサービスに由来するものもある。彼らはトラックを移動する、犬の世話をする、誕生日を祝うといった特殊なニーズに気づく職員たちだ。

1世紀前に生まれたメイヨー・クリニックのブランドが現在も成功しているのは、1910年に創設者のひとりがクリニックの価値観を定めたからでもあり、そうした価値観が日々、何千人もの患者とその家族に驚くほど細やかなサービスを届けるなかで更新されているからでもある。すばらしいサービスのエピソードも、メイヨー・クリニックの職員の心を打ち、彼らの仕事に意味をもたらしている――それは2週間ごとの給料振りこみに加えられる個人的に大切なボーナスだ。

第3章

チーム医療を実践する

その金曜日の夜、わたしは予定より早いフライトで会議から戻り、就寝前の妻と娘に再会しました。帰宅して45分たったころ、手術室から緊急の呼び出しを受けました。外科医のひとりが、ある青年の処置に手こずっていたのです。青年は膠原《こうげん》病で、血管壁が弱くなり、動脈瘤ができて破裂しやすくなっていました。翌日の結婚式のためにタキシードを借りて車で帰る途中、激しい腹痛に襲われて身動きできなくなったのです。アリゾナ州フラッグスタッフにある近くの病院に担ぎ込まれたものの、そこで心停止に陥りました。蘇生術を受けたあと、メイヨーに移送され、また心停止を起こしたため、急遽、手術室に運ばれました。23単位の輸血をしても、彼らは左肝動脈瘤の破裂を抑えられずにいました。

呼び出しを受け、病院に急いだわたしは、肝臓の右葉を犠牲にすることなく動脈を制御することができました。翌日、患者は呼吸器を外され、何事もなかったようにユニットの看護師たちと話をしていました。その次の日、病院のチャプレンがカップルの結婚式を集中治療室で執りおこないました。患者は翌週、無事に退院しました。

あの患者を助けたときの気分といったら。もし困難な症例で協力する機会が生じたら、躊躇なく助けに駆けつけます。[1]

メイヨー・クリニック・アリゾナの移植手術部長で肝臓外科専門医、ドクター・デイヴィッツド・マリガンが語るこの話のように、メイヨーの文化とチームワークの核となる能力《コア・コンピテンシー》を物語るエピソードはいくつもある。メイヨーは非常に有能な医師らのケア提供者を雇用するが、それは他のヘルスケア機関も変わらない。では何がメイヨーを際立たせているかといえば、医療スタッフの効果的なチームワークだ。クリニックは患者のためになる人材を結集させることに長けている。

メイヨー・クリニックは協働する組織、個々の患者のために専門家からなるケアチームを編成する柔軟な機関だ。あらゆるものを売っている大きな店を想像してほしい。そこではどの部門にも専門家がいて、顧客を助けるために協力し合う。それこそ、医療顧客に向けて設計されたメイヨー・クリニックの姿だ。患者は医師を得るだけではない。事実上、〝病院全体〟を手に入れる。なかにはクリニックの複数の医師に診てもらう患者もいる。一般的には、最初に患者に接した医師が治療プランをメイヨーの他の臨床医や患者の地元の医師とともに調整する責任を負う。ほとんどのメイヨーの患者はひとりの医師のみの診察を受けるが、その医師が内部で他の臨床医と相談して診断を下したり治療プランを練ったりすることはあるだろう。個々の患者のニーズによって、外科医や手術専門の看護師や技師、専門研修を受けた看護師、栄養士、理学療法士、ソーシャルワーカーらがチームに加わるかもしれない。いったん特定の患者にケアが提供されたら、スタッフは他の患者に対応するために再編成される。

チームワークについての別のエピソードで、ドクター・マリガンはメイヨーのシステムがいかに機能するよう設計されているかを説明している。

当クリニックの腫瘍専門医から電話がかかってきて、ある患者の映像を見てくれと言われました。彼の診たところでは、大腸がんが肝臓に転移していると。われわれはコンピュータの画面の前にすわり（彼はクリニックで、わたしは病院で）、同時に映像を見ました。そのあとわたしは放射線科医に相談して、映像の細かな点についてくわしく意見を聞かせてもらいました。それからわれわれは患者用のプランを立てました。外科処置で転移病巣の大部分を切除し、切除できない部分については高周波切除をおこなうというものです。続いて動脈内カテーテルとポンプを装着する。そうすれば、手術の数週間に腫瘍専門医が化学療法薬を投与し、肝臓への転移が再発する確率を小さくできるわけです。

メイヨーが採用する統合型の、複数の専門分野にまたがる外来患者と入院患者の医療ケアシステムは、必ずしも意図したほどうまくはいかない。それでも、ほとんどの場合は見事に機能し、クリニックにとってもっとも重要な競争上の優位性となっている。

この章では、メイヨー・クリニックが〝どのように〟（ｈｏｗ）という点で第一に掲げる、協働の医療という価値観の意味と適用について探っていく。これはクリニックが〝何を〟（what）という点で第一に掲げる価値観、〝患者のニーズを第一に〟（第2章参照）から当然導かれる価値観だ。こうしたコア・バリューは、組織がめざす水準、中心理念、基礎をなす原則を具体的に表している。ウィリアム・J・メイヨー医師は1910年にラッシュ大学医学部の卒業式のスピーチで、「力の団結」こそ患者に仕える最善の方法だと宣言した。それはスピーチの次の一節でくわしく語られている。「医療を協力の科学として発展させることが不可欠になりました。臨床医、専門医、研究員が患者の利益のために結束し、それぞれが目前にある問題の解明を助け、それぞれが周囲のサポートを頼りにするのです[2]」。

ここでドクター・ウィルはメイヨーのふたつの最重要なコア・バリューを明言している。目標となる価値観（患者の利益）と実行面の価値観（協力の科学としての医療）だ。クリニックが1世紀以上にわたって存続するばかりか繁栄してきたのは、創設者たちのコア・バリューが絶えず精神を奮い立たせ、事業の機能の指針を示しているからに他ならない。クリニックは「価値観主導の組織」の縮図になっている。もしもコア・バリューを失ったら、平凡な施設になることは避けられない。

IBMの名高い元CEOで、メイヨー財団の評議員を1970年代から1980年代にかけて8年務めたトマス・ワトソン・ジュニアは、かつてこう書いた。「……基本となる哲学、精神、組織の原動力が相対的な達成度には大きく関与しており、技術資源や経済資源、組織の構造、イノベーション、タイミングもそれにはおよばない。いずれも成功するには重要なものだ。しかし、これらは……組織の人々が基本となる指針をいかに強く信じているか、そしていかに忠実に実行するかに凌駕される」[3]。わたしたちはこの言葉をメイヨー・クリニック以上に反映している組織を知らない。メイヨー・クリニックは長きにわたり、何をめざすかだけでなく、どのようにチームワークで実現するかについても構想を抱いてきたのだ。

チームワークは選択肢ではない

「チームワークは選択肢ではない」。ビジネス誌『ファスト・カンパニー』のメイヨー・クリニックに関する記事[4]にあったこの1行は、事実である。メイヨーには合わない優秀な臨床医はいくらでもいるだろう。ひとりで働くことを好む者や、個人として称賛されたい者、対人能力に欠ける者、できるだけ収入を増やしたい者などだ。メイヨーがどんな組織で、どんな組織でないかは医学界でよく知られている。自主的に選んだ者がメイヨーで働くのだ。消化器科のジョナサン・レイトン医師は言う。「メイヨーの文化に引かれる人たちはこう考えています。医療がもっともうまく実践されるのは、専門医たちが融合してチームとして機能するときだと。

それこそわれわれがもっとも得意とするところで、そこに魅力を感じる者がほとんどです。何より励みになるのは、分野の異なる専門医のグループのチームワークによって成功したときで、まるで野球でホームランを打った気分になります」。

クリニックは雇用にあたってはチームプレーができる人材を熱心に探し、彼らが協力しやすいように通信技術や施設の設計に多額の投資をする（第6章および第9章参照）。協力をさらに促すのが給料制の報酬体系で、担当した患者や処置の数に基づくインセンティブはない。メイヨーの医師には患者を囲いこむ経済的な理由がないため、ニーズにより適した同僚に紹介する。そして時間を割いて同僚を手伝ったところで、個人の収入がなくなることもない（第5章参照）。

メイヨーの職員は勤務初日から協働の医療というコア・バリューにどっぷりと浸かることになる。アレルギーと感染症を専門とするジェームズ・リー医師が言うには、「われわれの文化はわたしが着任してから20年以上のあいだ、基本的に変わっていません。わたしは1年目にメイヨー流の文化に染まり、以来、この文化は着実に強化されています」。クリニックの長年にわたる達成のなかでとくに注目すべきは、何千人もの新人スタッフを複雑になっていく組織に参加させつつ、彼らを相互に、そしてクリニックのミッションに結びつけていることだろう。[5]メイヨーで研修を受けたある英国人医師はこう述べた。「メイヨー・クリニックについていちばん驚いたのは、世界でもっとも個人主義的な職業に就いている数百人の人間が、最果ての小さな町に住んでともに働こうという気になり、しかもそれを気に入っているという点です[6]」。それればかりか、1941年に歴史家のヘレン・クレイプサトルが書いたとおり、「協力型個人主義の実験として、メイヨー・クリニックは観察に値する——医師ならずとも[7]」。

ここにいた方がいい医者になれる

医療サービスの提供はたいへんな労力を要する仕事だ。心身のストレスにくじけそうになることもあるだろう。患者は医療提供者がなんでも知っていて、ミスを犯すことはなく（悲劇的な結末になりかねないため）、必要とあらば、奇跡を起こしてくれると思っている。メイヨー・クリニックには重病や複雑な病気の患者が集まるため、なおさら医療業務の重圧が大きい。新しくメイヨーにやってきた患者は医師によくこう言う。「あなたが最後の頼みの綱です」。

クリニックの多分野統合型医療という戦略だけでなく、患者の病気の複雑さや重さもチームワークが求められる理由だ。メイヨーの特徴である協力の精神は、強力な指導メカニズムで、医師はメイヨーに来ると、さらに良い医師となる。この組織で効果的に役目を果たすには成長が欠かせない。同じような個人的成長が他の臨床スタッフや職員全般にも見られる。メイヨーでは多くのことが期待されるが、チームワークはその期待に応える助けとなるのだ。

このクリニックは従来の意味での教育機関として、新人の医師を教育する。ただし、一流の教育機関でもあるため、メイヨーのスタッフは相互に指導しあう。内科医のドクター・カーク・ロディシルが言うには、「わたしが記録する臨床ノートも検査や投薬の指示と同様に、毎日各医療分野の専門家たちに読んでもらいます。何か間違った記述があったら、電話がかかってきて、そこから学ぶことができる。わたしが指示した検査や処方も、去年なら、あるいは先週なら最新技術だったかもしれない」。彼はこう締めくくる。「おかげでわたしは前職のときよりいい医者になれるのです」。

同じく内科医のドクター・ニーナ・シュウウェンクは、仮に他の病院にいたとして、メイヨー・クリニックに来た方が良い医師になるだろうかとの質問に、こう答えた。「サポートシステムのおかげで100倍はよくなる。生命体のなかで働いているようなもので、業務のあいだは単細胞ではなくなりますから。わたしは総合医ですが、どんなトピック、どんな病気や問題に遭遇しても最高の専門家がいて、電話一本で呼び出せる」。内分泌科医のドクター・ロバート・リッツァがあとを受ける。「たとえひとりで部屋にいても、ひとりだと感じることはありません」。

あなたの助けが必要だ

このクリニックの文化で注目すべき点は、スタッフに助けを求める許可を与えるばかりか、それを奨励しているところだ。必要があっても支援を求めなければ、キャリアに傷がつきかねない。支援を求めることが当然とみなされている。移植外科のソーシャルワーカー、イレイン・ガステティックが語るように、「誰にでも、どこにでも電話をして、患者さんに必要な対応をしてもらうことができるのです」。

呼吸器科のエリック・イデル医師は、ドクター・ウィルから協力の科学としての医療という価値観を本人の行動で教えられたときのことを語っている。「ウィルは患者を診てヘンリー・プラマーが必要だと考えると、電話を手にして言う。『ヘンリー、こっちに来てくれ。一緒に確かめてもらいたいことがある』。患者の前ではそうは言わないとしても、外に出て、ふたりで協議する。それから部屋に戻ってくるのです」。

ある日の回診で消化器科のラッセル・ヘイ医師は13人の患者を診ることになった。そこで、もっとも重篤な患者から先に診察できるように予定を立てた。ところが、現実には患者のほとんどは病状が芳しくない。ラッセル医師が最初に診た患者は94歳の婦人で、急激な腹痛などの症状を訴えた。彼は直ちに外科医を含む医師ふたりと相談した。彼がわれわれに話してくれたところでは、「このような場合は神経を使います。命に関わる状況ですから。この方は94歳です。手術をするか否かがほんとうに問題になる。外科医もわたしも、どうしてもやむをえない場合以外は、94歳の患者を手術したくはありません」。

さらに何人か厄介な症状の患者を診たあと、困難な意思決定や自身のストレスへの対処法について質問すると、ラッセル医師はこう答えた。「わたしにはすばらしい同僚たちがいて、情報を得られます。事態が厳しくなれば、わたしも持てる知識を共有する。困難な症例について相談できる専門家たちのおかげで、わたしも力を発揮しやすくなるのです」。

引退したクリニックの外科医、ドクター・キース・ケリーが、他の医療機関では考えにくい、示唆に富む話を聞かせてくれた。

ある外科医が、メイヨーの外科スタッフに最年少メンバーとして加わってまもないころの出来事を話してくれた。クリニックで患者を診察していたある日の午後、メイヨー・クリニックのスタッフのなかでもとくに経験豊富で名高い外科医から連絡を受けたときのこと。その年長の外科医は電話越しに、いま手術室で複雑な処置をしているのだが、この患者には厄介な問題があると言った。そして所見を説明し、年下の同僚に、これから自分がやろうとしていること

は適切だろうかと尋ねた。年下の外科医は当初、自分が尊敬してやまない、どんな難問についても答えを知っているはずの外科医からこのような電話を受け、口もきけないほどびっくりした。それでも、そのあと何分か話し合ったすえに、決断が下され、年長の外科医は手術を続行した。その患者の問題は見事に対処され、患者は術後、順調に回復した。年下の外科医が、患者のためになるなら長年にわたる手術歴のある外科医であっても、手術中に協議することが大切なのだと学んだのは、結果として大きい。

メイヨー・アリゾナのCEO、ヴィクター・トラステック医師は常々、「教えよ、責めるなかれ」の原則を念押ししている。何かうまくいかないものがあるとき、間違いが起きたときは、学習の時間、向上する機会とみなすべきだ。建設的に教えることは、責めることにいつでも取って代わるのだろうか？　そういうわけではない。だが、ドクター・トラステックは飽くことなく自信と自尊心を強める原則を唱え、それが真の協働への道を開く。

これがわれわれのやり方なのです

サービス職では一般に自発的な努力が求められる。それはそのサービスの役割に投入できる最大限のエネルギーと、懲戒や賞与の減額、免職といった罰を免れるのに必要な最小限との差だ。この最大限と最小限の差は個々の職員に一任される――つまり、自発性にまかされるということだ。真にすぐれたサービス組織は大半の組織よりも職員の〝自発的行動〟が盛んで、この特別な努力が組織の卓越性に直接、寄与している。[8]

メイヨー・クリニックと患者はスタッフが維持する高いレベルのボランティア精神から恩恵を受けている。患者のため、チームのための特別な努力が文化のエッセンスに染みこんでいるのだ。メイヨーの職員はたいてい自発的に事に当たる。日々のボランティア精神は必ずしも、この章の冒頭のエピソードのような、劇的な、救命に関わる状況で発揮されるわけではない。だが、毎日何千とおりもの方法で注がれる特別な努力が、チーム医療の戦略をチーム医療の現実に変えている。整形外科の受付主任で、メイヨーに25年以上勤務してきたエレーナ・ヘンダーソンは、メイヨー・クリニックの仕事でいちばんいいのはどんなところかと尋ねると、こう答えた。「毎晩、帰宅するときに、きょうも自分は患者さんを安心させたり助けたりできたと感じられるところです。やりがいがあるのです。整形外科で予約の空きを見つけるのはほんとうに大変です。わたしたちはこっそり患者さんを割りこませたりもします。ドクターは気にしないし、気づかないこともありますが」。

もちろん、メイヨーの全スタッフがボランティア精神を持ち合わせているわけではないが、メイヨーではそういう人物を探し求めている。移植外科のソーシャルワーカーで、所属部門の採用判断に参加しているイレイン・ガステティックが言うには、「求めているのは患者さんが感じることを感じられる人、雇いたいのは時計を見るより仕事を済ませようとする人です」。ジャクソンヴィル・キャンパスで臓器移植グループに在籍するガステティックは、仕事で重い病気の患者やその家族に接している。数々のエピソードの持ち主で、そのひとつに他の移植センターで何度か断られてきた高齢の男性患者（仮にテッドと呼ぶことにする）に関するものがある。肺の移植が必要な彼はメイヨーにやってきて、審査の結果、移植を認められた。このため家族はジャクソンヴィルに転居しなくてはならなかった。テッドは移植を受け、順調に数カ月が過ぎていった。ところが突然、ガステティックの言葉を借りれば、「……問題が起きました。ちょっとしたことではなく、大きな問題が」。テッドはもう片方の肺にがんを発症し、数カ月としないうちに亡くなった。

ガステティックは他の患者にもしているようにテッドの追悼式の準備を手伝った。「わたしたちは亡くなられた患者さんの追悼式をおこなっています。ご家族とはおたがいに親しい間柄になりますから、ご家族にはこの病院のチャペルで追悼式をするために、ぜひともここに戻ってきていただかなくてはならないと思えるのです。スタッフや医師たちが出席し、ひとりの医師が弔辞を述べ、それから会が催されます。これは大切なことですし、心をこめて仕事に取り組んでいない人はこういったことをしません」。

冒頭のエピソードにあるように、クリニックでは結婚式もおこなわれる。もうひとつ例を挙げると、娘の結婚を目前に控えながら、フェニックスにあるメイヨーの病院に受け入れられたある重病の患者のケースがある。彼女は式を見届けることはできないと思われたが、花嫁が病院のチャプレンにどうしても母に見てもらいたいと訴え、チャプレンがそれを集中治療部長に伝えた。数時間のうちに病院の中央広間が結婚式場に変えられ、花や風船、紙吹雪まで用意された。スタッフがケーキとピアニストを手配し、看護師が患者の髪とメイク、着付けを担当し、車椅子で中央広間に案内した。チャプレンが式を執りおこなった。どの階でも、病院のスタッフや他の患者、見舞いにきた家族や友人が、中央広間を囲むバルコニーに集まり、「まるで天からのぞく天使たち」のようだったと花嫁は語っている。

この結婚式の場面は患者と家族への配慮の証しであるばかりか、スタッフに患者のニーズが第一であることを強く印象づけるものとなった[9]。この出来事には本領を発揮したクリニックのボランティア精神が反映されている。

病院の追悼式や結婚式は毎日おこなわれるものではない。アリゾナ・クリニックで16年にわたって人事部長を務めたマシュー・マケルラスがメイヨーのもっと日常的なボランティア精神のエピソードを語っている。

義父がここに緊急入院したときのことです。義父はカリフォルニアの人間で、救急科に受け入れられ、そのあとＩＣＵに運ばれました。夜も遅く、わたしと妻がＩＣＵに行くと、じつに８人の看護師が部屋にいて、義父を落ち着かせようとしていました。担当の看護師は誰かと尋ねると、看護師のひとりがふりかえって、「わたしたちのなかにはいません」と答えました。そこで「どういうことだね？」と訊くと、彼女は「いえ、彼女は隣の部屋で別の患者さんのお世話をしているので、わたしたちがここで準備を手伝っているのです」。そろそろ午前２時という時間に、ＩＣＵの看護師たちが集まってきて、運ばれてきたばかりの患者を落ち着かせて準備を済ませる手伝いをしていたわけです。15分後、すっかり準備が整ったころに担当の看護師が部屋に入ってきました。わたしは驚きましたが、これがわれわれのやり方なのです。

敬意の力

「ここではおたがいに敬意を払うことが大切です」と言いきるのはブリジェット・ジャブロンスキー、メイヨーのフェニックスにある病院の腫瘍・移植部の看護チームリーダーだ。「相手が患者さんであれ同僚であれ、医師、ハウスキーパー、誰であれ、全員に敬意をもって接するものとされているのです。彼らをチームの一員として受け入れる。他の人たちの協力がなければ、わたしたちは誰ひとり仕事を果たせません」。

メイヨーの文化は敬意に備わる力を活用する。敬意を感じることはどんな職場でも欠かせない。仕事中に敬意を払われることは、信頼され、耳を傾けられ、仲間とみなされ、貢献する者として扱われ、公正に遇されることだ。チームワークはおたがいの敬意がなければ長続きしない。チームワークは、信頼、耳を傾けること、仲間になること、チームメイトの貢献、公正な処遇といった、敬意に伴うものにかかっているからだ。

敬意を払い合う組織の文化では、人の仕事を尊重する姿勢が生まれる。その価値が重んじられるのだ。敬意が感じられると人間の精神は高揚し、自発的行動に必要な特別なエネルギーが生まれやすい。敬意は自信につながり、自信が意欲《モチベーション》につながり、意欲がチームからの支持につながる。

救急医のドクター・アニー・サドスティはメイヨーのチーム医療を説明する際、「敬意」という言葉を使うことこそないものの、彼女の話の核心には敬意がある。

⁂

さまざまな才能のある大勢の人間が共通のミッションのために結集するわけですが、その人たちは患者のケアに直接関与することもあれば、ないこともあるでしょう。患者本人に会うことはないとしても、全員が類のない専門知識の持ち主で、その知識を用いて患者のケアを最適化するのです。しかも、これは臨床グループ内に限った話ではありません。管理スタッフ、補助スタッフ、関連医療スタッフ、営繕スタッフもそうです。営繕スタッフがきちんと仕事をしなかったら、わたしは患者のケアを衛生的に、適切なタイミングでおこないにくくなる。わたしは救急科で働く営繕職員の名前を知っていますし、同僚の医師に感謝するのと同じように彼らに感謝しています。

さらに、看護師のチームリーダー、ブリジェット・ジャブロンスキーが言う。

わたしたちのフロアでは毎日、骨髄移植の回診時に集まり、患者さんたちの経過について話し合っています。めいめいが専門分野を反映したさまざまな意見を述べます。医師、診療看護師、移植コーディネーター、ケースマネジャー、ソーシャルワーカー、栄養士、薬剤師、チャプレン、理学療法士、そして患者さんを担当する専任看護師――全員の知識を合わせて患者さんにとって最善のプランを立てる。全員の意見が尊重され、それが最終的に、さらに良い患者のケア、さらに良い結果につながるのです。

ここで注意したいのは、救急科と移植部は比較的限定されたユニットで、通常、同じメンバーでグループが構成されることだ。限定的な作業グループでは、親交が築かれ、友情を育みやすい。ところが、前述したとおり、メイヨーの仕事の多くは部門や地理をまたいだチームワークを頼りとするため、親交や友情という利点は必ずしも存在しない。それでもクリニックの文化を背景とした相互の敬意への誓いは、肩書きや所属の違い、キャンパスの違い、親交の不足を超えるほど強いものであるはずだ。メイヨー・クリニックの同僚であるからには――たとえ初対面の同僚同士でも――新人がチームのメンバーに加わったときに高い能力と協調性があると想定することが求められる。さらに、相互の敬意は縦の関係（医師と看護師など）でも横の関係（医師と医師）と同じように強くなければならない。

敬意はクリニックの強みだが、どの職員レベルであれ、敬意を欠いた行動が見られたときは、断固たる姿勢で対処する必要がある。それが果たされることもあるが、いつもとはかぎらない。その賭けは高くつく。メイヨー・クリニックがメイヨー・クリニックであるためには、つねに敬意がなくてはならないからだ。チーム医療の成否はそこにかかっている。

金魚鉢のなかの医療

ウィルとチャーリーの両ドクターは開業当時から患者の診療記録を保存していた。ふたりは別々に、手書きで大きな台帳に記したものを自分のオフィスに保管していた。当初は、そうした記録で十分だったし、それは両医師が科学誌に発表する多くの論文の根拠にもなった。ところが、患者や医療スタッフの数が増えると、すぐにこのシステムの限界が見えてきた。同じ医師による再診時に前回の受診記録の余白にメモが記入されることがあると、記録を時系列に沿って探すのが大変になる。同じ患者を2人か3人の医師が診療した場合は、患者の治療歴が別々のオフィスに保管された2冊か3冊の台帳にちらばった。

ヘンリー・プラマー医師は1901年の着任後まもなく、この台帳システムを徹底的に見なおす許可を求めた。医師たちは台帳のどこかにあるはずの関連する患者の情報を全ては参照できないまま、医療上の判断を下していたのだ。メイヨー兄弟の支持を得て、プラマーはより良いシステムを探しはじめる。他の診療所や病院、さらにヘルスケア以外の産業記録システムを比較検討した。そして開発したのが個別医療記録で、これはクリニックでの手術歴や外部の紹介医から提供された診療記録など、患者に関する全ての医療情報を必要に応じて参照することが可能だ。1907年に導入されたこの統合患者記録システムは、時とともに修正され、現在は電子フォーマットになっているが、1世紀後のいまもメイヨー・クリニックで使用されている。

このシステムの鍵は、カルテを医師ごとにではなく、患者ごとに整理することにあった。各患者には固有の患者識別番号がつけられるのだが、これは基本的にシンプルな連番で、まず1907年にある患者に1が割り当てられ、現在は700万に近づいている。台帳は患者に特化したフォルダーに取って代わられ、集めた情報がそこに保存された。

個々の患者別の、最新の包括的な医療記録という発想は、1世紀前は画期的なアイデアだった。いまではどこでも使われているが、診療所と病院の統合型の記録は、今日でも珍しい。高度に統合された施設は例外だが、その多くはメイヨー・クリニック出身者が創設したものだ。メイヨー・クリニックは1990年代半ばに紙のカルテから電子カルテへの移行に着手し、現在は全て電子化されている。

長年にわたり、個別（統合）医療記録はメイヨーの高い品質を強く後押ししてきた。より良い情報による診療の改善という、プラマー医師とメイヨー兄弟のビジョンの実現を促進した。ただし、その貢献は想像をはるかに超えていた可能性が高い。電子医療記録は前述したように、第一の指導ツールとして機能する。さらにメイヨーの内部に、提供される医療の質が見える窓を開くのだ。ジャクソンヴィル・キャンパスのCEO、ジョージ・バートリー医師はスタッフに宛てた2004年年頭の手紙に書いている。「わたしたちの共同医療記録には間違いを隠せる余地はないのです」。

統合型の医療業務（場合によって複数の臨床医でひとりの患者をケアする）、統合医療記録（その臨床医全員が同一の患者記録を使用する）に加え、メイヨー・クリニックは評判が高いだけに、良質な医療の実践に対する同僚からの圧力《ピア・プレッシャー》が強い。医師のスキルと知識は絶えず内部の目にさらされる。学び続けろ――さもなくば去れ――というピア・プレッシャーは現実のものだ。医療記録は学習のツール――電子版医学教科書――であり、学習に向かわせる刺激《インセンティブ》でもあるといっていい。

2005年にロチェスターキャンパスのCEOを退任した心臓専門医、ドクター・ヒュー・スミスは、統合医療記録が果たす品質管理システムという暗黙の役割をこう捉えている。

患者を診る際は、問診と身体診察をおこないます。鑑別診断ができたら、処置の優先順位と整理、診断の確認に役立つ検査を考える。こうしたことを全て医療記録に書き込み、同僚が見られるようにするのです。すると同僚はこの患者に関するわたしのメモを読んだ上で、専門の独自な立場から患者を診察することができる。彼らにはわたしの医師としての能力が見えるでしょう。問診は徹底されていたか？　身体診察は的確だったか？　鑑別診断は完全なものだったか？　優先順位は正しかったか？　検査は適切かつ賢明だったか？　他の者の協力も求めたか？　効果的なフォローアップをして最後までやり遂げ、そのことを患者にきちんと知らせたか？　つまり、メイヨーでの勤務はずっとガラス張りだったのです。

チーム医療のモデルはチームのメンバーがチームメイトを信頼しなければ効果的に機能しない。プラマー医師のアイデアは、かなり緻密で、信頼を強めるものだ。ドクター・サドスティの説明によると、メイヨーと他の医療機関との違いはチームを信頼できるところだという。

救急科から病院に患者を受け入れるとき、彼らが受けるケアの質についてわたしが心配することはありません。患者の向かう先が外科であれ、内科であれ、集中治療室であれ、わたしは他のケア提供者やチームの面々を信頼しているので、患者に心からこう言うことができるのです。「わたしたちがしっかりとお世話しますから、心配いりません……」。わたしが病気になったとしたら、愛する人が病気になったとしたら、どこに行きたいかで迷うことはありません。

経営者のためのレッスン

メイヨー・クリニックが長きにわたり成功を継続していること、そしてその成功を可能にしてきたのがコア・バリューであることに注目したい。１００年以上前の創設時にもっとも重要なふたつの価値観を掲げ、現在もそれをよりどころとしている世界に名高い機関からこれだけ多くを学べるのは、新鮮であると同時に示唆に富んでいる。この章から見えてくる経営レッスンは次のようなものだ。

レッスン1　たとえ大きくても、小さく動け《アクト・スモール》

メイヨー・クリニックは大きな事業体だが、小さなもののように活動することで本領を発揮する。大きな組織には、たしかに競争上の利点がある。充実したサービスの種類、幅広い流通、拡張性のある組織のサポートインフラなどだ。一方、規模に伴う問題としては、官僚主義、組織内の連絡・調整不足、人間味のないサービスといった、一般的な副作用がある。組織を大きくする際に鍵となるのは、大きさの利点を最大化しつつ、不利な点を最小化することだ。官僚主義的ないびつさこそあれ（たとえば第5章で紹介するクリニックの委員会システムなど）、メイ

ヨーは大きさと小ささから同時に利益を得ている。他の組織にもできるはずだ。

顧客に対して小さく動く《アクト・スモール》とは、迅速に、効率的に、敏感に、柔軟に、個人として行動するということだ。それは特殊なニーズを持つ顧客の期待に沿った方法を見つけることを意味する。メイヨー・クリニックで、多様な専門知識が求められる患者のニーズを満たすために専用のチームを編成しているのがその例だ。それは特別な努力、つまり創造性を発揮して、「時計を見るより仕事を済ませること」に他ならない。

従業員に対して小さく行動することは、コミュニティの感覚、共通のビジョン、協働の精神をつくり出すということだ。それは個人と集団の責任を育むことを意味する。信用に基づく文化、なせばなるの考え方、オーナーであるという感覚をつくり出すということだ[10]。

いうまでもなく、実際に小さな組織は必ずしも小ささの利点を活かさない。小さく動くことは、組織の価値観と戦略の意識や行動への表れや、それを強化するための投資に反映される。メイヨーが提供するのはそんなレッスンだ。ひとつの価値観（〝患者のニーズを第一に〟）は、1日に1万3000人以上の患者がクリニックでサービスを受けようとも、患者のサービス体験を個人向けにカスタマイズさせる。もうひとつの価値観（「協力の科学としての医療」）は、患者ごとにケアを担当するチームの編成を導く。そのチームはクリニックの顔となる――いわば巨大な会社のなかの小さな会社だ。そのチームをサポートすることは、個人に合わせた良質なサービスを提供するためのツールやテクノロジー、システムに大きな会社が投資することであり、そこでクリニックの患者に特化した統合医療記録が果たすサポートの役割は小さくない。効果的に小さく動ける大企業は、人間的《ハイタッチ》な能力にもハイテクな性能にも投資する。メイヨー・クリニックが得意とするところだ。

レッスン2　境界のなさ《バウンダリレスネス》を奨励する

メイヨーの物語からは、境界のなさ《バウンダリレスネス》がもつプラスの効果が明らかになる。境界のなさ《バウンダリレスネス》とはゼネラル・エレクトリック（GE）の元最高経営責任者、ジャック・ウェルチが広めた言葉で、[11] 従業員に組織図の枠にとらわれることなく、組織の他の部署の人々とつながり、目の前の問題に取り組む際に彼らの専門知識を役立てることを文化として奨励する考え方だ。境界ではっきり仕切られた仕事は、厳密な役割の限定や権限系統、仕事を構成する各機能の物理的分離を基盤とするが、境界のなさ《バウンダリレスネス》は、協働に対する人為的な障壁を取り除き、積極的に複数の考え方を求め、分散型の情報テクノロジーを用い、臨時グループ（チーム、特別部会《タスクフォース》、研究グループなど）を編成することを基盤としている。

境界をなくすことで組織は開放され、能力とリソースを最大限に活用できるようになる。組織の境界内にとどまらず、組織を横断するチームワークの機会が生まれやすい。メイヨー・クリニックは、「境界内」のチームワークに対して「境界のない」チームワークの力を実証している。専門家の才能と知識がクリニックの広大な医療百貨店のなかにあり、随時、利用することができる。境界のなさ《バウンダリレスネス》とは、百貨店内の壁を取り除き、才能と知識が必要な場所に集められるということだ。各種産業の大規模な組織の多くは、専門知識が職場全体に行き渡っているという意味で百貨店ではある。ただし、そこでは各作業グループの専門知識は最大限に活用されないかもしれない。「力の結集」によって問題を解決し、境界を越えて教えを得る機会は、完全には実現しないかもしれない。

メイヨー・クリニックでは、助けを求めることが奨励されるが、助けを求めることが弱さのしるしとみなされる組織も多いだろう。クリニックが文化の面で果たしたきわめて大きな達成のひとつは、助力の要請を通常の、想定される行動にしたことだ。

そのオープンな文化により、メイヨーは「ラグビーをプレーする」準備が整っている。「ラグビーは流動的なスポーツです」と経営学教授のノエル・ティッチーは述べている。「混沌として見えますが、そこではおびただしいコミュニケーションや、不安定な状況への継続的な適応、ヒエラルキーに頼らない問題解決が求められるのです[12]」。

レッスン3 〝何〟だけではなく、〝どのように〟に価値を見いだす。

メイヨー・クリニックの中心的なふたつの価値観、〝患者のニーズが第一〟と〝医療は協力の科学として実践すべし〟は、他の全てを律するものだ。このふたつは掛け値なしに重んじられるクリニックの原則であり、草創期から現在に至るまで、何をどのようにめざすのかを明確にしてきた。ふたつの価値観の一方が目標を示し、もう一方が実行に関わるものであるのは、示唆に富んでいる。メイヨーの多次元にわたるコア・バリューの構造に、他の経営者のためのレッスンが埋めこまれているのは間違いない。

ビジネス界では一般に、企業のコア・バリューは不変でも、戦略と戦術は時とともに変化すると考えられている。ところが、メイヨー・クリニックから教えられるのは、すぐれた組織ではひとつ、あるいは複数の戦略が信条体系の中心をなし、組織の成り立ちにとって重要で、コア・バリューの域に達することがあるということだ。人材の確保は、メイヨーがどのように患者のニーズに応えるかという点で欠かせない。これはコア・バリューであり、コア・ストラテジーでもある。クリニックの継続的な成功の秘訣は、継続的な目標となるコア・バリューだけでなく、継続的な実践に関わるコア・バリューにもある。創設時のクリニックは長期的な事業経営の目標を立て、そのビジョンに忠実であり続けながら、現代的な医療機関へと進化してきたのだ。

まとめ

協働、協力、協調がメイヨー・クリニックでのチーム医療の実践を支える3つの原動力だ。スタッフは毎日何千人もの患者をケアするが、この3つが患者への個別化されたケアの提供を牽引している。医師から清掃員に至る個々のスタッフが積極的にチームプレーに取り組み、患者のニーズに応じるのは、複雑な病気の治療には活用できる全職員の多様な専門知識とサポート環境が求められるからだ。メイヨーで働くことは、チームの一員になることである。どんな分野の組織も、自らの存在の本質《ホワット》と方法《ハウ》を定めなくてはならない。メイヨーモデルは医療業界内外のビジネスで見ならうに値する原則と実践を示している。

第4章 デスティネーション医療の実践

「母はわたしの家の庭で草むしりをしていて腰を痛めたのですが、もちろん、わたしには言いませんでした」とメイヨー・クリニックの医師は語る。「母はそのあと飛行機に3時間乗って帰宅しましたが、飛行機を降りるときには歩くのも難しくなっていました。痛みが脚に来て、麻痺が起きていたのです」。3日後、母親からの電話で痛みが引かないことを知らされた。「椎間板が飛び出しているかもしれないから医師に診てもらうように言いました。背骨の検査を頼むようにと」。母親は娘の言葉に従った。母親を診た医師たちは国内有数の名のある病院と関連があったが、「初診から5週間たっても、誰も母の話を聞かず、痛みがあるからといって膝に注射を打っているんです。いったい何を考えているのでしょう？ 悪いのは腰です。椎間板が悪いのに、膝に注射を打つなんて」。注射が効かないと分かると、医師たちは麻薬性の鎮痛剤を処方した。「電話で話をしていると、薬を過剰摂取しているのがはっきりわかりました。母はもはや英語ではなく、母国語を使っていました。話は支離滅裂で、ろれつもまわらないありさまでした」。

娘は妹に頼んで母を飛行機に乗せ、メイヨーで診察を受けさせた。「母はこちらに来ると、翌朝神経科医に、午後から神経外科医に診てもらい、その晩入院しました。翌日、腰の手術を受けると、痛みは消え、4日で退院しました。3週間後には一緒にアフリカへサファリに出かけて、ジープで走りまわりましたが、なんの問題もありませんでした！」

このエピソードが物語るメイヨー・クリニックの経営戦略は、全ての患者に対して同じように適用される。つまり、迅速なサービスを受けるのに、メイヨー医師の母親である必要はない。

ある若い経営コンサルタントは、大学院に通っていたころ、左手に力が入らないことに気づいた。学生向けの医療機関を皮切りに、その後の4年間で、4都市、十数人の専門医（外科医と神経科医）の診察を受けた。ある医師は実際に両手を挙げてこう言った。「降参だ――何ひとつ見つからない」。別の都市の手外科医は、神経の圧迫を疑い、それを緩和する目的で手首から肘まで切開した。手術後も症状は変わらなかった。その後、右手にも力が入らなくなった。

さらに別の大都市の神経科医は多巣性運動ニューロパチー（MMN）を疑った。MMNの患者にはしばしば神経の伝導が遮断される「伝導ブロック」が現れるが、彼の神経にその兆候は見られなかった。青年によると、「医師はMMNと診断できる明らかな証拠を見つけられず、ALS（筋委縮性側索硬化症、「ルー・ゲーリッグ病」とも呼ばれる）などの恐ろしい可能性を除外することを渋っていました」。伝導ブロックがはっきり現れていれば、通常、静脈内免疫グロブリン（IVIG）というMMNの低リスクの治療がおこなわれる。そこで伝導ブロックは見られないにせよ、6カ月間、IVIGを試すことになった。「すぐに効果が現れることを期待しました。でも、一言でいえば、そうはなりませんでした」と青年は残念そうにふりかえる。

やがて、青年は自分でメイヨー・クリニックの予約を取り、飛行機で合衆国を半分ほど横断して診察を受けた。メイヨー・クリニックでの5日間は彼の人生を変えることになった。「ここではたくさんの診断法が短時間に実施され、結果が出るのも早いため、医師はそれを受けて別の検査を指示できるし、おかげで迅速に効率よく診断が得られる」と青年は言う。確定診断は伝導ブロックが現れないMMNだった。これはかなり珍しいが、メイヨー・クリニックの神経科医は何度かこの症例を診たことがあった。青年は「何より大きかったのは、ドクターがわたしの目を見て、ALSではないと断言してくれたことです」と言い、さらに話を続ける。

ドクターは自ら検査をおこない、神経の電気的な検査をしているときにこう言いました。「じつに興味深い！　まるでポリオのようだが、言わせてもらえば、これはポリオではない」。それから、クレアチンキナーゼの数値が異常に高いことを指摘して、さらに続けました。「他の検査結果を知らなければ、筋ジストロフィーと言いたくなるところだが、筋ジストロフィーでもない。検査結果から見て、これは筋肉の使い過ぎだ。左手だけじゃなく、全身の筋肉を使い過ぎている。筋肉に過度の負担がかかっているんだ。君がすべきことはね、いいかい、運動を控えることだ」。非常に有益な一言でした。メイヨーにたどりついていなければ、わたしはいまもクラブでサッカーを続けて、知らず知らずのうちに、体に余計なダメージを与えていたでしょう。それに、ALSではないかという不安で眠れぬ夜が続いていたはずです。

青年は納得している。「彼ほどの医師に診てもらったことはありません。診断の下し方も、患者との接し方も、メッセージの伝え方も、いままで診てもらったなかで最高の医師でした」。ところが、自分の体験に満足しているこの青年は、メイヨー・クリニックを再訪することはないと考えている。5日間の診療で、この先何年も役立つに違いない助言を授かったからだ。そして、こう結論づける。「いまはこれからどうなるのか予想がつくし、より健康的な生活を送るための指針もある。そして、ほんとうに必要な知識を手に入れたと感じています。もう点滴につながれて週末を無駄にすごさなくていいし、これからの人生を生きていけるのです」。彼は「デスティネーション医療」を経験した。だから当然、予想外の症状や深刻な症状が出れば、メイヨー・クリニックに戻ってくるだろう。

デスティネーション医療が提供するのは、患者の健康上の問題に効率よく短時間で対応する、包括的ケアの統合システムだ。デスティネーション医療の実践によって、近隣の患者はもちろん、遠方からやってくる患者とその家族も、包括的かつ迅速に医療ケアを受けられる。デスティネーション医療は、関節置換や美容外科、ヘルニア修復といった、専門性の高い医療を指すこともある。だが、メイヨー・クリニックは、ひとつの専門に特化したブティッククではなく、がん治療から美容外科、関節置換、臓器移植まで、ほぼ全ての医学的なニーズに対応できる百貨店のような医療機関だ。

ここに挙げたふたりの患者の話からは、メイヨー・クリニックのデスティネーション医療の本質と、最良の状態にあるメイヨー・クリニックがどのように機能するかがよくわかる。最初の例では、効率のいいサービスが迅速に提供されている。およそ24時間で診断が下され、手術が開始された――翌日の手術はメイヨーではごく普通のことだ。若き経営コンサルタントは、メイヨー・クリニックでの5日間に見たデスティネーション医療の本質を、「ここではたくさんの診断法が短時間に実施され、結果が出るのも早いため、医師はそれを受けて別の検査を指示できるし、おかげで迅速に効率よく診断が得られる」と語っている。

メイヨー・クリニックには、毎年14万人を超える患者が120マイル――車で2時間――以上離れた地域から受診に訪れる。彼らの旅の第一の目的は診療で、診断が下されるまで3日から5日ホテルに滞在するのが普通だ。入院となれば、滞在は長引くかもしれない。その後の治療は患者の地元の医師――または医師たち――が継続しておこなうことが期待される。全ての患者のメイヨーへの旅が医師の母親や若き経営コンサルタントのように順調だったり決定的だったりするわけではないが、彼らのケースがまれなわけでもない。むしろ、メイヨー・クリニックはこういった患者たちの口コミに支えられている。

この章では、メイヨー・クリニックの臨床サービスの裏側に目を向け、患者別の効率的なサービスの提供に必要な構造と体系を設計する上でシステム工学が果たす役割を確認していく。初めに、医師を含む全てのスタッフと、入院・外来を含む全ての患者サービスがひとつの組織を形成するメイヨー・クリニックの統合医療の本質を考察する。続いて、効率的かつ効果的なケアの提供に際して統合医療記録が担う重要な役割を検討する。次に、毎日何千ものカスタマイズされた患者の予約をスケジューリングするための複雑なインフラについて述べる。そして、予測される需要に見合った成長を果たすために、どのようにデータを活用しているかを探る。最後に、メイヨーの迅速な臨床ケアに欠かせない、タイムリーな報告書の作成を見ていく。だが、まずはロチェスターにおけるデスティネーション医療の原点を紹介しておこう。

デスティネーション・ロチェスター

メイヨー家の医師たちが評判を呼び、ミネソタ州ロチェスターが医療の最終目的地《ディスティネーション》となったのは、1914年に診療所がメイヨー・クリニックとして知られるようになる20年以上前のことだった。1880年代後半に、ダコタの入植者の多くが本格的な医療を求めて列車でロチェスターにやってくるようになったのだ。ロチェスターを通りすぎて西部に移住した者のなかにも、噂を聞いて、メイヨー兄弟の診察を受けにくる者が大勢いた。評判は口づてに広がり、1893年にはセント・メアリーズ病院に11の州から患者が訪れるようになっていた。ミネソタ、イリノイ、カンザス、ミズーリ、ネブラスカ、ニューヨーク、オハイオ、ウィスコンシン、サウスダコタ、ノースダコタ、モンタナの各州である。[1] ロチェスターのメイヨー・クリニックは、かれこれ100年以上にわたって、医療の重要なデスティネーションであり続けている。

ヘリテージ・ホールには、飾り文字で書かれたラルフ・ウォルドー・エマソンの言葉とされる「マーケティング」の金言が掲げられている。「隣人よりも良い本を書ければ、良い説教ができれば、良いネズミ捕りをつくれれば、たとえ森のなかに家を建てても、世の人々がつぎつぎ訪ねてきて道がつくられる」。これはウィリアム・J・メイヨーが最後に使っていたオフィスの壁に長らく掛けられていた。おそらく、兄弟はミネソタ州ロチェスターという小さな町にある診療所を、エマソンが19世紀のアメリカにしかけた挑戦を地で行くものと自負していたのだろう。ロチェスターは医療のメッカからしからぬ場所にある。だが19世紀の終わりには、メイヨー兄弟ほど明確な診断を下せる医師はいなかったに等しく、アメリカ人の多くは、医師も含めて、ふたりを近代外科医療の先駆者とみなしていた。メイヨーの診療所は辺鄙《へんぴ》な場所にあったにもかかわらず、患者たちによって道がつくられたのだ。

だが、1世紀後の現在、競合相手はいくらでもいる。アメリカ人の大半は地元や地域の医療センターで高度な医療サービスを受けることが可能だ。それでもメイヨー・クリニックには、毎年、全米の50州と世界のおよそ150カ国から多くの患者がやってくる。もちろん、全ての患者がロチェスターをめざすわけではない。フロリダとアリゾナのキャンパスにも、それぞれ年間約2万人と約2万5000人の患者が国の内外から訪れる。ロチェスターは人口約10万人の小さな町ながら、ホテルの客室数は5000を下らない。ホテルの収容人数の約65パーセントは、120マイル以上離れた地域からメイヨー・クリニックにやってくる年間約9万5000人の患者とその家族に占められている。

メイヨー・クリニックは、深刻な病状を抱えて遠方から訪れる患者に迅速かつ効率的なケアを提供するサービスシステムをつくり上げた。とはいえ、院長兼CEOのデニス・コーティーズ医師が強調するように、地元の患者は夜に帰宅して自分のベッドで眠れるからといって、明確な結果が出るまで不安なまま延々待たせるようなことがあってはならない。メイヨー・クリニックでは、患者のほとんどに短期間で効率よくケアが施され、確定診断のときに初期治療（大手術を含む）が通常3日から5日以内に提供される。

メイヨーのマーケティング部門は、患者のフォーカスグループで診療の効率が予想以上という意見が自発的にあがるのを耳にすると、継続的に実施している患者満足度調査に効率性についての質問を追加した。その結果、患者体験の流れを効率的に制御するシステムとプロセスも診療そのものと並んで、患者の総合的な満足度に大きく影響していることが明らかになっている。

3万6000件を超える調査によれば、効率はメイヨー・クリニックの患者の総合的な満足度と強い相関関係があり、医師との関係性や治療結果にも劣らない。患者満足度調査を担当するマーケティングディレクター、ローリー・ウィルシーゼセンにとって、この結果は意外なものではなかった。いわく、「患者さんには、医師のスキルや検査の正確性の評価はできないかもしれません。それでも、必要なものを提供し、患者さんの時間を大切にするメイヨーのシステムを、ご自身の体験として評価することはできます。われわれが効率面でより良い仕事をすれば、患者さんには評価できない技能にも、より大きな信頼を寄せていただけるはずです」。

ひとつの傘の下に

「メイヨー・クリニックというのはひとつの理念、患者さんこそがわれわれの仕事の中心であるというコンセプトです。この理念を念頭に置いて、患者さんの周囲にさまざまなものを築いてきました」とコーティーズ医師は説明する。すでに述べたように、メイヨーでは、ほぼ全ての医療分野やその下位分野の専門医によるグループ診療が確立されてきた。全ての医師は、医師たちが運営するひとつの包括的な組織の傘下に統合され、外来診療所の業務も診断検査室の業務も、全てこの医師主導の組織のもとでおこなわれる。病院もこの組織に統合されている。そして、患者ごとに個別の医療ニーズに対応する医療グループが形成される。こうしたひとつの組織だからこそ、あらゆるサービスが効果的かつ効率的に提供できるのだ。

ロチェスターで設備と支援サービス部門のリーダーを務めるクレイグ・スモルトは、メイヨー・クリニックが効率的なケア――デスティネーション医療の基礎――を提供できる理由も、統合組織として機能していることにあると考えている。「全員がいわば同じ屋根の下で働くこと、同じ組織に雇用されているということが、大きな違いを生み出しているのです。必要なだけの人材や資源をそろえていることも、もうひとつの要因です。これだけ多くの専門分野と下位分野がひとつの組織内で協力するヘルスケア機関は、この国にほとんどありません」。つまり、患者は3つのメイヨー・クリニックのうちのいずれかを訪ねれば、そのひとつの組織によってほぼ全ての診断と治療を短時間で受けることができるということだ。

ここまで統合された事業を展開する医療機関は米国には数少ない。患者はひとつ屋根の下でケアを受けるのではなく、町じゅうに散らばる複数の医師のもとを訪ね歩くのが普通だ。臨床検査室や画像診断施設も、地元の病院にあるとはかぎらない。医学研究所と国立工学アカデミーは「医学の高度な専門化は米国の医療の家内産業構造を助長し、機能と専門性の縦割りシステムの構築に加担してきた」と報告している[2]。

この報告書を作成した委員会のメンバーであるコーティーズ医師は、フィラデルフィアの仮想患者の例を使って統合の不備を説明する。「ある患者が健康上の問題を4つ抱えているとしましょう。それは少なくとも5人の医師に診てもらう可能性が高いということです」。たとえば、(1) 総体的な健康状態を診て治療するかかりつけ医、(2) 深刻な膝関節炎を治療する整形外科医、(3) すぐにも交換の必要がある心臓の大動脈弁を診る心臓専門医、(4) うつ病の症状緩和をサポートする精神科医、そして (5) 糖尿病の投薬量を調整する内分泌科医というように。コーティーズ医師はこう続ける。「おそらく、かかりつけ医は別として、これらの医師の大半は他の医師がこの患者を診ていることを知らない。知っていたとしても、他の医師がカルテに記録した所見や勧告、あるいは処方されている薬の種類や量を正確に把握していることは、まずありません」。患者が入院した場合、その情報を共有するのは入院させた医師とかかりつけ医だけになると考えられる。

メイヨー・クリニックは、このモデルとは正反対だ。メイヨーのサービスシステムは、これまでの慣例とまるで異なるため、患者を驚かせることも少なくない。たとえば、中西部の宿泊施設経営者で、数年前から乳腺線維嚢胞症を患う女性がいる。最近になって大きなしこりができていることに気づいたときには、すでに患者としての経験を積んでいた。不安に駆られた女性は、自宅から車で数時間かけてメイヨー・クリニックに出かけた。車で30分のところには地元の病院があり、その道をさらに1時間ほど走れば地域の医療センターもある。それでもメイヨー・クリニックを選んだのは、その方が便利だと思ったからだ。その考えは正しかった。

症状が現れはじめたころの数年は地元の病院に通っていた。だが、その病院のサービスは納得のいくものではなかった。放射線科医がその日に撮った乳腺X線写真を集めて画像解析をするのは、その医師が一日院内にいたとしても夕方になってからだった。最初に乳腺X線写真を撮ったとき、その場に画質を確認する放射線科医がいなかったため、後日に呼び出しを受け、撮り直しをさせられた。最初に撮った写真が使い物にならず必要な措置だったとはいえ、2度目の撮影の料金を請求されたところで、我慢の限界に達した。以来、地元の病院には一度も行っていない。

それに比べれば、車で90分のところにある地域の医療センターのサービスはまだましだった。そこに拠点を置く婦人科医にあらかじめ頼んでおいたので、医師の診察のすぐあとに乳腺X線写真を撮ることができた。たいていの場合、リクエストすれば乳房の超音波検査も一度の通院で済ませることができる。ただし、そのサービスは患者から申し出があった場合にかぎって適用される方式で、全ての乳房疾患患者を対象とした標準的な手順ではなかった。

彼女がメイヨー・クリニックに行くことにしたのは、地域の医療センターの担当医が休暇中で、新たに見つかったしこりを誰に診てもらうかが運まかせになるとわかったときのことだった。面識のない医師が診ることになれば、そのあと放射線科の都合をつけてもらえる可能性は低い。それで、メイヨー・クリニックで受診することにしたのだ。メイヨーの患者として乳房診療室に行くと、まずは内科の乳房専門医による問診と検査を受けた。続いて、隣接する乳房画像センターで乳腺X線写真が撮影され、そのすぐあとに特定の部位を調べる指示に従って乳房超音波検査がおこなわれた。

超音波検査を担当した胸部放射線科医は、患者の病歴や他の医師の所見を電子カルテ（EMR）で参照することができた。超音波検査では、しこりが単なる嚢胞で悪性腫瘍ではないことが確認された。放射線科医はこれを患者に話し、痛みがあるようなら嚢胞内の液を吸引除去できることを説明した。だが、ただの嚢胞という診断に安堵し、痛みもなかったため、経験豊かな患者はそれを断った。X線写真の撮影から1時間としないうちに放射線科医が画像の所見を乳房専門医に「口頭で報告」した。患者は乳房専門医のところに戻り、最後の面談を受け、フォローアップ治療を勧められた。この患者のメイヨーでの診療は3時間半で終了した――ランチの前に。

メイヨー・クリニックの患者やその家族からは、このような効率的なサービスのエピソードが数多く聞こえてくる。中西部の大都市で小さな企業を経営する女性は、何百マイルも遠方から高齢の両親を連れて複合的な医療に関する助言を求めにきた理由を、メイヨーの職員にこう説明した。「1週間予定をあければ、その週のうちに父と母の両方に必要な全てのケアを手に入れることができるからです。同じケアを地元で受けようとしたら、あちこちの医師のところに通わなくてはなりません。どの医師を訪ねるにも最低半日はかかります。地元で受診していたら、もっとたくさん休みを取ることになる。でも、それ以上にイライラさせられるのは、そういうことが2、3カ月は続くということです」。メイヨー・クリニックの効率的なケアシステムは、この経営者のビジネスの生産性向上にも貢献している。

ケーブル、リフトとシュート、コンピュータ

こうした患者や家族から称賛の声が寄せられるのは偶然ではない。適切な人材の採用に努めているからということだけが理由でもない。患者満足度の高さには、年間数百万ドルに達する生産工学《インダストリアル・エンジニアリング》面の戦略的な投資も一役買っている。それは診療の効率性とともに、臨床の質と安全性を向上させるプロセスとインフラを構築するための投資だ。

1907年、統合医療記録（第3章参照）の導入に際して、ヘンリー・プラマー医師は大きな壁にぶち当たった。同僚医師のなかに、この新しいアイデアをよしとせず、医療記録の台帳

を手離したがらない者がいたのだ。それどころか、10年にわたり台帳を使い続けた者もいる。彼らは台帳がつねにオフィスの棚にあることを当てにしていたし、たしかに、導入から7、8年はカルテの到着が遅れ、患者が来院して帰ったあとになることも多々あった。医師が診察をしていた建物に、紙の記録の搬送を支援する機械システムがなかったからだ。

カルテの搬送に特化した最初の機械的配送システムが導入されたのは、1914年に完成したビルでのことだった。これは米国では初となる統合型グループ医療専用に設計された建築物である。このシステムの狙いは、患者のスケジュール上、次のサービスが提供される場所に向けて定刻までにカルテを移動させることだった。各患者のカルテをビル内の各所に配送するために、プラマー医師とミネアポリスの建築家フランクリン・エラーブは、頭上のケーブルで輸送する方式を考案した。だが、この装置は十分なものではなく、配送できるのは4階建てのビルの同じ階だけで、階をまたぐことはできなかった。

プラマー医師とエラーブは1928年に竣工した14階建てのプラマー・ビルディングの設計でもう一度手を組んだ際、このカルテの垂直移動というより大きな課題に向き合うことになった。そして設置されたのがリフトとシュートだった。医療記録の束はまずリフトで中央配送センターに上げられ、そこでスタッフの手で分類されたのち、各フロアに通じるシュートに投入される。一部のカルテはそこから水平移動用の装置で各医師の受付に運ばれていく。リフトとシュートを用いたこのシステムは、規模をやや大きくしたものが、20階建てのメイヨー・ビルディングにも1950年と1964年の2回にわたる10階ずつのプロジェクトで組みこまれた。だが、1世紀近くにわたってカルテを搬送していたこの機械的配送システムも、いまは電子カルテに取って代わられている。

メイヨー・クリニックは1990年代にカルテの電子化を始めた。この移行はメイヨーにとっていまなお、もっとも複雑でもっとも費用のかかったシステム工学プロジェクトとなっている。先に着手したのはジャクソンヴィルとアリゾナで、ロチェスターがそれに続いた。医療記録は医師が患者を診る前に届いていなければならない。紙のカルテの時代には、たとえリフトとシュートがあっても、確実を期して、診療と診療のあいだに最大4時間——ほぼ半日——のインターバルを取らねばならないこともあった。だが、電子カルテの場合、情報が入力されると直ちにメイヨーじゅうで閲覧できるようになる。つまり、ふたつの診療の予定時刻の設定で考慮しなければならないのは、患者の移動時間だけということだ。メイヨー・クリニックの生産工学の専門家たちはストップウォッチを用意し、車椅子で「患者」を建物から建物へ、フロアからフロアへと運んでは、何百とある予約場所への移動にかかる時間を計り、患者の診療予定を作成するコンピュータの演算にそのデータを入力している。

電子カルテは同僚との打ち合わせを迅速かつ簡便にするものでもある。紙のカルテを使って意見を交換する場合、医師たちは同じ部屋にいる必要があった。だが、いまは複数の医師が各自のデスク上のコンピュータで同じ電子カルテを見ながら、電話で「チーム会議」を進めることが可能だ。患者の医療上のニーズは、タイムリーな情報提供によって過去100年でもっとも効果的かつ効率的に支えられている。

何を、いつ、どこでするか——スケジュールを正しく組む

メイヨー・クリニックでは、連日、臨床検査や臨床診断、医師との面談など、何千という予約のスケジュールが組まれている。コンサートや飛行機の座席とは違って、診療の予約は埋めればいいというものではない。順序を指定されるケースは数多く、一部のものは他の診療とのあいだに何時間かあける必要があり、多くは予約前に特定の手続きが求められる。予約管理は華やかなマネジメント業務ではないが、医療提供の出発点という意味で、おそらくもっとも基本的なものだ。

予約調整の集中化は、応用システム工学によるメイヨーの変革として、40年以上前の統合医療記録の導入に続く2例目になる。このプロジェクトを進めるにあたって、クリニックは1901年にヘンリー・プラマー医師が着任して以来、組織に浸透してきた「システム」と

いう考え方にあらためて取り組んだ。〝生産工学《インダストリアル・エンジニアリング》〟、近年の呼び方でいう〝システム工学《エンジニアリング》〟をいち早く取り入れ、継続的に活用することで、メイヨーは複雑な大事業を統合するインフラを築いてきた。日々のスケジュール管理はクリニックにとって大きな仕事だが、予約の日程は個々の患者ごとに設定されるため小さく動く《アクト・スモール》ことが求められる。

スケジュール管理システムは、デスティネーション医療の屋台骨となるものだ。過去60年のあいだに、新技術を取り入れながら、スケジュールの調整方法の改良、運用効率の向上、そして、もっとも重要な顧客サービスの改善が何段階かにわたっておこなわれてきた。第2次世界大戦後、メイヨー・クリニックに患者が殺到すると、従来のスケジュール管理システムはまったく機能しなくなった。当時の診療スケジュールは医師が各自で管理しており、メイヨー・クリニック内で個人診療所を営むのとさして変わらなかった。つまり、医師から他の医師の診察や血液検査、X線検査などを受けるように言われたとき、その予約は患者が自らの責任でおこなっていたのだ。戦後まもなく、従軍していたメイヨーの医師の多くがクリニックに戻ってくると、それに伴い患者数も増えていった。診療スペースを確保するため、メイヨーはロチェスターの中心街にあるキャンパス周辺にいくつか〝別館〟を建設した。その結果、患者は診療の予約を取るため医師のオフィスを探して町を歩きまわることになり、困惑した。不満を見て取ったメイヨーのリーダーたちは、調整委員会を立ち上げ、メイヨーの医師が指示した臨床検査や他の医師の診察の予約を一手に引き受ける中央予約デスク（ＣＡＤ）の開設に着手した。このＣＡＤによって患者の負担は軽減した。

ＣＡＤの計画と実施は、新しい管理グループに一任された。現在、「システムと手続き」と呼ばれるようになったこの重要なグループは、３つのキャンパスにわたって約50人の生産工学技師《インダストリアルエンジニア》と経営アナリストで構成されている。１９５０年にシステムと手続き部門に加わり、長年にわたってそのリーダーを務めたリチャード・クリアマンズによると、メイヨーが当初採用したのは、プルマン社が運行していた寝台列車用の予約システムだったという。それは原始的ながら、きちんと機能していた。それぞれのプルマン車両について、寝台ごとに線が引かれた予約カードがあり、予約が入ると、線上にその客の氏名が記入されるというものだ。メイヨーでの応用について、クリアマンズはこう説明する。「たとえば、1時間で何回血液検査ができるかは、過去の計測値から割り出すことができました。そこで血液検査の予約カードには1時間ごとにその回数ぶんの欄をつくりました。ＣＡＤでこの欄に予約者の氏名が記され、記入済みのカードは搬送係によって検査室の受付デスクに運ばれます」。各診療の予約用に何十種類ものカードが必要になった。患者は最初の予約をしたＣＡＤに数時間後に戻ったところで診療の予定を知らされ、小さな封筒がいくつか入った予約パケットを渡される。封筒の表には「アドレス」――時間と場所――が記され、なかには準備の指示が書かれた紙が入っている。

封筒は予約ごとに別のものが使われた。ひどく手間のかかるシステムだが、患者へのサービスは大幅に改善された。

ＣＡＤは、つぎ次に生まれる新たなテクノロジーを取り入れて改良を重ねながら、50年以上にわたって組織を支え、２００５年に閉鎖される。１９６０年代には、ＣＡＤではカードに代わって電話が使われるようになった。ＣＡＤのスタッフは検査室や診療科の予約調整係に電話をかけ、患者に必要な診療や医師が確保できるかどうかを確認した。このシステムには、電話の両端の予約スタッフが業務に精通している必要があった。システムと手続き部門の長を務めるマーク・ヘイワードは、当時のＣＡＤの運営についてこう語っている。

メイヨーの業務にくわしいベテランがそろっていて、何を何の前におこなうべきか、何と何を同時におこなえるか、さまざまなルールが頭のなかにしっかり入っていました。だから依頼された予約の内容を見て、先にどれができるか、次にどれを持ってくればいいかを、経験から判断できる。メイヨーが受付部門のもっとも優秀な人材をこのグループに配したのは、患者さんの体験におよぼす影響の大きさを認識していたからです。

１９７０年代には、予約のスケジュール管理にコンピュータが補助的な役割を果たすようになった。だが、市販の医療用予約システムに、メイヨーのCADのスタッフが記憶している複雑な規則に対応できるものはなかった。ヘイワードの話では、最終的に参考になったのは、ボーイング社やNASAが使用していたソフトウェアのアイデアだったという。ボーイング社やNASAの生産や保守の管理システムには、メイヨーの予約業務に匹敵する複雑な規則が使われていたのだ。「そもそもこの取り組みは、遠方からメイヨー・クリニックに来た方に、できるだけ少ない日数で全ての診療を終えていただきたいという配慮から始まったものです。非常に精巧な、非常に高度なシステムを開発することができました――1970年代にしてはですが」とヘイワードは締めくくる。

このソフトウェアは何度か改良されながら約30年にわたって使用されたが、使い勝手のいいものではなかった。CADのスタッフ以外に扱える者はなく、しかも操作の習得に半年はかかった。代わって2005年に導入された新システムは、工場の生産スケジュールを管理するコンピュータ技術を応用し、わずか数分で最適な予定を組んでみせる。それは遺伝的アルゴリズムと呼ばれる探索技術で、システムに書きこまれた8000種類以上のメイヨーの予約に関するルールをもとに、可能性のある患者のスケジュールを探し出すのだ。システムと手続き部門で管理業務サポート課のリーダーを務めるシャロン・ゲイブリエルソンは、その作業の複雑さをこう説明する。「このシステムはたくさんの変数を考慮しなければならないCTスキャンの予約にも対応しています。たとえば、患者さんは子どもか大人か、男性か女性か、糖尿病があるかないか、といった条件の組み合わせが変われば、患者さんに割り当てられる装置も、検査室も、技術者も変わってくるのです」。このシステムにははじめて、患者の移動時間に加え、検査着への着替え、検査そのもの、鎮静剤を使った場合はそこからの回復、元の服への着替えなど、実際の手続きにかかる時間がデータとして取りこまれた。この改善により、これまでのように時間ぎりぎりで予定が組まれることがなくなり、予約の時刻に遅れる患者が大幅に減少している。

だが、それ以上に大きいのは、新システムはウェブベースで、インターネットユーザーなら直観的に操作できる点だ。シンプルなシステムなので、最小限の訓練で全ての受付スタッフが使えるようになる。その結果、集約型のCADは廃れていった。ゲイブリエルソンによれば、「44名のスタッフだけでなく、集約型CADに使われていた370平方メートルのスペースも、クリニックに戻すことができました。と同時に、患者が診療スケジュールを受け取るまでの待機時間も60パーセント以上短縮されました」。

この新システムのサービス面の最大のメリットは、患者が希望する形で予定を組めることだろう。1970年代のシステムは、患者にいつどこへ行くかを指示するだけで、ゲイブリエルソンが言うように、「患者の要望に応じるものではなかったので、『最適化された』スケジュールの多くを手作業でリスケジュールしなければなりませんでした」。予定の組み直しにかかる費用は年間数十万ドルだった――予約システムの技術的な要件とサービス上の患者のニーズがＩＴによって解決できるいまとなっては不要な出費だ。

ただし、60年にわたって改良を重ねても、メイヨー・クリニックの予約システムは、とくに初診の予約に関しては、まだまだ完璧とはいえない。覆面調査員を使った最近のリサーチでも、必ず予約できるはずのシナリオでおこなった予約申請がしばしば却下された。さらに、最新のシステムに懐疑的な医師や臨床部門も存在する。彼らは自分たちの日程に患者がいつも適切に割り当てられるとは考えていない。１世紀前にドクター・プラマーが経験したように、この新システムを受け入れようとしない医師もいて、自分のカレンダーの一部または全部への自動アクセスを拒んでいる。とはいえ、歴史の声を聞くとすれば、システムが正しく機能することを実証して懐疑論者を説得するのが「メイヨー式」である。

効率とサービスを改善する

毎週日曜日の午後、メイヨー・クリニックでは多くの検査室、専門医、外科医の今後１週間の予約カレンダーに多数の空欄が残されている。心配にはおよばない。これは意図されたものだ。メイヨーではほぼ60年にわたって、医師が指示する臨床検査や診察をあえて月曜の朝から調整する予定になっている。

メイヨー・クリニックの予約は、(1) メイヨー・クリニック以外の紹介医または患者から入る外部予約と、(2) すでに医師の診察を受けた患者のための内部予約 (〝下流〟予約とも) の2種類に大別される。メイヨー・クリニックは、医師から紹介された患者に高い優先順位をつけるが、第2章で述べたように、全ての外部予約に応じられるわけではない。だが、いったんメイヨーの医師が診察した患者については、検査や診察を迅速に進めることが戦略的に優先されるため、システム上、できるだけ効率よくスムーズに各ステップを通過させる必要がある。予約カレンダーの空欄はそのためのものだ。

システムと手続き部門とそのシステム工学者は長年にわたり、臨床の供給能力と、とくに院内 (〝下流〟) 需要とのバランスを保つ方法を研究してきた。患者がメイヨー・クリニックならではの効率的なサービスを受けられるようにするためだ。コンピュータがなかったころは、作業のほとんどが単純な集計だった。そこで生産工学者たちが、一般検査1件につき、予想される胸部X線検査、血液検査、整形外科の診察、泌尿器科の診察などの件数を示す比率を割り出した。こうして全ての下流予約のカレンダーに、上流の医師から日々オーダーされる件数を想定した空欄が残されることになったわけだ。

当然ながら、現在、その計算はコンピュータがおこなっている。現行の予約システムは、最適な予約の組み合わせを見つけるだけでなく、クリニック史上最良の予約分析データを経営陣に提供する。これまではおおむね30日前から60日前までの古い予約充足率データをもとに予約利用報告書がつくられていたため、経営陣の役に立つことはあまりなかった。だが、最新のデータからは需要の予測が可能だ。システム内には数年ぶんのデータが蓄積され、システムと手続き部門のアナリストたちは最新情報をもとに将来の需要のモデルを作成している。そのアナリスト、ジョン・オズボーンはこう説明する。

医師のカレンダーは12週前に必ずわれわれのシステムに組みこまれるので、一般内科など、通常、診察の要求が出される臨床分野で予定された予約を確認できます。そうした上流分野のある週の患者予約が分かれば、たとえば、神経科にその週はどれくらいの予約が入りそうか伝えることができる。そこで神経科は見こまれる内部予約に対応できるよう、医師の予定を組むことができます。それだけでなく、このシステムは、非常に特殊な神経学上のニーズを抱えた患者の外部予約に備え、カレンダーに空欄を残しておくことを神経科に認識させる役目も果たしています。

こうしたモデルは長く使うことで精度が上がり、ふたつの大きなメリットを生み出す。ひとつはシームレスなサービスという患者側のメリット、もうひとつは、医師、検査室、手続き面の生産性の最大化というクリニック側のメリットだ。ふたつ目のメリットは、患者へのサービスとメイヨー・クリニックの財務運営の双方に利益をもたらすインフラとして、重視する必要がある。こういった分析は製造業ではわりによく見られるが、医療の世界ではかなり珍しい。

こうしたモデルの重要性は、ロチェスターの放射線科の歴史を少しふりかえるとよく分かる。1990年代の半ば、診療の需要がロチェスター・キャンパスの成長を上まわる勢いで拡大した。患者の数が増えたのに加え、放射線科では画像診断自体の技術革新が他の診療科からの需要を生み、患者1人当たりの需要が増大する。放射線科の規模はもはや内外からの需要と一致せず、そのことが大きなボトルネックとなっていた。

放射線科は臨床のクオリティできわめて高い評判を呼んでいた。だが、スティーヴン・スウェンセン医師が放射線科の部長に就任した1998年、そのサービス品質、とくに予約のしにくさは患者にとってもメイヨーの医療スタッフにとっても大きな不満の種になっていた。「普通のMRIの予約が数週間、ときには数カ月先まで取れなかったし、CTの予約も難しい状況でした」とスウェンセン医師はふりかえる。金銭的余裕がなく、MRIを受けるために2週間ホテルに滞在することも、2週間後にロチェスターに戻ってくることもできない患者は、診断検査を終えられなかった。結果として、デスティネーション医療戦略は成果をあげられずにいた。

スウェンセン医師はサービスシステムの改善計画に着手した。もっとも重要な目標のひとつは、放射線科がおこなう全ての検査の当日もしくは翌日の予約を可能にすることだった。「患者中心に考えれば、ＣＴやＭＲＩを受けるのに何日も待たせるわけにはいきません」とスウェンセン医師は言う。そこで、放射線科は既存のスキャナのより効率的かつ効果的な活用をめざすチームを立ち上げた。そのプロジェクトに適した技術者、看護師、受付スタッフ、管理スタッフ、放射線科医で構成された機能横断型のチームだった。チームは作業工程から無駄を排除するためにトヨタが開発した〝リーン〟方式や、作業工程の欠陥を特定し排除するデータ駆動型アプローチとしてモトローラが創始した〝シックス・シグマ〟といった、工程改善ツールを利用することで、次のような目覚ましい成果をあげた。

・純収益が3年で約40パーセント増加した。
・撮影プロトコルの選択や造影剤の投与量の放射線科医によるばらつきが大幅に減少した。
・ＭＲＩの撮影時間を（シックス・シグマを使って）6分短縮したことで、1日当たりの予約をスキャナ1台につき1件増やすことに成功し、年額４００万ドル以上の増益となった。
・院内で週7日、1日24時間、画像評価にアクセスできるようになり、診断までの時間と通院期間が短縮された。

・胸部X線画像技術者の歩行距離を、男性の胸部疾患患者一人当たり90パーセント減らしたことで、患者の滞在時間が5分の1に激減した。

・胸部X線画像検査の患者満足度が大幅に改善された。

こうした効率の改善は、メイヨーの価値観とも一致する、チームワークの成果だった。「チームを動かしたのは患者により良いケアを提供しようという意欲でした。プロジェクトが終わるときには、スタンディングオベーションでたがいに成功を讃え合いました」とスウェンセン医師は言う。

もっとも、予約待ちの患者の行列は効率の改善だけで解消されたのではない。週末を含む延長時間にも予約できるようにした。ついには、CTスキャナとMRIスキャナの増設、そしてもちろん放射線科医の増員も必要になった。スウェンセン医師が部長を務めた8年間に、常勤の放射線科医は75人から150人に倍増したほどだ。現在、放射線科のCTとMRIの99パーセント以上は当日もしくは翌日に受けることができ、1998年に50万件だった年間検査数は110万件を超えている。

マーク・ヘイワードは、最近導入された予約システムには需要の成長傾向を追跡できる分析機能があるので、需要と受け入れの不均衡は二度と起こらないと考えている。「１週間、12台の装置が埋まるほどの需要があるのに10台しかなかったら、放射線科か他の診療科で１９９８年のスウェンセン医師と同じ事態に直面することになります」とヘイワードは言う。そこでシステムと手続き部門は、将来に向けた規模の適正化《ライトサイジング》についてもサポートしている。ヘイワードが指摘するように「ＭＲＩは一晩で増設できるものではない」からだ。大型医療機器の例に漏れず、ＭＲＩを設置するには専用のスペースを準備しなくてはならない。

内部コンポーネントの相対的な規模と同様、クリニック全体の規模の適正化もきわめて困難な課題だ。しかも、すぐれたサービスと強力な財務実績の双方を実現するには、これをなんとしても克服しなければならない。現在、メイヨー・クリニックでは合理的な成長をもたらす電子技術が多方面で使われている。メイヨーはそういったツールの多くをいち早く導入してきた。「われわれが成長を遂げた要因は間違いなくエレクトロニクスにあります」と語るのは施設支援サービス部長のクレイグ・スモルトだ。「わたしがここに来た１９７０年代当時の装置では、これほどの規模に成長することはなかったはずです。まだ電子メールがなかったので、ありとあらゆるものがタイプされていましたし、請求業務は手作業でおこなわれ、医療記録は全て紙の形で残されました。いまの電子システムがなければ、これだけの患者やスタッフは支えられません」。メイヨー・クリニックは状況に応じたテクノロジーの導入によって、10年前や20年前には想像もつかなかったことができるようになっている。その好例が予約システムだ。「わたしは目下、個々の診療の規模に制限を設けていません。テクノロジーが何をもたらすことになるか、まったくわからないからです」。

可能なかぎり迅速かつ効率的にケアを提供するというメイヨー・クリニックのモットーは、患者に利益をもたらしている。3つのキャンパスはいずれも、国内外の患者が予約した診療の完了に要する時間をなんらかの方法で追跡しており、どのキャンパスも目標達成まであと少しのところに来ている。たとえば、ロチェスターでは、予約した診療の95パーセントが週をまたがずに終わることをめざして、一部の患者を追跡する。その目標までまだ10パーセントほど開きがあるが、100人のサンプルのうち80人から85人は予約した週の金曜午後5時までに診療を完了している。達成率が100パーセントにならないのは、患者によっては、検査や診察の3日目に大きながんが見つかるなどして、予想外に込み入った対応が求められるからだ。また、最初の予約が木曜日や金曜日に組まれる患者は、週をまたいだ滞在が必要になる可能性が高い。とはいえ、これもまた、ほぼ全ての患者の診療を迅速におこなうという、患者中心のサービスを提供するために、メイヨーがいかに業務を事細かく調整しているかを示す例だ。この努力によってメイヨーは、利便性が高い地元や地域の医療施設以外の臨床ケアを受けるべきと感じている患者を引きつけてきた――そして近隣に暮らす患者も恩恵を受けている。

遅延なし

統合医療記録と最適化された予約スケジュールは、メイヨー・クリニックの効率的な診療システムの明白な証だが、その背後では何千人もの技術者や技師、医学記録転写士、医師が専門知識を活用して、数百種類のスキャン、臨床検査、診断手続き、レポートといった業務にあたっている。こうしたスタッフはさまざまな形で、きわめて重要な役割を担っている。複雑な報告書を速やかに作成し、結果を直ちに電子カルテに記録するのは彼らなのだ。

たとえば、メイヨー・クリニックの心エコー検査室では、心臓専門医は患者が検査を終える前に超音波技師による検査の結果を検討するのが、標準的な手順となっている。心臓専門医が検査結果を確認すると、すぐに報告書が作成される。報告書の文章は、主に電子報告書ツールのプルダウンボックスから定型語句を選択してつくられる。検査結果は、患者が検査室を出て5分とたたないうちに電子カルテで参照可能になる。これに対して、メイヨー以外の心エコー検査室では、一日の終わりに検査結果が集められ、それから心臓専門医による検討がおこなわれることが多い。

メイヨーでは、心電図や負荷試験といった他の心臓検査についても、当直の心臓専門医が一日じゅう確認をおこなっている。こうした結果は1時間以内に電子カルテに記されるのが普通で、検査終了から2時間以上あとになることはめったにない。

臨床検査室では、採血から平均96分で結果が電子カルテに反映される。また、病理医は手術室の近くにいて、手術中に採取された組織の〝凍結切片〟を即時に解析する。凍結切片の所見報告は、検体が検査室に届いてから約10分で外科医に送られる。その後、永久切片標本が作製され、翌日には確認報告が完了する。

放射線医学は所要時間の短縮にも貢献している。現在では、ほぼ全ての画像がデジタルで収集されている。従来の口述/文字起こしとコンピュータの音声認識機能の併用により、報告書は短時間で作成できる。音声認識機能を使うと、放射線科医は口述しながらコンピュータ上で報告書が作成されるのを見ることができる。こうした画像と報告書を手作業で編集し、急ぎの場合、15分以内に公開して、希望する医師が閲覧できるようにする。メイヨーが80年かけて完成させたライブ口述/書き起こしシステムを使えば、緊急時に従来の〝平面〟画像の報告書をさらに速く作成することが可能だ。ロチェスターの放射線科臨床部長、ジョン・M・クヌーセンによると、非緊急時の所要時間はおおむね30分から90分。3D画像が必要なスキャンの場合はその時間がさらに長くなる。患者がスキャナを離れた時点ではまだ〝検査〟完了とならないからだ。この画像処理には1時間以上かかる。したがって、より複雑なCTやMRIの報告が電子カルテに反映されるのは、検査の2、3時間後だ。

こうした例を見ると、メイヨー・クリニックの運営が患者からしばしば「なめらかに動く機械」に例えられるのも不思議ではない。多くの患者、とくに再診の患者は、医師の診察に先立ってさまざまな検査を受ける。「そういう患者さんに驚かれることもよくあります。1、2時間後に戻ってきたら、検査結果がすでにわたしの手元にあるのですから」と語るのは一般内科のコンサルタント、カール・ランドストロム医師だ。運営上のこうした部分は患者の期待を上まわるもので、メイヨーのケアに対する総じて高い患者満足度の要因となっている。

経営者のためのレッスン

メイヨー・クリニックは、物事を「システム」として捉える思考方式で、デスティネーション医療を可能にする迅速かつ効率的な臨床ケアという強みの維持に努めている。メイヨー・クリニックは縦割り業務の集まりではなく、ひとつの傘の下に統合された運営組織であるため、デスティネーション医療戦略を推進しやすい。だが、ヘルスケアの内外を問わず、さほど統合されていない組織や、あるいは〝家内産業〟の運営でもメイヨー・クリニックの経験から学べるものがあるはずだ。

レッスン1　顧客の全体的な問題を解決する

メイヨー・クリニックは、相互に結びついた協調性のあるサービスで競う「システムの販売者」だ。システムの販売者は、顧客が抱える問題の全体に対する協働型のソリューションを市場に送り出す。提供するのは部分的な解決策ではなく全体的な解決策だ。システムの販売者は、顧客の手をわずらわせずに、顧客が求めるサービスの全てを集約する。メイヨー・クリニックは、システム思考を用いてシステムの販売を実行し、患者（と家族）にうれしい驚きをもたらし、彼らの期待を上まわる。

メイヨー・クリニックのスケジュール管理およびサービスの生産システムは、デスティネーション医療という他の追随を許さない独特な製品を生み出した。地元の医師や病院に不都合を感じていない患者も、数週間、数カ月ではなく数日で製品を提供できるサービスシステムには高い価値を見いだす。この件に関して、メイヨー・クリニックの経歴に汚点がないわけではない。この章で紹介した放射線科の例が示すとおり、ロチェスターでは放射線科がかなり長期にわたって、ボトルネックのままになっていた。それでも、放射線科の新しいリーダーが新しいサービスの構想を明らかにすると、組織は速やかに適応した。そのアプローチが合理的なシステム思考に基づいていたからだ。

患者は十分なケアはもちろん、効率的で調和のとれたケアも求めている。メイヨーはいずれの面でもすぐれている。中西部の小さな町に医療都市を築き、「システムソリューション」を提供した結果、評判が口コミで広がり、ブランド力が維持されているメイヨーは、そのモデルをアリゾナ州とフロリダ州の新しいキャンパスへと拡大するまでになった。

レッスン2　テクノロジーを使って価値観と戦略を支援する

テクノロジーは組織による目標の達成を支援するツールだ。テクノロジーの目的は、その利用者に利益をもたらすこと、利用者の成功を実現すること、生活を向上させることにある。利益をもたらさず、成功を妨げ、生活を悪化させるテクノロジーに投資すれば、組織は大きな損害を被ることになる。節約だけを目的に設計されたテクノロジーは、行き過ぎた浪費と大きな心痛をもたらすのが落ちだ。全てのテクノロジーは、組織の核となる価値観と戦略に関連した実際の問題を解決するものでなければならない。

メイヨー・クリニックは大規模な技術投資から莫大な利益を継続的に受けてきた。そうした投資はいずれもクリニックのコア・バリューとコア・ストラテジーに直結している。患者ごとの統合医療記録、ケーブル装置、リフト、シュート、CAD、下流からの予約を予測できるコンピュータ・アルゴリズム――採用したテクノロジーは全て、患者のためになるグループ診療やデスティネーション医療を実践する能力の向上が目的だ。テクノロジーによる節約という結果が出ることは多々あっても、それが目標となることはめったにない。医療機関ならずとも、テクノロジーに対するメイヨーの取り組みには学ぶところがある。

レッスン3　イノベーションは開発の途中である

メイヨー・クリニックは今後3年から5年の計画を立てるが、それを永続することを意図している。メイヨーの建物は向こう100年、あるいは永遠に使えるように建てられている。ドクター・ウィルは、プラマー医師の統合医療記録の採用を渋った医師数人を10年間容認した。ロチェスターの医師たちは紙のカルテから電子カルテへの移行を10年にわたって徐々に進めた。だがもちろん、やがて紙のカルテの残り時間は尽き、2005年3月には電子カルテが現在の医療活動の唯一の記録となった。音声認識テクノロジーはさまざまな状況で大きな利益をもたらすことが他の分野で示されているが、目下のところ、口述した医療行為の〝転写〟にそれを使用する者は、「早期採用者《アーリーアダプター》」がほとんどだ。メイヨーでは他者に行動を強いること、とくに医療ケアの中心的な生産者である医師に強いることをよしとしない。重んじられるのは強要ではなく実証――データを使った説得である。

システム工学はテクノロジーと市場の求めに応じて徐々に、たゆみなく進歩を続けている。

中央予約デスク（CAD）は1950年ごろには驚異的なイノベーションだった。このシステムはコンピュータ技術の成熟とともに数十年にわたって段階的にアップデートされたが、新しいスケジュール管理ソフトウェアがわずかなコストでよりすぐれたサービスを提供するようになると、ついに廃止となった。紙のカルテも同じように歴史を通じて開発の途中として扱われていたし、電子カルテも同じ道をたどるのだろう。電子カルテは最高だ、いまのままでいいと考える者は、メイヨー・クリニックにいない。世界じゅうの優良企業と同様、メイヨー・クリニックが現状に満足することはない。

まとめ

メイヨー・クリニックは競争の厳しい市場にあってなお、効率的かつ効果的な医療を求める多くの人にとって〝えり抜きの目的地《デスティネーション》〟だ。だが、〝メイヨーの神秘〟を育んできたのはそんな物語だけではない。全てのレベルに見られるクリニックのプロフェッショナリズム、コアとなる価値観と戦略に基づく確かな歩みが、患者たちが好んで語る劇的な物語を生み出している。

メイヨー・クリニックがデスティネーション医療の基礎となる効率的なケアを提供できるのは、医師主導の統合された組織として機能しているからに他ならない。システム思考と技術革新によって、医療記録の管理とアクセスのしやすさ、予約の調整、手続きの同期における効率化を進めてきた。結果として向上した全体の効率が、患者の不便を最小化し、ケア提供者の情報へのアクセスを最適化する。来院するほとんどの患者への責任を果たせるのは、この支援システムがあってこそだ。

顧客の全体的な問題を解決し、テクノロジーで価値観と戦略を支え、システム工学で革新を進める――こうした基本的な指針が示すのは、他の企業が〝えり抜きの目的地〟やサプライヤーになるための道だ。

第5章

リーダーシップのための提携

「最初の10日で過ちを犯したことに気づきました」とメイヨー・クリニックの事務部門に復帰したジョナサン・カートライトは認める。カートライトが言っているのは、2000年、夢のように思えた仕事に就くためメイヨーを離れたときのことだ。カートライトの母校の医学部長に就任した人物は、かつてメイヨー・クリニックに勤務していた医師で、カートライトの管理能力を高く買っていた。カートライトは学部長補佐というポストで医学部のマネジメントをしてみないかと打診された。カートライトとその家族にとっては帰郷するようなものでもあった。両親はその大学のある市に住んでいるし、車でほんの2、3時間のところにはカートライト家が1826年から所有している農場もある。カートライト夫妻が出会ったのはその大学の学部生のときだった。彼がふたつの学位――医療経営学修士（MHA）と経営学修士（MBA）――を取ったのもその大学でのことだ。「引退後はあそこに暮らすでしょうね」とカートライトは言う。

しかし、10カ月後、彼はメイヨー・クリニックに戻った。カートライトは説明する。「当たり前のものと思っていたチームワークと提携と統合、ここで呼吸する空気、深く浸透したメイヨーの文化は、大変独特なものなのです」。カートライトが戻ることにした理由とは、「チームワークとパートナーシップです。メイヨーの医師、関連医療スタッフ、研究員、教育担当者、管理者は皆チームワークを信じている。そして、謙虚に協力し合っている。誤解しないでください。

ここはべつにユートピアではありません。ただ、誰もがチームの一員やパートナーとしてともに働ける謙虚さの文化が息づいている。あちらにはそれがなかった――なかったのです」。

「いうなれば、臨死体験をしたようなもので、わたしは2度目のチャンスにかけています」とカートライトは締めくくる。彼はメイヨー・クリニックでキャリアを全うするつもりだ。


臨床ケアにおけるチームワークは、患者第一というメイヨー・クリニックの価値観を患者の体験につなげることにも役立っている。1910年、患者のケアについてすでにチームワークの重要性をおおやけに認めていたドクター・ウィルも、着実に成長しつつあった臨床業務のマネジメントやガバナンスには、弟以外とのチームワークを取り入れていなかった。だが10年後、将来を長期的に展望するときが来ると、リーダーシップとマネジメントにおけるチームワークもまた、クリニックの不変のトレードマークとなった。

協力と協働、とくに患者のケアにおける協力と協働は、兄弟のあいだに自然に生まれたものだった。ふたりは性格も仕事のスタイルも異なっていたが、そういった違いがおのずと分業につながっていった。リーダーを務めるべきはドクター・ウィルだということも、開業当初から分かっていた。ドクター・チャーリーの息子であるチャールズ・W・メイヨー医師はこう言っている。「父は経営の仕事に関心がありませんでした。伯父のウィルは経営者、組織を動かす人間、アイデアを浸透させる人間でした。なかには父のアイデアもありましたが[1]」。ハリー・ハーウィックは兄弟の双方をよく知っていた。メイヨー・クリニックの初代管理者として、ほぼ30年間兄弟と密に仕事をしていたのだ。ハーウィックはこう書いている。

> ふたりは完璧に補い合っていた。生来のリーダーであるドクター・ウィルは、いささかよそよそしく、分析的で、支配的で（傲慢なところはないが）、自身にも他者にも容赦なく完璧を求め、未来を予見する能力にすぐれていた。ドクター・チャーリーは温和で、思いやりとすばらしいユーモア、「親しみやすさ」を持ち合わせていた……ドクター・ウィルは問題に取り組むときの厳格さが弟の影響でやわらぐことも多かったし、逆にドクター・チャーリーの気まぐれな行動が兄の影響で抑えられることも少なくなかった。[2]

この章では、創設者であるメイヨー兄弟とハリー・ハーウィックが、いかにして「継承プラン」をつくり上げたかを検証していく。このプランにより、クリニックは40年近く続いたウィリアム・J・メイヨー医師（とドクター・チャーリーとハーウィックの協力）という厳しいリーダーの時代から、提携《パートナーシップ》と協調《コラボレーション》を大きな基盤とするリーダーシップの時代へと移行することができた。そして、21世紀初めの医師主導の文化について述べ、最終的には、忠誠心を育んで

ジョナサン・カートライトのような人物を引き戻すといった作用を持つこの組織の、ガバナンスと運営を支えるシステムとポリシーを明らかにしよう。ここで焦点を当てるのは、提携と協調の精神がいかに今日のメイヨー・クリニックの経営とガバナンスに浸透しているかだ。

指揮統制からパートナーシップ経営へ

1932年12月31日、ドクター・ウィルとドクター・チャーリーは理事を辞任し、クリニックを正式に離れることになった。ドクター・ウィルは1928年7月1日に67歳で外科を退き、ドクター・チャーリーは執刀中に網膜出血に見舞われたのち、1930年1月2日に65歳で引退していた。おそらく当時もっとも著名な外科医となっていたふたりの創設者が去ったのちもクリニックが存続できたのは、1932年に完成した継承プランのおかげだった。作成に30年以上が費やされ、その間、メイヨー兄弟は4回にわたって大胆なステップを踏み、クリニックの長期的な将来を切り開いた。そうしたステップを見れば分かるが、これは「継承プラン」というより「継承プランニング」と呼んだ方がいい。なぜなら、それは19世紀末に決定が下された第一段階に始まる、進化のプロセスだったからだ。

ステップ1　収入だけのパートナーシップ

1890年代後半、ドクター・ウィルとドクター・チャーリーと彼らの父親は、チャーリーの義兄弟であるクリストファー・グレアム医師、オーガスタス・スティンチフィールド医師の5人でパートナーシップを立ち上げた。グレアム医師は1894年に、スティンチフィールド医師は1892年にクリニックで働くようになったが、パートナーシップへの参加は口約束だけの非公式なものだった。W・W・メイヨー医師は、当時70代後半で重い病を患い、自分の死がパートナーシップの存続を危うくすることを案じていた。ウィルとチャーリーが知ったところでは、パートナーの誰かが死亡した場合、遺産処理のために遺言検認判事の裁定でパートナーシップが5つに分割されかねない。当時の文書は残されていないが、クリニックの評判は自分たちが執刀した手術の結果によるところが大きいことも、兄弟は認識していただろう。つまり、パートナーシップに出資していないグレアム医師とスティンチフィールド医師は、診療がもたらした資産にさほど貢献していなかったということだ。

5人のパートナーの誰かが死亡するとクリニックの運営や患者のケアに支障をきたす恐れがあることに気づき、メイヨー兄弟は代案を考えた。そして、パートナーシップを収入に限定し、診療そのもの、固定資産、有価証券は契約から完全に除外することを提案した。パートナーが引退もしくは死亡した場合、パートナーもしくはその相続人は「引退または死亡した前年の収入と同じ額」を受け取ることになる。[3]ウィルとチャーリーは契約書にサインし、他のパートナーに署名を求めた。パートナーシップ契約には全資産の共有が含まれると考えていたグレアムとスティンチフィールドは、2年にわたって署名を拒み続けた。すると、歴史家のヘレン・クレイプサトルが書いているように、「ドクター・ウィルは鉄の意志を示した」[4]。サインしなければパートナーシップは解消すると言われ、ふたりは署名に応じた。

この時点では、ウィルもチャーリーもクリニックがどうなっていくのか、自分たちが生きているあいだのことさえ想像できなかった。当時はまだ小さな診療所で、正式に「メイヨー・クリニック」として知られるようになるのはさらに10年以上先のこと。診療はできたばかりのメソニック・テンプルにある貸スペースでおこなっていた。外の通りはまだ舗装されていなかった。鞍《くら》をつけた馬や車を曳かせる馬が診療所の前の横木につながれて待機していた。だが、兄弟はパートナーシップを収入に限定することで、おそらく無意識のうちに、将来に備えて組織を築く礎石を据えたのだろう。組織の物的資産と金融資産は全てこの取り決めによって保護され、兄弟が所有して管理し、さらに雇用主として医師たちに給与を支払うようになった。この行動に、パートナーの引退または死亡による患者のケアの中断を防ぐという以上の展望があった形跡はない。

メイヨー兄弟は、同僚を臨床ケアの協力者やパートナーとして重んじるようになったが、のちに大きな遺産となる医療業務の経営と運営の協働体制を生み出すのは、まだ先のことだった。

ステップ2　メイヨー資産協会

1908年、高校を卒業後、地元の銀行で働いていた21歳の若者、ハリー・J・ハーウィックは、ドクター・ウィルから簿記係にならないかと声をかけられた。メイヨー・クリニックにおける44年のキャリアでハーウィックは管理部門のトップに上りつめ、メイヨー兄弟が長期的な成功をめざした計画を立てる上で重要な役割を果たした。メイヨー・クリニックでいまも使われている経営とガバナンスの基本的な構造を考案したのは、ドクター・ウィルとハーウィックだ。ハーウィック本人は、それができたのは「メイヨー兄弟が自分たちとパートナーの経済的な安定をある程度、確保できたら、残りは医療の改善という形で市民に還元すべきと考えていたため」と記している。[5] この確固たる倫理が、清貧を誓ったフランシスコ会のシスターたちが日々実践する倫理と、セント・メアリーズ病院でひとつになった。シスターたちは週6日から7日、1日12時間から18時間、無報酬でメイヨー・クリニックの医師をサポートし、患者をケアした。そして、メイヨー兄弟とフランシスコ会のシスターの双方が掲げたこの利他的な倫理観が持つ力は、メイヨー・クリニックの長期的な成功に大いに貢献した。

そのころ、診療所は客員医師たちから「メイヨーのクリニック（Mayo's clinic）」と呼ばれるようになり、[6]成長を遂げつつあった。新しい医師たちが採用され、メソニック・テンプルの貸スペースは手狭になった。診療で得た収入を個人的に蓄えていた兄弟には、外来患者用の大きなビルを新築する経済的余裕があった。新しいビルは1914年に完成した。ハーウィックはそのビルについて、クリニックのニーズを「永遠に」満たせるように設計したつもりが、1917年には患者数が約4倍にふくれ上がり、早くも十分な設備とはいえなくなったと、皮肉まじりに書き残している。

1918年には、ドクター・ウィルとドクター・チャーリーもこの診療所には独自性があり、自分たちの死後も存続する可能性があることに気づいていた。1914年のビル新築を機に、組織はメイヨー・クリニックと呼ばれるようになり、兄弟は、臨床診療だけでなく医学研究や教育プログラムを続けるために、メイヨー・クリニックを託せるような組織をつくりたいと、漠然と思っていた。そしてある計画に着手する。ハーウィックによると、当時、「『中年期』にあった兄弟は、健康に恵まれ、輝かしいキャリアの絶頂期を迎えており、当然、まだまだ何年も精力的に仕事ができると感じていた[7]」。

およそ1年にわたる猛勉強ののち、1919年、兄弟はメイヨー資産協会を設立した。ふたりは贈与証書に署名し、メイヨー・クリニックを営利団体から非営利団体に変更した。クリニックの建物、設備、現金、有価証券に加え、現在および将来の収益の全てを新たに立ち上げたその慈善団体にゆずり渡した。個人資産のほぼ全てを手放すことで、利他主義的価値観を実践したのだ。メイヨー・クリニックの元最高管理責任者（CAO）、ジョン・ハレルによると、このときの贈与額は現在の価値で5000万ドルを上まわるという。兄弟が20年前に法的基盤を整備し、グレアム医師とスティンチフィールド医師に合意させたことは、思いがけない幸運だったようだ。あの痛みを伴う出来事がなかったら、クリニックが21世紀まで続くことはなかったかもしれない。

メイヨー資産協会は、組織の金融資産は医学の教育と研究の促進に使われるという協定のもとで運営された。ハーウィックはこう書いている。「協会の運営は無報酬で奉仕するメンバーからなる永続可能な委員会によっておこなわれた。その規約には『協会が解散または破綻した場合、その純収入、資産、財産はいっさい、一協会員または一個人のものにしてはならない』と明記されていた」[8]。この厳格な取り決めには、メイヨー兄弟の基本的な価値観、すなわち、臨床業務の収益は医療従事者への過剰な収入ではなく患者と地域社会のために使われなければならない、という考え方がはっきり示されている。

ステップ3　理事会への移行

メイヨー・クリニックにおける「協力の科学」としての臨床医学は、1920年代にはすでに大きな発展を遂げていた。1907年にヘンリー・プラマー医師が生み出した、全ての医師と看護師が使用できる入院患者と外来患者の共通医療記録は、患者のケアにおけるパートナーシップを実現した単一の要因として何よりも重要なものだった。1914年に建設されたビルも、設計段階でプラマー医師が指揮を執ったことで、チームワークを基本とする医療に適したものとなった。一方、経営とガバナンス面は立ち遅れていたものの、財務と管理部門にハリー・ハーウィックを迎えたことが、やがてプラマー医師の臨床管理革命に匹敵するインパクトをもたらす。

ハーウィックが加わった1908年、メイヨーには12人の常勤医がいて、「診療費は自分で決め、いつでもどこでもももらえるときにもらい、何日も何週間も無頓着にポケットに入れたままにするのが習い性になっていた」[9]。診療に関わる請求額や領収額は記録していなかったに等しい。経費についても記録は取らず、医師やスタッフは必要と思うものがあればそのまま注文していた。基本的な会計処理と会計手続きを始めた当初、ハーウィックは反発を食らっている。

1920年代前半まで、メイヨー・クリニックのガバナンスはドクター・ウィルがドクター・チャーリーに相談して決めるだけという、ごく単純なものだった。だが、兄弟は自分たちもいつかは死ぬ運命にあること、このやり方ではメイヨー・クリニックは長続きしないことをよくわかっていた。臨床上の協力体制を管理面でさらに補完しなくてはならない。個人資産の大半をメイヨー資産協会に贈与することで、クリニックがもはや家族経営の診療所ではないことをはっきり示した。それはメイヨー兄弟をはるかに超える存在になったのだと。

ハリー・ハーウィックの助力を得て、メイヨー・クリニックの経営とガバナンスを担う揺るぎないモデルとしてつくり上げたのが、1920年代前半に導入した理事会制度だ。当初、理事会が担っていたのは、クリニックの管理と運営だった。だが、成熟するにつれてクリニックの指針づくりにも関わるようになった。7人の医師にハーウィックを加えたこのグループの設立にあたり、ウィリアム・J・メイヨー医師は、30年以上にわたって弟とともに続けてきたクリニック運営の独占的支配に終止符を打つ意向を示した。理事会のトップは1932年末に辞任するまでドクター・ウィルが務めていたため、当初はその制度が無意味に映り、ハーウィックによれば、組織のなかにはこの「支配者集団を嘲笑《あざわら》う者」がいたという。たしかに、しばらくは「どんな議案もメイヨー兄弟の鶴の一声で決まっていた」が、それも時とともに変わっていったとハーウィックは記している。[10]

ドクター・ウィルは先駆的な外科医として使ってきたのと同じ自制をもってその移行に臨み、経営とガバナンスに「協同の科学」――組織の全ての仲間によるパートナーシップ――を取り入れはじめた。ハーウィックによると、ドクター・ウィルはその後の数年で少しずつ他の理事に仕事を引き継がせていったという。1932年にメイヨー兄弟が正式にクリニックの運営から退いたときも、次世代のリーダーへの移行は円滑におこなわれた。とはいえ、ふたりはその後も体調に問題がなければロチェスターにいるかぎりオフィスにやってきて、求めがあれば上級顧問の役目を果たした。冬を過ごしていたアリゾナ州トゥーソンで、引退後初となるクリニックからの報告を受けた。ヘレン・クレイプサトルの本によると、チャーリーはそれを読み上げ、兄にこう言ってほほえみかけたという。「おやおや、これはがっかりだ、ウィル。連中はわれわれがいるときより、いなくなってからの方がよくやっている」[11]。支配的なリーダーだったドクター・ウィルは、まずは外科から、次に医療の仕事から、最後にクリニックの経営から、特筆に値する模範的な品位を持って事実上、身を引いていった。彼の引退の言葉にはいつも次世代のリーダーへの敬意がこめられていた。彼が残した前例はいまも、メイヨー・クリニックでのキャリアが終わりに近づいた歴代の臨床や運営のリーダーたちに手本として受け継がれている。

ステップ4　委員会を通した参加型ガバナンス

1923年から1924年にかけて、ドクター・ウィルは理事会を補完する目的で、クリニックの経営のさまざまな側面（臨床業務、教育、研究、人事、財務など）を担当する委員会を立ち上げた。ハリー・ハーウィックは、このとき自分の反対意見が押しきられたことを認めている。だが、20年ほどしてふりかえったとき、ドクター・ウィルの正しさがわかったという。委員会はゆくゆくは理事会レベルのリーダーや臨床の各部署のリーダーになる者の、研鑽の場になっていたのだ。この参加型のマネジメントシステムは、医療のマネジメントやビジネスとしての側面を医療スタッフに啓蒙する役割も果たした。

のちのリーダーたちは、管理部門であれ臨床部門であれ、メイヨー兄弟が踏み出した4つのステップそれぞれのエッセンスを継承している。グレアム医師とスティンチフィールド医師が給与のみのために働くことに同意して以来、メイヨー・クリニックの医師は全て給与制となった。法令上のパートナーシップ契約が解消され、全ての医師がメイヨー・クリニックという任意団体のメンバーとなった1923年以降は、ドクター・ウィルとドクター・チャーリーにも給与制が適用された。メイヨー資産協会はメイヨー財団へと発展し、メイヨー・クリニックの業務と資産の全てを傘下に収める組織になっている。メイヨー・クリニックの外部理事はいまも無報酬で職務を果たしている。理事会と委員会の体制は大きく改変されることもなく、時の試練に耐えて存続している——長年のあいだにいくつか調整があったにすぎない。

21世紀のリーダーシップにおけるパートナー

1908年、ドクター・ウィルとドクター・チャーリーを含む12人の医師で診療をおこなっていた〝メイヨーのクリニック〟は現在、約2500人の常勤医と3つのキャンパスを擁するまでになった。これだけの発展を遂げても、メイヨー・クリニックはグループ診療という形態を守り続けている。2007年2月にメイヨーのCAOに就任したシャーリー・ワイスによれば、この特色は組織を理解する基本になるという。ハリー・ハーウィックは、それを「医師の任意団体」にして「特定の目標と目的を持つ個人の集まり」と称した。[12] ワイスの考えでは、「いまのメイヨー・クリニックを機能させているのは、ここで働く医師たちがここを自分たちの診療所とみなしていることです」。ワイスの前任者であるロバート・スモルトは、そのイメージに間違いはないと認めつつも、メイヨーのグループ診療と他の多くのグループ診療との明確な相違は、医学研究や教育に積極的に関わっている点にあると言い添える。

1993年から2001年までCAOを務めたジョン・ヘレルは、医師と管理部門のパートナーシップについて、こう分析している。

医師によるリーダーシップは、必ずしも医師があらゆることをマネジメントするということではないが、あらゆることの方向づけに不可欠な要素である。メイヨー・クリニックの特殊性は、クリニック全体で起きる全てに医師が責任を負うという構造にある。クリニックで過ちが起きたとき、医師が責めることができるのは自分たちだけだ。その事実がメイコー・クリニックの医師の行動に好影響をもたらす。彼らがクリニックの利益を忘れずにいるのは、自分自身の利益につながっているからである。[13]

メイヨー・クリニックの医療業務は、医師たちによって、患者のみならず医師の満足につながるシステムへと形を変えてきた。医師の満足度を測る指標のひとつ、自主退職率は、3つのキャンパス全体で2・5パーセントを下回る。内科のカーク・ロディシル医師は、ミネソタ大学時代のレジデント仲間を医師となった約10年後に非公式に調査し、「調査した医師のなかでもっとも大きな満足を感じているのはメイヨーで働く医師で、それ以外の医師はほとんどが職場に不満を感じている」ことを突き止めた。それで自分もメイヨー・クリニックで働くことにしたというわけだ。

メイヨー・クリニックはつねに医師に率いられてきた。1999年に院長兼CEOを辞任したロバート・ウォラー医師が自嘲気味に語った次の言葉は、何度となく引き合いに出されている。「メイヨーには院長がひとり、副院長が1500人いる」。ウォラー医師としては、たんに高度な教育を受けた医師たちの組織を率いることへの感謝を述べたつもりだった。ロチェスター・キャンパスのCEOを2005年に退いたヒュー・スミス医師はこう説明する。「医師は医学分野外の非専門家から『ノー』と言われると、えてして良い気持ちがしないものです。管理部門の人間に言われればなおさらです」。メイヨー・クリニックでは個々の医師の希望が必ず尊重されるわけでないが、意思決定者が同僚の医師であれば、それが救いになる。医師のリーダーたちは仲間同士《ピア・トゥ・ピア》の関係を築いて、メイヨー・クリニックのグループ診療に携わる高度な教育を受けたプロの医師たちの要求や希望、不満に対処している。

リーダーシップにおけるチームワーク：医師と管理者というパートナー

ハリー・ハーウィックとウィリアム・J・メイヨー医師の関係は、今日のメイヨー・クリニックに数多く見られる経営上の人間関係のプロトタイプになっている。統括していたのは明らかにドクター・ウィルだが、ハーウィックとの関係は仲間としての敬意の上に成り立っていた。ふたりは現行の経営モデルをつくり出す過程で真剣な意見交換を重ねたのだ。

そのモデルはほぼ1世紀後の現在も、組織のほとんどのレベルで存続している。しかも、そこではクリニックの一創始者が100年前に発したチームワークにまつわる名言へのオマージュとしてではなく、財務や運営で難題に直面しても患者のニーズに集中して取り組み続けるための仕組みとして、パートナーシップが活用されている。アリゾナ・キャンパスのCAO、ジェームズ・アンダーソンは、医師と管理者の連携モデルがうまく機能する理由をこう特定している。「……医師のリーダーとしての患者第一という主張と、管理者としての財務上の責任という主張のあいだに好ましい緊張が生じ、それがクオリティの高い決定につながるのです」。理事たちは毎年事業の運営と維持に欠かせない純収入を期待する。長期にわたって使命を果たすには、全ての医師と管理者がパートナーとして、サービスの提供と財務に気を配らなくてはならない。ジョン・ハレルはこうも言っている。「医師は管理者と同じくらいクリニックの財務に心を砕き、管理者は医師と同じくらい患者のケアに気を配っている」[14]。

このモデルは全ての臨床分野に適用されているが、ここでは内科の循環器科を例にとってパートナーシップの特性を説明しよう。循環器科の部長を務める心臓内科医は、業務管理者とペアで仕事をする。何より重要なポイントは、この部長の責任範囲が循環器科の臨床業務だけでなく業務のビジョンや戦略的方向性にまでおよぶことだ。そこには、外来の診察業務、心エコーや心臓カテーテルのような臨床検査、入院患者の治療に加えて、個々の心臓内科医のキャリア開発、研究、実務、勤務評定も含まれる。

業務管理者が責任を負うのは、循環器科の診療に関する日々の業務管理だ。これには、診療や臨床検査に必要な医師以外の医療関連スタッフの監督も含まれる。管理者にはマネジャーやスーパーバイザーが直属の部下につく。通常、マネジャーやスーパーバイザーが監督するのは、受付事務にしろ、心臓カテーテル検査にしろ、自分の専門分野だ。運営管理者は、たとえば循環器科の医師から臨床に関する新たな提案があったときに、医師と鼻を突き合わせて働くこともある。管理者は、提案書の作成やプレゼンテーション、内部審査や意思決定プロセスに向けた準備に協力する。

この管理者の役割をジェームズ・アンダーソンが別の角度から説明している。

医師は個々の患者に最良のサービスを提供することに焦点を合わせ、創造力と独立性を持って行動する教育を受けています。管理者は経営理論と組織理論の概念を当てはめてグループの目標達成を促し、患者満足度や品質の向上、財務的成功を実現するシステムと手続きを提供する訓練を受けています。効果的な管理は情報の集約をもたらし、個々の患者の検査値というより、むしろ患者のグループ全体や診療科の運営に関わる数値を広い視野で捉える上で、医師の力になります。

医師のリーダーはその診療科の顔となる。管理者がそこまで目立つことはない。ロチェスターのCAO、ジェフリー・コーズモはその関係性を舞台になぞらえて説明する。「管理者の仕事は、実際に患者の手を取る者が仕事をできるようにすることです。われわれは裏方で、芝居は舞台上でおこなわれる。観客は患者とその家族です」。元業務管理者のデイヴ・レナードも口をそろえる。「管理者は複数のものをくっつける接着剤や、それらをなめらかに動かす潤滑油を供給しています」。医師の管理上の負担をできるだけ減らすことも管理者の責務だ。

医師はリーダーシップに深く幅広い臨床の知識をもたらし、管理者もそれに匹敵するマネジメントの知識とメイヨーの運営に関する知識を提供する。CAOのシャーリー・ワイスは、「管理者はパートナーシップを機能させるためにさまざまな価値基準を使わなくてはなりません。われわれならではの経験と専門知識に基づく貢献が期待されているのです」と力をこめる。医師のリーダーのひとりが、若手の主任としてプランニング演習でスタッフとやり合う必要を感じた。彼がどうしたいのか説明しようとすると、管理者からこんな答えが返ってきた。「SWOT分析が必要です」。強み（strength）、弱み（weakness）、機会（opportunity）、脅威（threat）の特定に用いるこのツールは、管理者のあいだでは基礎的な考え方だが、医学部の授業で扱われることはない。一方、すぐれた医師のリーダーが、たとえば、患者の最善の利益を損ないかねない〝効率性〟を選ぶことのないよう、管理者を指導することもある。メイヨー・クリニックの医師のリーダーと管理者はたがいに学び合う。パートナーとして協力すると単独でするより良い仕事ができるのが普通だ。メイヨー・クリニックの組織構造は、リーダー全員に相談役がつくように設計されている。

だが、そういった配置が功を奏するには、管理者と医師が責任を補完し合う同僚としてたがいに敬意を抱かなければならない。ロチェスターの内科副部長、ダグラス・ウッド医師は、自分と部長のニコラス・ラルッソ医師、業務管理者のバーバラ・スパリアーとのあいだに8年以上にわたって存在した関係性について語っている。「ラルッソ医師から『これはこうあるべきだ』と言われた場合、わたしはすぐに異議を唱えてもかまいませんでした。バーバラも同じで、そういうときはとことん議論したものです。議論をしたときの方が、はるかに良い決断を下せました。真のパートナーシップが生まれるからです。部長が副部長もそうすべきだと考えていると言い、管理者が『オーケー、そうしましょう』と言うだけだとしたら、それはパートナーシップではありません」。内科の各部門は四半期ごとの業務見直しの際には、それぞれの主任医師と管理者がラルッソ医師、ウッド医師、バーバラ・スパリアーに会って意見交換をしていた。

医師のリーダーが協力関係を築く相手は管理者だけではない。医師同士のパートナーシップも重要になる。内科部長にとっては、消化器科、内分泌科、アレルギー科といった各診療科の主任医師も大切なパートナーだ。キャンパスのCEOにとっては、臨床部門のリーダーたちがもっとも重要なパートナーとなる。また、3大委員会、すなわち、臨床診療委員会、教育委員会、研究委員会の委員長を務める医師との強固なパートナーシップもCEOにとって頼りになる。CEOと医師のリーダーたちのあいだに相互の敬意に基づくオープンな信頼関係がなければ、メイヨー・クリニックの経営モデルは効率よく機能しないだろう。

業務管理者は最高管理責任者（CAO）を長とする管理部門に雇われたのち、臨床部門をはじめとする管理業務のニーズに応じて配属され、通常5年から7年の任期を務める。したがって、たとえば、整形外科の管理者は、整形外科に雇われるのではない。管理部門の要員から割り当てられるのだ。もちろん、人材選びには整形外科のリーダーにも補助的な役割が与えられる。

医師と管理者のパートナーシップがメイヨーのために機能するのは、うまくいくようにメイヨーが差配しているからだ。医師と管理者の関係の〝妙〟は両者の相性にあるので、組み合わせには最大限の努力が払われる。新たにリーダーになった若い医師には、内部処理のコツを知るベテラン管理者がマッチすることが多い。若い管理者は通常、対立はないとされる臨床分野を最初に担当するため、メイヨーの医師たちとの仕事のやり方を教示するすぐれたメンターに出会うことも期待される。ときに組み合わせがうまくいかないこともあるが、それについてはどちらか一方が悪いと決めつけることなく、状況が分析される。両者の分離が最良の選択肢とみなされた場合は、管理者が新たな持ち場に移るが、それは多方面のスキルがある管理者の方が、どこであれ適応しやすいからだ。管理者の配置換えは不名誉なことではない。医師か管理者が別の配属先でも同じシナリオを繰り返す――傾向が示唆される――場合、医師はリーダーの地位から退き、管理者はメイヨーの内外でよりふさわしい持ち場を見つけることになる。

何より肝心なのは、医師であれ、管理者であれ、リーダーに適した人物を見つけることだ。ヒュー・スミス医師は、「メイヨーの医師の大集団にはリーダーが隠れている」と述べている。ただし、彼によると、頭角を現すリーダーの天賦の才に頼るだけでは足りないらしい。「医師のリーダーを育成することがきわめて重要なのです」。

医師のリーダーシップ――基礎は患者のケアにあり

メイヨー・クリニックで敬意を得る通貨は、臨床でのすぐれた実績だ。メイヨーの医師はリーダーの役割を担う前に、自らの専門で秀でなければならない。さらにいえば、リーダーの大半は研究者または教育者として、すばらしい学術的評価を獲得しているはずだ。メイヨー・クリニックの文化には、〝仕方なく務めるリーダー〟という要素もある。たいていの場合、リーダーは要請を受けて――クリニックのために犠牲になるよう同僚に頼まれて――その地位に就く。フロリダ州のジャクソンヴィル・キャンパスのCEO、ジョージ・バートリー医師が語るには、「わたしが知るメイヨー・クリニックの医師のリーダーのなかに、リーダーになることを目標にこの仕事をはじめた者はまずいません。わたし自身、何年間か手術をしたり論文を書いたりしていましたが、それでなんの不満もなかったし、初めて管理業務を頼まれるまで、経営のことなどまともに考えたこともありませんでした」。

リーダーを引き受ければ、必然的にそれまでに築いた臨床や学問のキャリアの一部を犠牲にすることになる。結果として喪失感を覚えたと認める医師がほとんどだ。リーダーとして高い地位に就く野心を隠さない医師は、リーダーに不適格とみなされる確率が高い。強いリーダー願望を抱く者は、組織を政治化し過ぎるからだ。CEOに就任した医師の多くは、それまでに学術部門でも教授に昇進している。キャリアのどこかの時点で臨床部門や診療科のリーダーを経験した医師もいるだろう。そして大半は複数の委員会でリーダーシップを発揮してきたはずだ。彼らにはリーダーシップのスキルに加え、コミュニケーション能力や対人能力の高さも、基本条件として求められる。

CEOに必要な資格のリストに、企業経営の正式な訓練は含まれていない。これまでのメイヨー・クリニックのCEOレベルのリーダーのなかに、経営学の学位を持つ者はひとりもいない。医師のリーダーのもっとも重要な役割は、現在の患者のニーズと未来の医療システムに関して先見性のある提唱をすることだ。加えて、医療スタッフの信頼できる耳と声になり、彼らにインスピレーションを与え、意欲を起こさせる指導者であることも求められる。メイヨー・クリニックではリーダーシップ開発プログラムで経営に関する基礎訓練が実施されているが、医師のリーダーは管理者である前に医師でなければならない。メイヨー・クリニックのCEOになっても、医師の仕事が終わるわけではない。65歳以上になって高いリーダーの地位を退いた医師の多くが、〝引退〟後の数年、パートタイムで診療を続ける。

患者や同僚とのつながりを保つために、医師のリーダーは、ごくわずかな例外を除いて、毎週ある程度の時間を診療に当て続けている。患者との信頼関係を維持するには、医師のリーダーも常勤医と協力して患者のケアに携わるのが理想だと、ヒュー・スミス医師は力説する。それに関連して、彼は電子カルテの新しい患者管理ツールの公開が理事会で承認されたときのことを話してくれた。推進チームはそのツールによって業務処理が円滑で簡便になることを理事に説明した。「そんなわけで」とスミス医師は言う。「その午後、わたしは臨床ユニットへ出向いて、それを使ってみたのです。完全にお手上げでした。訓練プログラムは技術屋が考案・設計したもので、愛想のかけらもないことは彼らにもわかっていました――設計者ですから。しかし、いつも忙しい臨床スタッフにしてみれば、またひとつ重荷が増えて、またひとつ、準備ができていないのに期待を押しつけられただけです」。こうして身をもって経験したスミス医師は、多数の医師が同じ不満を感じる前に推進チームに待ったをかけることができた。彼はこう締めくくる。「医師のリーダーにとっては妥当性と信頼性がきわめて重要です。妥当性と信頼性がなければ、無力も同然なのです」。

リーダーの任期を終えた医師はほとんどが臨床業務に戻るので、臨床スキルを最新に保つことも大切だ。たとえば、ロバート・ハトリー医師はロチェスター・キャンパスのCEOを4年務めたあと、放射線科に復帰して放射線診断の仕事をするようになった。循環器科の元主任3人は、現在、常勤の循環器専門医として働いている。全ての医師のリーダー職に〝任期制限〟があるといっていい。例外をいっさい認めないものもある。たとえば、理事会と各キャンパスの執行委員会は、4年の任期を2回までだ。部長や診療科主任の任期は通常約8年だが、10年、あるいは12年に延長されることもある。部長には、40代の半ばから後半の医師が任命されることが多いため、任期を終えたとき、引退までのあいだに働きざかりの期間がかなり残っている。ロチェスター・キャンパスのグレン・フォーブズ医師は、メイヨーにおけるリーダーの任期に関して、イングランド王ジョージ3世が繰り返し口にした言葉を引く。「もしジョージ・ワシントンが新たな植民地の大統領を務めたのち、ある日、自ら権力を放棄して普通の男の暮らしに戻るなら、彼は史上最も偉大な人物のひとりに数えられるだろう」。そしてフォーブズ医師はこう続ける。「メイヨーではどんなリーダーの地位も永久に保持することはできません。リーダーの地位に就くのは一定の期間だけで、そのあとは診療や研究、他の管理業務に戻ることになります」。

ジョージ・バートリー医師は眼科のレジデントとしてメイヨー・クリニックに3年間在籍したのち、1986年に医師として残るよう依頼された。その後、彼のキャリアは医師のリーダーの典型的なパターンをたどる。1992年、30代半ばにしてロチェスターの眼科部長に任命された。このように若くしてリーダーに抜擢されたことは、彼の名を将来性のある医師のリーダーとして眼科の外に知らしめることになった。任期中、ロチェスターの指導部は彼を20種類以上の委員会に参加させた。そうした役目を通して、バートリー医師には眼科だけでなくキャンパス全体の管理や経営における多くの重要な機能の問題や運用状況が内側から見えるようになった。だが同じく重要だったのは、ロチェスターの指導部がバートリー医師について、委員会での議論への貢献度や労働倫理、リーダーシップスキル、組織の各部門の多様な医師や管理者を相手にした対人能力などの特性を見きわめられたことだ。

2001年、バートリー医師はロチェスターのメイヨー・クリニックの理事会——新しい呼び方でいえばロチェスターの執行委員会——を構成する10人の医師の1人に選ばれた。これにより、眼科部長からは退くことになった。そして2002年、ジャクソンヴィル・キャンパスのCEOへの就任を要請された。現在も、彼のアイデンティティはほとんどが本来の職業上の目標——外科医、研究者、教育者であること——の上に成り立っている。とすれば、水曜日の朝、管理者としてのオフィスを半日離れてクリニックや手術室へ向かうバートリー医師が、同僚たちに「一週間で最高の時間が始まろうとしている」と請け合うのも、まるで驚くには当たらない。

輪番制リーダーシップというメイヨーの伝統を考えると、バートリー医師がジャクソンヴィルのCEOを引退まで務めることはまずないと思われる。おそらくメイヨーの上層における別のリーダーの地位が彼を待っているだろう。メイヨーの研究プログラムから生まれた、営利目的のバイオテクノロジー事業など、その機会は数多くある。当然、キャリアをひとまわりさせて、眼形成眼窩外科の臨床と学問というルーツに戻ったとしてもおかしくない。

管理者のリーダーシップ——基礎は運営にあり

ミネソタ州のギャリソン・キーラは皮肉をこめて、レイク・ウォビゴン〔小説『レイク・ウォビゴンの人々』など、キーラの作品の舞台となる架空の田舎町〕の「子どもたちはみんな平均以上だ」と言い張る。皮肉なしに、この台詞が当てはまるのがメイヨー・クリニックの医師たちだ。医師たちの知性、訓練、プロ意識は、リーダーシップを発揮する上で仲間同士《ピア・トゥ・ピア》の関係を築かなければならない管理者にも、高い水準を求める。管理者は新しい課題や不確かな状況を突きつけられても目標を達成できる、飲みこみの早い人間でなければならない。ともに仕事をするパートナーの医師たちのスタイル、強み、興味を柔軟に補完しなければならない。何より重要なのは、チームプレーヤーでなければならないことだ——それはチームの成功を喜べる人間、チームの成功に少なくとも自分の貢献を認められることと同じくらい大きな意義を見いだせる人間である。

トップの座に君臨するのは〝MD（医学博士）〟の肩書きがある人間だけと知りながら、なぜ管理者はメイヨーの運営に携わるのかと、不思議に思う読者がいるかもしれない。だが、シャーリー・ワイスはきっぱり言う。「管理者は大きな影響を与えることができます。たとえば、下調べをしたり、資料をまとめたり、データを使って選択肢を与えたり、同僚や医師のリーダーを導く補佐をしたりすることで。でも何より大切なのは、自分の功績を認められそうになくても、自ら望んでやることです」。

管理者も医師と同じように、最初は見習いとしてスタッフに加わる。医師の場合、3年で上級準顧問医師から顧問医師に格上げされる。昇進した医師には執行委員の承認投票権が与えられる。管理者もこれに似た昇進の道筋をたどる。重要な管理業務を最低5年こなして推薦を受けると、管理者にも承認投票権が与えられる。このような管理者は医師の仲間とみなされる。

キャリアの浅い管理者は、「メイヨーはいかにして機能しているか」を理解するため、さまざまな中心的な業務をひととおり担当することが多い。彼らは人事、財務、研究管理などの部門で働き、クリニックの文化や機能を多岐にわたって学んでいく。管理者になるには、次の3つの主要訓練または経験のルートがある。（1）大学で医療経営学修士（MHA）や経営学修士（MBA）などの訓練プログラムを修める。（2）他の診療所や病院で管理業務を経験する。（3）

メイヨー・クリニックの理学療法、臨床検査、看護管理などの分野ですぐれた管理実績をあげる。こうしたルートを経てメイヨーの管理部に入った者は、実際になんらかの臨床分野で働いた経験があるとしても、その業務に縛られることはない。それどころか、組織内の全ての臨床部門や管理部門に配属される可能性がある。それを物語るのが、マリー・ブラウンのたどってきたキャリアだ。

ブラウンは臨床検査室で13年働き、１９９３年に管理部に入った。臨床検査室での彼女のリーダーシップスキルには特筆に値するものがあり、さまざまな業務に活かされていた。管理部での最初の業務は、内科の３つの診療科の管理で、３人の医師のパートナーと同時に働くことになった。そして、１９９７年、臨床診療委員会（ＣＰＣ）の秘書に任命された。ほとんどフルタイムでの関与が求められる重要な管理業務だった。ＣＰＣは臨床スペースや設備予算のみならず、全ての診療所や病院の運営、医師、医療関連スタッフの監督を担当している。

ＣＰＣの秘書として3年の任期を務め上げたあと、ブラウンは2年間外科の管理者として働いた。その後、もうひとつの重要な委員会の秘書に任命される。キャンパスの最上層の経営グループ、ロチェスターの執行委員会の秘書だった。ブラウンは管理部の予算、事業計画、業務の監視といった責務を果たし、ＣＡＯに報告する任務も担った。そして２００３年、ロチェスターで「傑出したメイヨーの管理者」として表彰された。

2007年、ブラウンは古巣の臨床検査室に戻ったが、それは技術者としてではなかった。彼女は約2500人のスタッフを抱える臨床検査・病理学部門で、部長である医師の協力を得ながら、臨床業務の管理ディレクターを務めている。管理のリーダーシップに関するメイヨーのプログラムのおかげで、ブラウンは検査部門のリーダーの仕事を広く見わたせるようになった。外部の人間の視点で検査室を捉えることができるブラウンには、検査室の運営状態以上のことが把握できる。どうすれば検査室がキャンパス全体と連動できるかが分かる。彼女の職務上の人間関係は、ほぼメイヨー・クリニック全体の管理者や医師のリーダーにおよんでいる。

ブラウンが退職する日までこの地位にとどまることはないかもしれない。新たに部長に就任した医師が、管理に関するブラウンの斬新な発想を必要とすることは考えられる。ブラウンが新しいチャレンジをアリゾナかフロリダに求めるかもしれない。あるいは、CAOがブラウンにしか解決できない困難に直面するかもしれない。メイヨーの管理組織と文化の土台にとって何よりの利益となるのは、それらのいずれかのシナリオでブラウンが引き続きメイヨー・クリニックの経営に携わることだ。プロの管理者に新鮮な課題を与え続けるメイヨーのアプローチは、才能ある管理者を組織内に引き止める役割を果たしている。

管理のサブスペシャリスト

リーダーを務める医師のなかには、昨今の医師は以前ほどクリニックのマネジメントに直接関わらなくなったと感じる者がいる。中心的な臨床業務における医師の役割が広範にわたる重要なものであることは以前と変わらない。だが、ヘルスケアの管理と経営の課題が複雑になるにつれ、専門知識を持つ管理者に依存する傾向は少しずつ大きくなっている。

ダグラス・ウッド医師はこう考える。「40年、あるいは50年前には、独占禁止法や労働法、非営利団体の法令遵守、メディケアやメディケイドの細則といったものに悩まされることは、さほど、いや、まったくありませんでした」。専門的な複雑さのあるビジネス分野や技術インフラのマネジメントで、直接リーダーシップを発揮する医師はめったにいない。ヒュー・スミス医師が言うように、「医師のリーダーシップは患者が関わる全てで有効に機能する」。

メイヨー・クリニックでは、そうした経営や専門的な技術の各種分野に数百人の管理者が雇われているが、組織の最高レベルを別にして、その管理者たちが医師のパートナーと鼻を突き合わせて仕事をすることはほとんどない。こうした部門をきちんと機能させるには、専門家の知識が不可欠だ。多くの管理者は、たいてい大学院レベルの専門知識を持ち、情報システムや資材管理、会計、投資管理、プランニング、広報、コミュニケーション、マーケティング、設備などの部門でキャリアを全うする。だが、繰り返しになるが、そういった部門の大部分に漸進的な進歩の余地があるのは確かだ。こうした管理者にも、執行委員の承認投票権が与えられることがある。

こういったマネジメント職務への医師の関与に、医師による臨床業務のマネジメントと同等の価値があるわけではない。それでも、マーケティング委員会や投資委員会、施設委員会などの監督委員会に医師を参加させることは、ヘルスケアマネジメントの複雑さに関する医療スタッフの理解を深めることになる。

ふたつからひとつへ：診療所と病院の統合

米国には数百種類のグループ診療機関があるが、メイヨー・クリニックはそこでも一線を画している。たとえば、50人以上の医師が参加するグループは全体の3パーセントにすぎないが、メイヨーのグループは約2500人で構成される。また、ほとんどのグループは、放射線科、外科、病理学など、ひとつの専門分野の医師だけで構成されるのに対し、メイヨーのグループは、ほぼ全ての医学分野とその周辺分野のスタッフが参加するマルチな専門家集団だ。そして、メイヨー・クリニックの差別化が進むのは、医師グループが傘下の病院を運営しているからでもある。グループ診療の多くは、地域病院や大学付属の医療センターなど、医師が運営に関与していない病院でおこなわれている。そういった病院にはそれぞれ理事会があり、病院管理者に託される責任はその病院を使用する医師グループと必ずしも一致しない。病院はいくつかの医師グループに左右されがちになり、さらにそのグループ同士が争い合うこともある。こうした状況で管理者と医師が優位を求めて競い合い、緊張状態が生まれる。ジョン・ハレルの著書によると、「彼らは敵対しているように見えるし、双方の利益が一致することはめったにない」[15]。

だが、メイヨーでは、外来患者用の診療所と入院患者用のサービスが、予算、患者サービス、臨床スタッフ、および管理部門のリーダーシップによって統合されている。このように集約することで、本章の冒頭に登場したジョナサン・カートライトを魅了する、使命と奉仕と成果のまれにみる一致が生み出される。

ロチェスターのセント・メアリーズ病院は、ほぼ1世紀にわたってフランシスコ会のシスターによって運営されていたが、開院当初からメイヨーの医師のニーズと分かちがたく結びついていた。セント・メアリーズ病院とメイヨー・クリニックの協力関係には、別々の施設とは思えない緊密さがあった。たとえば、メイヨーの父親と息子たちは1880年代に米国各地を視察して近代的な病院設計の粋を見きわめ、シスターたちは親子が考案した仕様どおりに病院を建設した。医師がニーズを表明して、病院が最新の設備で応えるというこのサイクルは、何年ものあいだ続くことになった。

たとえば、1950年代に脳神経外科の看護師長を務めていたシスター・アマデウス・クラインは、こんな難題に直面した。6、7人いる外科医の大半から、手術を終えたばかりの「彼らの患者」を経過観察が容易におこなえるよう看護ステーションの隣室に入れるよう要請されたのだ。もちろん、無理な相談だ。患者を継続的に観察できるよう個人契約の看護師に頼まざるをえなかった。やがてシスター・クラインは外科医の協力を得て、もっと良い解決法を考案する――全ての患者が看護ステーションから見える設備だ。費用のかかる大がかりな改装になったが、結果として、それは米国初の集中治療室となった。キャリアの大半をセント・メアリーズ病院に捧げた元管理者、ジェーン・カンピオンが言うには、「いまは世の中の誰もが利益の分け前にあずかろうと必死でもがいています……セント・メアリーズには利益の分け前のために頑張る者はひとりもいませんでした。誰もが共通の理想のために努力していました。わたしたちは患者のケアをおこなう建物をつくって、それを運用することになりました。なんというすばらしいパートナーシップでしょう」。1986年、フランシスコ会のシスターたちは、セント・メアリーズ病院の所有権と運営権をメイヨー・クリニックに委譲する書類に署名した。

現在、メイヨー・クリニックは4つの病院を運営している。セント・メアリーズ病院に続き、1950年代半ばからはロチェスター・メソジスト病院の運営も始めた。それは、メイヨー・クリニックの医師だけが患者のケアをおこなうクローズドスタッフ・ホスピタルだ。ロチェスター・メソジスト病院の所有権と運営権は1986年にメイヨー・クリニックに委譲された。メイヨー・クリニックは、アリゾナ州フェニックスとフロリダ州ジャクソンヴィルにも病院を建設した。それぞれ1998年と2008年のことだ。これら4病院では、多くの病院に見られる〝病院管理〟の伝統は踏襲されていない。運営業務の大部分は、各キャンパスの臨床診療委員会の分科会である、医師主導の病院診療委員会を通しておこなわれている。委員会では、医師のリーダー、看護部長、指名された病院の管理者が主要メンバーとして三位一体となり、病院内の日々の業務に関する意志決定を下している。

しかし、メイヨー・クリニックの事業の運営全般に、病院の壁はほとんど見えない。たとえば、看護部長は、病院と外来の診療所を問わず全看護師の責任者だ。また、3つの各キャンパスにある臨床検査室、放射線診断部、保安部、清掃部、営繕部といった関連部門の大半も、病院と診療所両方のニーズに対応できるよう業務が統合されている。

病院とクリニックの運営上の統合は、個々の患者のニーズに焦点を合わせやすくする。予算が深くからみ合うため、病院であれクリニックであれ財政上の検討事項はたいてい議論の対象となる。だが、運営の統合による最大の利点は、医師と病院の管理者の利害が一致し、両者のあいだに緊張が見られなくなることだ。同じ組織で働き、同じ当座預金口座から給与が支払われる以上、一方にとって良いことは他方にとっても良いことなのである。

委員会が築く文化とコンセンサス

委員会はメイヨー・クリニックの経営とガバナンスに不可欠な特性だ。組織の全ての要素のなかでもっとも論議を醸す存在かもしれない。数字ひとつとっても信じがたいものがある。最大80もの委員会が各キャンパスの問題に対処しているのだ。キャンパス全体の委員会に加え、部門や診療科の内部委員会もある。委員会を基本とする取り組み方のせいで、メイヨーの経営モデルには保存のきかない貴重なリソース――医師の時間――が何千時間も使われている。

組織の管理業務の大半は委員会か特別部会が遂行する。マリー・ブラウンの職務経歴書には、臨床検査および病理学の分野での13年間に携わった18種類の委員会が明記されている。服装と礼儀委員会、院内感染防止委員会、部門内図書委員会など、多岐にわたるものだ。管理に参加するようになった1993年以来、ブラウンがメンバーに名を連ねた委員会は60を下らない。その多くは部門や分科の重要な詳細案件を扱う委員会だ。

メイヨー・クリニックでは、重要な案件が同僚の意見を聞かずに1人または2人で決められることはまずない。ヒュー・スミス医師は、ウィンストン・チャーチルの「民主主義は、これまでに試された他の全ての形態を別にすれば、最悪の政治形態である」という言葉をもじって、委員会に関する持論をこう表現する。「ヘルスケアの経営とガバナンスをおこなう上で、委員会は、これまでに試された他の全てのシステムを別にすれば、最悪のシステムである」。スミス医師は、委員会を通すと意思決定に時間がかかるかもしれないが、ひとたび決定が下されれば、組織としてのコンセンサスに達しているので、実施は速やかだと主張する。

メイヨーの現CEO、デニス・コーティーズ医師によると、トップダウン式の意思決定は以前ほど頻繁でなくなったという。「わたしはここで37年働いています。組織が大きくなるにつれてトップダウンが減り、水平になってきました。1920年代には誰かが何かをしたいと思っても、メイヨー兄弟がそう思わなければ始まらなかったに違いありません」。そしてコーティーズ医師はこう続ける。「同意を得たり決定にたどりついたりするのが少しずつ難しくなってきていますし、それは純粋にメイヨーの規模に関係があると考えています」。メイヨー・クリニックを横断的に評価すると、委員会がその大部分を占めている。

ときに煩雑なメイヨーの委員会制度だが、2001年から2007年までのメイヨー・クリニックCAO、ロバート・スモルトの考えでは、医師や教授、技術者、弁護士など、リーダー陣と同等の学歴を持つ専門家を主な労働力とする組織の参加型マネジメントおよびガバナンス形式として、委員会はうまく機能している。仲間との関係を維持するリーダーは敬意を払われるが、恐れられることはない。専門家は論理的に納得できる根拠がなければ、たとえ上からの命令でもまず従わない。結局のところ、彼らは「なぜ？」と問う訓練を受けてきた人間なのだ。

　メイヨー・クリニックの委員会制度は、意思決定が下される前にコンセンサスを得るための場を常勤医に提供している。たとえば1990年代、ロチェスターのメイヨー・クリニックでは、地域での存在感の強化と紹介ネットワークの充実を目的として地域の医師や病院との関係を深めることにした。最初の試みとして1992年の前半にふたつの買収がおこなわれた。短期間の省察と分析ののち、地域戦略委員会と理事会でネットワークの運用モデルとその経営戦略が承認された。ひとたび承認されると、委員会はきわめて速やかに、その名もメイヨー・ヘルス・システム（MHS）を立ち上げる。1999年には、500人近い医師がMHSに雇用され、55のコミュニティで患者に医療サービスを提供するようになった[16]。この事業は拡大を続け、現在、800人以上の医師が雇用され、16の病院がシステムの一部を担い、年間15億ドルを超える収益を生み出している。

　委員会制度が最悪の様相を呈するのは、同じ議案が何度も提出されるときだ。近年、そのプロセスが何カ月も続くこともあった。それでも、リーダーのなかには、委員会制度で提案が承認されずにいるのは、その提案に改善の余地があるということだと考える者もいる。だが、委員会の文化が〝礼儀正し過ぎる〟せいで、そのアイデアには承認されるだけのメリットがないと切り捨てられずにいる可能性もある。委員会制度が間接的であいまいな回答を繰り返すことは、組織や提案者のためにならない。

委員会の最大の長所は、提案された活動を検討する過程で、それが組織の他の部分に与える影響――多くは予期せぬ影響――を特定することだ。提案が〝よその部門の逆鱗にふれるたぐいのものなら、委員を務める医師から問題点が指摘されるだろう。通常、当該の2グループが妥協案を見つけなければ、提案は承認されないと委員会は主張する。

メイヨー・クリニックの管理部門で35年あまりのキャリアを持つロバート・スモルトは、委員会が「機能するのは、各委員がメイヨー・クリニックのために力を尽くし、良い結果を出すことに専心しているから」だと言う。委員会は多様な部門から選ばれたメンバーで構成され、討議中にはメンバーがそれぞれの専門分野で生じうる問題を見つけることが期待される。だが、投票の際は、〝メイヨー・クリニックの人間として振る舞う〟ことが求められる。結果として、委員会で醸成されたパートナーシップは、公共の利益につながる意思決定に至ることが多い。

ガバナンスを集約する

２００６年、メイヨー・クリニックは、タイムリーな意思決定を促すために、ガバナンスの大幅な変更に着手した。ジャクソンヴィルとスコッツデールに診療所を開いてから約20年、メイヨーは3つの理事会によって運営されてきた。こうした理事会にはガバナンスと運営管理双方の権限が与えられていた。各キャンパスの理事会の上に、評議員会のメンバーを兼ねたメイヨー・クリニックのリーダーで構成される執行委員会があった。3つのキャンパスのCEOは全員、執行委員会のメンバーでもあった。この仕組みには明らかに無駄が多過ぎた。たとえば、広報部門がメイヨー・クリニックのウェブサイトを大幅に改変するときは、まず執行委員会に改変案を示した。ところが、それだけで承認は得られない。各キャンパスの業務に関するインターネット上の記述に責任を負う3つの理事会を〝巡回興行〟する必要があった。

だが２００６年、執行委員会がメイヨーの全業務のガバナンスに関わる決定権を持つただひとつの理事会になった。3つのキャンパスの理事会は、各キャンパスの経営と業務監督を担うことになった。現在、メイヨー・クリニックのウェブサイトに関する決定は、1度だけ理事会でプレゼンテーションをして承認を得れば、実行に移すことができる。だが、各キャンパスの医師のリーダーとコミュニケーションをとることは、いまも政治的な目的にかなっており、そうしておけば、ウェブサイトに業務の大きな改変が紹介されてリーダーが驚くことはない。

重大な決定の最終的な責任は、メイヨー・クリニックの評議員会にある。評議員会は17人の外部理事と14人の内部理事で構成され、内部理事の大半は理事会のメンバーでもある。元米国最高裁判所判事で、メイヨー・クリニックの名誉理事だった故ウォーレン・バーガーの簡潔な表現を借りれば、メイヨー・クリニックは「公共目的のための民間財団」[17]であり、その公共の目的を外部理事は守らなければならない。外部理事は、CEOの選出と監督をおこない、メイヨーの運営の財務上の整合性と安全性を確保し、メイヨー・クリニックのリーダーシップが非営利民間組織として公共の目的を達成できるよう支援する。メイヨー・クリニックの名誉理事長、バート・ゲッツによると、メイヨーの外部理事は彼が関わってきた多くの非営利団体や企業の理事たちと違い、責任を持って任務を果たしているという。「会合の出席率はいつもほぼ100パーセント」で、ゲッツが進んで語るには、メイヨー・クリニックの使命、長い成功の歴史、リーダーの質の高さが、理事たちにクリニックのために尽力する気を引き起こしているとのことだ。「メイヨー・クリニックのリーダーたちのような無私無欲や献身は見たことがない」とゲッツは結んでいる。

給与の文化的な役割

メイヨー・クリニックの給与システムは、このユニークな組織をつくった文化と価値観に深く根ざしている。メイヨー兄弟は全ての職員に公正に、しかも気前よく――浪費にはならない程度に――報酬を支払うことを誓っていた。1936年にドクター・ウィリアム・メイヨーの指導を受けた元医師のヒュー・バットは、なぜドクター・ウィルは兄弟でつくった実務モデルに医師の給与制が不可欠だと考えたのか、その理由をこうふりかえっている。「ドクター・ウィルは言っていました……『いいかね、医師たちは何も心配しなくていい。誰を診るにしろ、何時間診るにしろ、どんな病気を診るにしろ、やるべきなのは、目の前の患者のために最善を尽くすことだけだ』」。それから数世代後のメイヨー・クリニックを動かす唯一のインセンティブは、患者の最善の利益だ。メイヨー・クリニックでは、医師や管理者を含め、全職員の報酬は固定給が基本となっている。

患者のなかには、メイヨー・クリニックの医師は検査や治療を勧めても金銭的利益はないと知って安心する人もいる。また、メイヨーの医師から、同じ診療科の他の医師を独自の知識があるとの理由で紹介された経験を持つ患者も少なくない。たとえば、クリニックの職員の弟が副腎に大きな腫瘍があると診断されてカンザスからやってきたことがある。最初に診察した泌尿器科医は、CTスキャンの画像を見て、「これは難しい手術になります。このような腫瘍に関しては、わたしよりも経験豊かな同僚がいます」と言った。患者のニーズは聞き入れられ、ふたりの医師の給与も変わらなかった。メイヨー・クリニックの元CEO、ロバート・ウォラー医師は、医師の給与制を、業務の焦点を患者のニーズに合わせるための「メイヨー文化の重要な原則」とみなしている。

メイヨーで支払われる給与は全て、民間のリサーチ会社の給与調査を参考に設定されている。医師の給与は、大学病院と一般病院双方の医師のデータをもとに決められる。給与管理の監督は、外部理事のみで構成される評議員会の重要な役割だ。メイヨーの医師にはおおむね、業界の水準並みの給与が支払われている。

メイヨー・クリニックの内科医と外科医の給与方針は、同じサービスを提供する医師のグループ内では同額の給与を支払うことで、パートナーシップの促進にも役立っている。誤解のないように言っておくと、一般外科医と内科医の給与は同じではない。彼らのメイヨーでの給与には、業界の給与水準の違いが反映されている。同様に、循環器科で侵襲性治療をおこなう医師とおこなわない医師の給与も、それぞれの業界水準をもとに支給される。新たに採用された医師の給与は、メイヨーの方針に従って5年後に最大となるよう、毎年昇給していく。その結果、メイヨーでは、勤続5年目の32歳の内分泌科医は、勤続32年になる62歳の内分泌科医と同額の給与を受け取る。ただし、勤続年数の長い医師に比べて休暇は少ない。メイヨー・クリニックの医師には、講師にはじまり助教授、准教授、教授に至る学問的な職階が与えられる。上位になるにつれ、大きな尊敬を集めるようになるが、医師としての給与水準は変わらない。

メイヨー・クリニックの文化は、多くの面で生産性を自己制御している。メイヨーはアメリカの職場管理を専門とする社会評論家、アルフィ・コーンの視点を裏づけている。「卓越することが目標なら、つくりもののインセンティブが本物のモチベーションにかなうことはない。すぐれた仕事をする人間にとって報酬は喜びになり、その報酬が良ければ喜びはさらに大きなものになる。それでも、彼らは給料をもらうために働くのではない。彼らが働くのは仕事を愛しているからだ」[18]。実際、ジョージ・バートリー医師が思い出すのは、彼のメンター、上司、同僚だったリチャード・ブルベイカー医師から受け取った退職の挨拶状だ。「ドクター・ブルベイカーは、自分は働いたことが一日としてないと書いていました。病院内のオフィス、診察室、手術室、研究室に出かけて働くことを楽しんでいました。だからこそ、メイヨーでの30年をリクリエーションとみなし、自分の人生には一日として働いた日がないと言ったのです」。

メイヨーの医師の多くは、授業や医学研修だけでなく、スポーツ、音楽、ディベート、社会奉仕活動など、人生で経験するたいていのことでトップクラスの実績を収めてきた。生産性は臨床と学問の両分野で評価され、定期的な勤務評定基準のひとつになっている。臨床、教育、研究の三分野全てに秀でた昔ながらの医師は、時間的な制約のためにどんどん減っているが、メイヨー・クリニックの医師は、臨床ケアの他に、研究、教育、サービス・管理のなかの少なくともひとつの分野にすぐれているものと期待される。いまも昔も、メイヨー・クリニックの価値観と使命を受け入れている医師を、金銭的なインセンティブで発奮させるにはおよばない。

バートリー医師は、近年、グループを編成し、給与システムを徹底的に分析した。そして、生産性に基づく給与システムは、医師の生産性の大幅な向上を約束するものでないばかりか、クリニックの文化に修復不能なダメージを残す可能性があるとの結論に達した。バートリー医師によると、この文化にはフランシス・フクヤマが解説した組織の一例が反映されているという。「組織の第一の目的が経済的なものでない場合、個々のメンバーは、狭量な私欲をあっさり忘れて、組織の目的を自分の目的と同一視するようになる」[19]。バートリー医師は、高い生産性を維持したければ、マネジメントの主な目標に「統一感と信頼に満ちた環境の醸成」を据えるといいと結んでいる。

医師が診療科や部門のリーダーになると、責任が追加されることの認証として給与が増額される。増加率は5パーセントから10パーセントと些少ではあるが、増加分は退職までその医師のもとにとどまる。生涯にわたって支払われる医師年金の給付額は増額後の給与をもとに算出されるため、差額には大きな影響力がある。リーダーは普通8年から10年で交代になるだけに、これは重要だ。40代や50代前半でリーダーになる医師は珍しくないが、この給与方針があれば、リーダーの地位からはずれても経済的な〝ペナルティ〟から守られることになる。

ヒュー・スミス医師の調査によれば、ほとんどの学術機関の給与はリーダーを辞めると減額になる。「そのため、金銭的な利己心がある者は、権威の地位にとどまろうとする。気をつけていないと長老支配になる……それを健全と言うわけにはいきません！」。メイヨー・クリニックの給与方針には、継続的なリーダーシップの刷新というクリニックの姿勢が示されている。給与方針はふたつの主要な価値観——患者第一主義とチームワーク——を補完するようにつくられている。職員がメイヨー・クリニックを離れる決意をしたとしても、その理由に給与への不満が含まれることはほとんどない。

星々ではなく星座に

メイヨーのスター医師について尋ねると、あるキャンパスの元CEOはこう答えた。「メイヨーには、思うにほぼ全員がスターだという意味で星座があります。とはいえ、北斗七星も北極星もありません。ひどくまぶしくて、他の者を闇にひそませるような星はありません。スターがいないというのは、みんながひとつかふたつの星を拝める恒星系はないということです」。

メイヨー・クリニックのリーダーの誰かにスター医師について尋ねれば、すばらしいキャリアを積み、国内外の専門機関で指導者的な立場にある医師のリストを手に入れることができる。他にも、大手医学雑誌の編集人や臨床分野の新人スタッフが研修に使うテキストの執筆者の名前が挙がるかもしれない。新しい治療法の開発者や画期的な新薬の研究に携わる研究責任者もいるだろう。メイヨーで研修をする学生やレジデンスに影響を与えるだけでなく、医療教育を認める組織への貢献で知られる著名な教育者もいるだろう。こうした優秀な人物を名指ししたあとで、メイヨーのリーダーは言う。「しかし、そのなかにスター扱いされる者はひとりもいないし、当人もそんなことは期待していません」。

ロバート・スモルトは、1970年代後半に整形外科の管理者を務めた経験からメイヨー・クリニックの謙虚なスターのひとりを次のように回想する。

マーク・コヴェントリー医師は、アメリカに関節全置換術をもたらしたリーダーのひとりで、スターだった。国際的にも真のスターだった。にもかかわらず、クリニックでは同僚と同じルールでプレーしていた。メイヨーには整形外科のクリニックがあり、外科医が診察にあたっていた。さほど興味深いとはいえない症状でも、患者には診てもらう必要があった。コヴェントリー医師は他の医師と同じように診察の輪番に加わっていた。わたしには、メイヨーのスターたちが、スター医師によるケアよりチームによるケアの方が患者のためになると感じて、患者を中心に据えたケアというメイヨーのシステムに自分を適合させているのが分かった。

傑出したメイヨーの医師には他の医療機関からしばしば誘いがかかるが、そのほとんどがメイヨーに残る。メイヨー・クリニックのケアモデルでチーム医療を実践したいからだ。遠い昔には、たとえば、手術室を自分たちが使いやすいように整えてほしいといった要望を押し通す医師が何人かいたが、いまはそのようなことは起こらない。その手の要望は、委員会を通さなければならない。委員会は他の医師たちがメンバーを務める。そして、手術室がクリニックの全ての外科医のものであることに責任を持つ。星々の連なりを持つメイヨー・クリニックが全ての医師のニーズに応えるには、総合的なシステムに頼らざるをえないのだ。

ロバート・スモルトは、コヴェントリー医師の引退を知ったとき、それが構造の危機に思えたという。当時、コヴェントリーは整形外科部門でもっとも著名な外科医で、その国際的な評判がメイヨーに多くの患者をもたらしていた。スモルト医師は、管理者として、コヴェントリー医師の離職が整形外科部門とその業務に壊滅的な影響を与えると予測した。ところが、彼の引退が「さざ波を立てることはなかった」とスモルト医師は記している。メイヨーのチームの「豊富な人材」には、名のある医師の引退や休暇が、患者のケアや「顧客満足体験」に最小限の影響しか与えないほどの力がある。同じことは、管理者がクリニックを離れた場合にも当てはまる。

経営者のためのレッスン

メイヨー・クリニックでは、経営者のパートナーシップが臨床ケアのチームワークに比べて遅れていたが、メイヨー兄弟とハリー・ハーウィックが開発したモデルには永続性があることが証明されている。この長命は、メイヨーのマネジメントモデルが研究にふさわしい実例になることを物語るものだ。だからといって、他のサービス組織もメイヨー・クリニックの経営とガバナンスの構造を取り入れた方がいいということにはならない。だが、メイヨー・クリニックのパートナーシップに基づくリーダーシップモデルには、学ぶべきことが数多く存在する。

レッスン1　成功のための連携

ジョン・ヘレルはメイヨー・クリニックにおけるマネジメントの分担構造がうまく機能する理由を、こう説明する。「医師はクリニックの財政が確実にうまくいくことに管理者並みの関心を持ち、管理者は患者が確実にケアされることに医師並みの関心を持っている」。これはとてもシンプルで分かりやすいので、こうすれば全てのヘルスケアがうまくいくように思えるかもしれない。だが当然ながら、そうはいかない。病院内で競合する医師のグループは、ときに激しくやり合う。医師のなかには、地域の病院の力になるというよりお金を手に入れるために、自ら単科病院や外来患者向けのサービスを始める者もいる。それとは対照的に、メイヨー・クリニックでは一連のケアの全ての要素がひとつの組織に統合されている。その有機体のあらゆる細胞が健康であるためには、有機体の活力を維持する他の細胞が健康でなければならない。

他の組織は注目したほうがいい。メイヨー・クリニックは、3つのキャンパスの4万2000人を超える職員がきわめて高度な連携を築いている。それも、おそらく経済活動のなかでもっとも複雑で管理が難しい事業での話だ。メイヨーの職員は高度な教育を受けているが、それは必ずしも連携の達成を容易にするものではない。

メイヨー・クリニックの成功は、患者のニーズに応えるという人道的な考え方の上に成り立っている。思いやりのある雇用主から十分な報酬を受け取る全てのレベルの職員は、金銭的な利益よりも一段高い価値をめざすことができる。配管工は、医療スタッフが患者のケアをおこなえるよう水道システムのメンテナンスをする。清掃員は、患者に喜んでもらえるよう部屋をきれいにする。複数の病院で6年間の一般外科研修を受けたのち、メイヨー・クリニックで2年間の特別研修を受けはじめて1年半になる外科の専門研修医は、「メイヨーの医師用休憩室でお金の話は聞いたことがない」と言う。これこそが、彼が知る他の病院との大きな違いだ。

レッスン2　寛大さは寛大さを生む

ドクター・ウィリアムとドクター・チャールズのメイヨー兄弟は、自分たちの名を冠したクリニックが自分たちの死後も存続できるよう、個人資産の大半を寄贈して無私無欲の模範を示した。虚栄心を満たすための行動ではない。彼らは医療で手に入れた収入のうち、自分たちとパートナーの経済的な安定に必要なぶんを確保したら、残りはより良い医療という形で市民に還元されるべきという信念に従って生きていた。

資産が激しく増減する企業のCEOの評判、給与、ストックオプションがハイパーインフレーションの様相を呈する時代にあって、メイヨー・クリニックの物語は直観的に理解できるものではないかもしれない。だが、クリニックは長い不況やインフレ、戦争と平和の時代、米国の人口動態の変化、医療技術の驚異的な革新をくぐり抜けて着実に成功を続けてきた。そして、〝患者のニーズが第一〟という核となる価値観を補完してきたのが、文化、自発的な努力、協調、包括性を育むマネジメントやガバナンスの構造だ。リーダーたちは絶えず新しい課題に取り組むことでリフレッシュしながら、さらに大きなアイデアの実現に尽力している。

ドクター・ウィルとドクター・チャーリーは、生涯、世の人々から〝偉大な〟スターとみなされていたが、自分たちについて大衆紙が書くことは信じようとしなかった。自分たちが生きているあいだもメイヨー・クリニックが「われわれ兄弟」だけのものではないこと、医師、看護師、技術者、管理者、その他さまざまな職種の数十人、後年には数百人の同僚が、患者のニーズに全力で応えるパートナーとしてメイヨー・クリニックの創設と維持に取り組んできたことを承知していた。メイヨー・クリニックの成功の理由は、慈愛に満ちた雇用主が職員のあいだに寛容さや利他の精神を育んだことにある。個人として認められ、財を成し、脚光を浴びたい者が成功するのは、どこか他の場所だ。

レッスン3　参加はコミットメントを促進する

メイヨー・クリニックでの経営上の決定は、そのほとんどが個人ではなくグループによっておこなわれる。メイヨー・クリニックのCEOは、理事会の決定を伝える広報官だ。同じことは各キャンパスのCEOや各部門の業務を率いるリーダーにもいえる。同僚のコンセンサスを得る前に公式発表がおこなわれることは、仮にあるとしても、まれなことだ。プロダクションスタッフ――患者と接点のある医師などのサービス提供者――から理性と感情の両面で幅広い支持が得られなければ、真に人道的な医療サービスを確実に届けることはできない。当然ながら、それは全てのサービス組織に言えることだ。

メイヨー・クリニックのコンセンサスを得る意思決定プロセスの核には、良好なコミュニケーションがある。委員会の決定ののち、十分な知識を持つ10人から20人の委員が、不安や誤解が組織に広がる前に同僚と話をする機会をつくる。たいていの場合、その段階で不安や誤解は解消される。そういったコンセンサスを得るプロセスは、集中して仕事に取り組める作業環境づくりの助けになる。メイヨー・クリニックの上層部の決定に対する信頼は、仕事を恐れる職員がいないこと、恣意的な決定が事実上見られないこと、政治的な陰謀が最小限に抑えられていることの表れでもある。そして、メイヨーの作業環境は、個々の患者に合わせてカスタマイズされた、正確で安全性の高い、信頼のおける医療サービスの提供を促進している。

レッスン4　リーダーの層を厚くする

1932年のメイヨー兄弟の引退後、クリニックの将来が誰かの健康状態や生命に依存する状態に陥ったことは一日としてない。コンセンサスと委員会による経営とガバナンスが、70年以上にわたって組織を支える後継者を生み出してきたからだ。メイヨー・クリニックは数百人の聡明な医師と管理者を経営とガバナンスのプロセスに参加させることで、組織の価値観を信じ、それを実践する次世代のリーダーをつぎつぎに育ててきた。ほとんどの指導的地位には任期があり、臨床部門や診療科のリーダーや理事会や執行委員会のメンバー、さらにはキャンパスのCEOも、任期が終われば例外なく交代となる。メイヨー・クリニックの管理の文化は、従業員に昇進や異動の機会を頻繁に提供する。それは、個人のレベルでも新鮮味に満ちたチャレンジを与えることになっている。

まとめ

メイヨー・クリニックの創設者は、組織に継続的に機能するリーダーシップモデルをつくり出した。クリニックは1世紀以上にわたって、成功という高い尾根道を進路に選んできた。山道を歩くのと同じで、社会、財政、技術のサイクルのなかで生き延びる企業の道のりには起伏がある。合意に基づく経営とガバナンスに加え、リーダーシップに交代制を導入して再活性化を図るメイヨーのモデルは、道々頭をもたげてくる難題を克服できる人材やアイデアを見いだしてきた。マネジメントにおける協力と協調は、メイヨー・クリニックの評判とブランドを構築し、それを維持し、人道的で細やかな、個人を主体とする医療に適した内部環境を創造している。

これとは異なるモデルで成功を収めた組織もあるが、とくにサービスを提供する企業は、それぞれの課題に取り組むにあたって、メイヨー・クリニックの経営モデルが助けになることだろう。

第6章

価値観と才能で雇う

1978年にわたしが南アフリカからアメリカにやってきたのは、南部にある有名な大学付属の医療センターの仕事のオファーを受けたからです。アメリカに滞在した3週間、わたしは他の大学病院の職も検討していました。いくつかオファーを受けましたが、わたしは医師の友人にメイヨー・クリニックを見ておきたいと話しました。メイヨーは南アフリカでも大変よく知られているのです。すると友人は言いました。「それなら問題ない。メイコーの循環器科長のボブ・ブランデンバーグとは知り合いだから」。そのボブからとても感じのよい手紙が届き、そこにはこう書いてありました。「わたしは循環器科長を退いたばかりなので、この手紙を後任のロバート・フライ医師に渡しておきます」。

わたしが例の南部の医療センターにほぼ行きかけていたのは、ひとつにはノーベル賞受賞者も含めた研究に携わる教授陣が素晴らしかったからです。しかし、皮肉にもそれが懸念材料となり、わたしは承諾を躊躇していました。自分の目的が臨床医学に絞られていないと強く感じたのです。それどころか、リーダーのひとりはわたしにこう言いました。「ここはNIH［国立衛生研究所］の助成金で成り立っている。それはいわば法定通貨だ。われわれは潤沢な資金を与えられ、南部きっての研究センターになろうとしている。いずれは南部のハーヴァード大学になるだろう」。でもわたしはどちらもやりたいと思っていました。医学研究も臨床医学も。

当時はいくつかポストを打診されていました。南アフリカ出身でローズ奨学生だったわたしは、オックスフォード大学で博士号を取得し、少なからぬ論文を書いていたのです。そこで、フライ医師から好意的な手紙を受け取ったあと、メイヨーを訪れてみました。そしてその日のうちにフライ医師にこう告げたのです。「仕事をオファーしていただけるならお引き受けします」（雪が降って足もとがぬかるんだ3月のみじめな日だというのに、そう言ったのです。しかもわたしがケープタウンを発ったとき現地は夏の終わりでした）。メイヨー・クリニックが他の施設と違う点としてすぐに思いつくのは、メイヨーの人々、彼らの仲間意識、すばらしい設備・施設、そしてすぐれた臨床内容が約束されていて、研究の機会にも恵まれているところです。つまりわたしは職員としてコア・バリューの多くに惹かれたわけです。また、人々の仕事の取り組み方が気に入り、落ち着いて、てきぱきこなす姿に感心しました。けれども、とりわけ心を打たれたのは、ここがわたしにとって大きな学問的可能性を秘めた場所だったということです。自分の研究分野に合っているだけでなく、臨床医学と臨床教育にも重点を置いていました。わたしはこれら3つ全てをやりたかったのです。

メイヨー・クリニックは、メイヨー・クリニックであるというだけで、人材市場でもっとも高い競争力を発揮する。現在、医学部教授のバーナード・ガーシュ医師は、1978年に初めて米国を訪れたとき、医師、教育者、さらに研究者としてメイヨー・クリニックが自分の価値観、技能、関心にいちばん合っていることに気づいた。彼は1998年にも同じ結論に達する。メイヨー・クリニックを去って別の大学医療センターで7年間循環器科長を務めたのち、新たな職を探していたときのことだ。今度も選択肢はたくさんあり、今度もメイコー・クリニックを選んだ。だが、本人の弁によれば、「簡単な決断ではありませんでした」。戻ると決めたのは、20年前とは違う理由からだった。今回心を打たれたのは、「至るところで医学研究に対する不安が渦巻いていた時期に、メイヨーが力強く進んでいて安定していた」ことだ。「メイヨーの安定した成功に心から惹きつけられました。もうひとつ感銘を受けたのは、ここの人たちが幸せそうだったことです。戻って1年後にこう思ったのをおぼえています。『戻ってきてほんとうによかった。いまはとても充実している』と」。

ガーシュ医師は、メイヨー・クリニックに二度惹かれたのは、ひとつにはそこの人々が理由だと気づいていた。ここでいう人々とは、医師や科学者といった同僚だけでなく、協調して働ける環境を生み出している職員も指す。メイヨー・クリニックの名誉CAO（最高管理責任者）ロバート・C・ローズラーは『原則と人間――メイヨーの重要な要素（*Principles and People: Key Elements of Mayo*）』と題した回顧録に次のように記している。「クリニックの精神は「人々を通してのみ存続できるのであり、このメイヨーの人間こそが……メイヨーの成功を形づくるもっとも基本的な要素なのです[1]」。労働集約型のサービス組織の本質は、そこで働く人々が商品であるということだ。著者のひとり、レナード・ベリーの『すばらしいサービスとは（*On Great Service*）』にはこんな一節がある。

サービスはパフォーマンスで、人々はパフォーマーである。顧客からすればサービスを提供する人が会社なのだ……銀行の窓口係がいい加減ならそこはいい加減な銀行で、ウェイターが横柄ならそこは横柄なレストランである。サービス企業に必要なのは、顧客の前で会社の旗を掲げるのにふさわしい人物だ……顧客市場のシェア争いと同じくらい懸命に人材市場のシェアを求めて競わなくてはならない。[2]

旗を掲げるのにふさわしい人物を確保することは、当然、大きな期待を抱いた顧客、つまり患者が訪れる医療機関にも当てはまる。医療サービスはきわめて個人的で、プライバシーに踏みこむことが多い。医療サービスは主に、医師や看護師や技師など権限を持つ人々が、ひどく無防備な状態にある患者に対して施すもので、患者は診察台や病院のベッドに横たわり、個性を奪って外見から分かる社会的地位を覆い隠す、慎みのない「衣服」を着ている。しかも患者は、痛みを抱え、怖がり、捨てばちになっていることが少なくない。こうしたきわめて厄介な、顧客に接する仕事にふさわしい職員を見つけて確保しておくことが、とりわけ重要だ。「幸い、わたしたちはメイヨーの価値観と原則の実現に全力で取り組み、この事業の使命を果たす志のある人々を引きつけることができています」とメイヨー・クリニック・ロチェスターのCEO、グレン・フォーブズ医師は語る。

ガーシュ医師の話のテーマは、メイヨー・クリニックの3つのキャンパスでマネジャーや現場の職員が語る採用に携わったときや採用されたときの体験談に繰り返し登場する。この章では、この医療機関がメイヨー・クリニックを構成する人材をどうやって集めているか、また、そうした職員がいかにして人生で最悪の時期にいる人々に高水準のサービスを広く提供できる一流のチームプレーヤーへと変化していくかを見ていく。ローズラー医師の言葉を借りれば、メイヨーの人間は、何世代にもわたって個人の価値観を組織の価値観に調和させ、その才能を他の人の才能と一体化させることで、一度にひとりずつ、患者という人に尽くしてきたのだ。

価値観が第一

ジャクソンヴィルの初代CAO、カールトン・ライダーによると、1980年代前半、新たな地域で病院経営を開始するにあたり、理事会が「真っ先に」抱いた懸念は、米国中西部の北側の文化圏以外から職員を雇うことに関するものだった。ライダーが言うには、「彼らはわたしたちがロチェスターと同じクオリティの関連医療スタッフ――医師以外の職員――をそろえられるとは思えなかったのです」。だが、心配は無用だった。ひとつはっきりいえるのは、職員の個人的な価値観がメイヨー・クリニックの核となる価値観を補完しなくてはならないということだ。そしてこうした相補的な価値観は中西部の北側に住む人々に限定されるものではない。

ジャクソンヴィルのCEOのジョージ・バートリー医師が理想の職員について語りはじめると、適切な職員の雇用というのはいとも簡単そうに聞こえる。「わたしたちのコア・バリューである。〝患者のニーズが第一〟に共鳴するコア・バリューの人を探し出すのです」。メイヨーは医療界でその価値観で知られているため、患者のケアという価値観に突き動かされたプロフェッショナルが自分に合うと感じ、メイヨーに雇用を求めるのはよくあることだ。「ここロチェスターは、看護師がキャリアを積むための職場環境が整っていて、国内でも広く知られています。そのため、ここで働きたいという看護師が絶えずやってきるのです」と語るのは、正看護師で看護師配置コーディネーターのテリーサ・エルウッドだ。アリゾナ州のある職員はこう語った。「わたしがメイヨー・クリニックを選んだのは、患者に対する職員の考えに賛同したからです。彼らのケアの施し方、さらに一歩踏み込むあのやり方。彼らは全てを組織に戻すので、より良い治療法を見つけるためにさらに研究を提案できるのです。そこに強く惹かれてメイヨーに来ました」。バートリー医師はこう述懐する。

それはまるで、建物の土台が築かれるのと同時にメイヨー・クリニックの価値観が土にまかれたようでした。わたしたちはそういった人々を探し出せる。ミネソタから植え替えをしなくてもいいのです。新たな芽がフロリダで顔を出しました。病棟を歩いているとき、病院やクリニックで職員と話しているとき、わたしは個人の内にあるメイヨー精神と出合います。彼らは一度もロチェスターに行ったことはありません。それでも、メイヨー・クリニックの価値観を直観的にわかっているのです。

調査によると、すぐれた業績のサービス組織は〝慎重な雇用〟を実践している。[3] ふさわしい職員を見つけるのに必要なだけ時間をかけるのだ。たとえば、メイヨー・クリニックのあるマネジャーは、本来ふたりで働く仕事に空きが出たとき、適任者が見つかるまで9カ月間ひとりで働いたことがある。「メイヨーは簡単に雇ってもらえる場所ではありません」とメイヨー・クリニック・アリゾナの元人事部長マシュー・マケルラスは言う。「採用まで非常に多くの段階を踏み、たとえ初心者向けの仕事であっても、非常に多くの人が書類選考や面接に関わるため、この長い選考過程を切り抜けた人は、心からここで働きたいと望んでいるのです」。ここでマケルラスが説明しているのは、応募者を審査するために練られた方策についてではなく、慎重で徹底したプロセスの結果として、価値観を同じくするがゆえにクリニックのコア・バリューを維持できる人を雇えるということだ。

クリニックの選考プロセスは次のとおり。人事部と採用部門で選考がおこなわれたあと、3、4人の候補者がキャンパスで採用部門の職員4人ないし8人の面接官の一団《パネル》による90分間の行動面接を受ける。メイヨーではその3、4人の候補者のうちひとりしか採用しないことが多く、場合によってはひとりも採用しない。パネル面接は、組織全体で実施される標準的な面接だ。デニス・コーティーズ医師がCEOに選任されたときも、評議員会のメンバーによるパネル面接がおこなわれ、候補者全員が審議にかけられた。コーティーズ医師は当時ジャクソンヴィルのCEOで、評議員長を含む面接官全員が彼のことをよく知っていた。それでも、単なる形式的な面接で終わることはなかった。むしろ面接官たちは時間をかけ、入念に選ばれた質問に対する候補者の全返答を審査したのだ。同じように、シャーリー・ワイスがCAOになったのも、内部候補者数人のひとりとしてCEOと理事会の医師数人で構成されたパネル面接を経てのことだった。

パネル面接では、メイヨー・クリニックで成功するために必要な価値観と、そのポストで成功するために必要な特定の技能に基づいて、行動に関する標準的な質問一式が作成される。たとえば、面接官はこんな質問をするだろう。「間違いが生じるのを防ぐため、上司の意見に反対しなければならないときについて話してください」。話をするうち、候補者は必然的に自分なりの有効な対処法を語らざるをえなくなる。とくにうまくいった過去のプロジェクトについて話すよう求められることもあるだろう。候補者が「わたし」という言葉を使うか「わたしたち」という言葉を使うか、メイヨーの面接官たちは関心を寄せている。90分間の面接で、面接官たちは8から10項目の質問に対する返答を聞く。また、さらに踏みこんだ質問をして候補者たちに探りを入れることもできる。候補者にも質問をする機会が与えられ、そこから隠れていた部分が明らかになることもある。たとえば、ある看護師の候補者は「この仕事ではどのくらい自立性を認められますか?」と尋ね、メイヨーのチームワーク重視の精神を理解できていないことを露呈した。パネル面接では、数回にわたる一対一の面接と同様、候補者について面接官ごとに異なる見方をすることが可能だ。決定に際しては、面接官たちは候補者が組織とその職にどのくらい適しているかを協議する。

看護師を雇うとき、ロチェスターの行動面接にはケースシナリオも盛りこまれている。この場合のケースシナリオとは、看護師がメイヨーで実際に体験する可能性のある定型化された臨床状況をいう。その与えられた状況でどう対応するか、候補者はじっくり考えて説明しなければならない。「わたしたちは候補者がシナリオを整理するときに踏む手順を観察しています」

と正看護師で看護師配置コーディネーターのルース・ラーセンは言う。

医師と研究員の場合、全員がこの方法で選ばれるわけではないが、もうひとつの選考過程も、それ以上とはいわないにせよ、同等に厳しい。多くの新人医師は地元の出身である。第2章で述べたように、メイヨー・クリニックの医師の6割以上がメイヨー・クリニックでなんらかの研修を受けている。医師の半数がのちに雇用される場所で研修を受けていたら、教育プログラムの〝近親交配〟を招くのではないかと危惧する者もいるかもしれない。だが、メイヨーと同じ価値観を持つ医師を雇うことで、100年のブランドをつくり出した文化がおおむね維持されているのは当然の結果だ。「自分たちの研修生を雇うことで最高水準の人材を選抜できます。彼らはわたしたちを見ていて、ここに残るのは彼らが残りたいと願うからです」とメイヨー・クリニック・アリゾナのCEO、ヴィクター・トラステック医師は言う。メイヨーのメディカルスクールや、レジデントまたはフェローシップのプログラムで学ぶ者は、1年から7年以上にわたる〝徹底的な面接〟を経験する。指導教員は自分の専門分野で募集している職にぴったりの人材を見つけることに重点を置いている。医師が臨床的にも文化的にも適しているかどうかは、研修プログラムで的確に確認される。メイヨーの研修プログラムを受けていない外部の医師が招聘されることもあるが、これはメイヨーの誰かがその医師の働きぶりをよく知っていて、メイヨーにふさわしいと考えた場合がいちばん多い。こうした候補者たちは面接の一環として、自身の研究や臨床上の関心について講演するのが一般的だ。

メイヨー・クリニックの人事部のリーダーたちは、価値観が一致することがメイヨー・クリニックの職員として成功する第一の要件だとはっきり理解している。

- 「多くの人はまず技能に注目しますが、わたしはまず価値観に注目するよう言っています。価値観が共有されていなければ、能力の有無は関係ありません」——アリゾナの元人事部長、マシュー・マケルラス
- 「個人がそれぞれ持っている価値観をほんとうの意味で変えることは困難で、おそらく不可能でしょう。人の行動は変えられても、根底にある価値観は変わりません」——ジャクソンヴィルの人事部長、マイケル・エステス
- 「彼らがメイヨーに来るのは、わたしたちが象徴するものに惹かれるからで、他の施設より長く働くのは、ここで目にするものと生み出すもの、つまりメイヨーのサービスに惹かれるからです。彼らはわたしたちの価値観に合っていて、患者のケアをしたいと思っている人々です。こうした人々が仕事をやりがいのあるものにしています。わたしたちが求めているのは、チームの一員になりたいと思う人、他の人との協力を惜しまない人、オープンに話し合える人、そして自分はまわりより賢いとは思わない人です」——ロチェスターの人事部長、

ケネス・シュナイダー

メイヨー・クリニック・アリゾナは創業後の11年間、患者のために地域病院を使用していた。1998年に新病院を開設する計画が立てられ、メイヨーは新規職員を1200人以上採用するという難題に直面した。メイヨーのリーダーたちは、マネジャーたちが適切な候補者を探し出せるよう、コンサルティング会社と提携してメイヨー・クリニックのコア・バリューに基づく選考ツールを開発した。「まず面接したのはメイヨーの価値観にもっとも近い価値観を持つ候補者たちで、そこにはメイヨーの価値観を新しい職員たちのあいだに確立する意図がありました」と語るのは、メイヨー・クリニック・アリゾナ看護部長を務める正看護師のデブラ・ペンダガストだ。病院が開設されたとき、アリゾナ州では適格な医療従事者が大幅に不足していた。「わたしたちが採用したのは専門性の高い技術職でしたが、応募者数は限られていて、選考ツールでは価値観が合致する応募者はいませんでした」と彼女は言う。「こうした残念な例外もときにはありました」。それでも、総じて病院のリーダーシップチームは新しい職員たちに満足した。興味深いことに、メイヨー・クリニックの他の全病院と比較すると、アリゾナの病院は患者の満足度調査で開設時からつねに総合1位を獲得している。

溶け込むか身を引くか

マイケル・エステスが語った次の話は、ほぼ全ての組織で成功する職員の重要な態度を示している。それは、自分の信頼する組織に進んで溶けこもうとする姿勢だ。

数年前、わたしたちは看護職で驚くべき逸材を見つけました。彼を面接した人は皆こう言いました。「能力があり、態度も良く、活力があって価値観も合う。まるでメイヨーのために生まれてきたような人物だ。ぜひここで採用すべきだ」。ただし、ひとつだけ問題がありました。かつて海軍にいて、体に刺青《いれずみ》がたくさんあったのです。解決策は単純なものでした。なぜ見た目がとても重要なのか、それもプロの振る舞いの一部なのだと腰を据えて話すのです。答えはすぐ見つかりました。長袖のシャツです。彼にはこう助言しました。「気温が36度で湿度が98パーセントでも関係ありません。わたしたちに敬意を示し、患者に敬意を示してください。長袖のシャツを着ることです」。彼はこう答えました。「もちろんです。この病院の一員として働くために必要なら、手袋だってはめますよ！」。勤務して5年以上になりますが、彼はいつも期待以上の働きをしてくれています。

溶けこむ必要があるといっても、メイヨー・クリニックの職員は全員がそっくりなわけではない。基礎となる価値観がメイヨーの4万2000人以上の全職員に理解され、一様に実践されているわけでもない。ただ結局は、やりがいのあるキャリアを求めてメイヨーにとどまる人々が雇用主や仲間の職員とうまくやっていく。この側面は適切な人材の開発に際して見おとされることがあるため、経営者は適切な職員の雇用が第一段階にすぎず、職員のオリエンテーションが第二段階に過ぎないと理解しなくてはならない。ひとりの職員を長期にわたって組織に貢献する頼もしい人材に変えるには、このふたつの手順を踏むだけでは不十分だ。職員一人ひとりが自分は溶けこんでいる、この組織に心地良く属していると感じなければならない。メイヨー・クリニックに雇用された最初の3年から5年でメイヨーの文化に適応すれば、メイヨーの患者や生え抜きの職員から高い満足度を得られる労働力が育成される。

セント・メアリーズ病院とメイヨー・クリニックに37年間勤務した名誉理事のジェーン・カンピオンは、このことを巧みに言い表している。「メイヨーがあなたを変えるのではなく、あなたが適応しなければならないのです」。トラステック医師も彼女の意見に同意する。「メイヨーのシステムに逆らうことはできません。だからこそメイヨーの規則に沿って気分良く働く必要があります。でなければ、よそに移るしかない。メイヨーのシステムは変えられないのですから」。メイヨーの文化はきわめて強く、確立されており、あらゆる層の職員に受け入れられているため、これまで文化を変えようとして成功した個人やグループは皆無に等しい。長く勤務する職員の大半は、メイヨーに溶けこむ決意をせざるをえないだろう。目立った変革を導入した上層部のリーダーもいたが、その任期が終わると組織はいつものメイヨーに戻っていった。リーダーの個性が強ければ文化の外観は変わるが、それもその人の個性が発揮されているあいだだけだ。メイヨーの文化がしだいに変化するとしても、個人の流儀や志向に適応するわけではない。変化するのは、データに基づいた説得力のある戦略的根拠から、変化しなければならないと理事会が納得した場合に限られる。

ジェーン・カンピオンによれば、多くの職員はメイヨー・クリニックに来るとこう尋ねるという。「何を手伝いましょうか?」。彼らは前向きに組織に応える準備が整っている人々だ。カンピオンはまた、もっと中立的な見方でメイヨー・クリニックを捉える職員たちについても触れている。敵対心はないが、やる気まんまんでもない。そうした職員が「やってきて、つかむ」姿を数多く見てきた。彼らは突然、メイヨー・クリニックの精神を理解し、その一員になりたいと思うのだ。

メイヨーには組織全体にわたって公式と非公式の指導《メンタリング》プログラムがある。いちばん長く続いているのが非公式な〝研修〟で、これは仕事に取りかかるときに、同僚から手本を示されたり、「メイヨーではこうしている」と声をかけられたりするものだ。非公式な指導者《メンター》は、新しい職員がメイヨーの文化に溶けこむためのさまざまな方法を教える。こうしたやりとりが、ときにプライベートなランチの場や廊下での会話で交わされ、新しい職員がスタッフミーティングで耳にしたことの重大さについて説明を受けたりする。多くの職員は採用後まもない時期に、ふだんの会話のなかで〝メイヨー式〟を学べるよう手を差し伸べる同僚や上司を見つける。だが、こうした非公式なプログラムだけでは必ずしも十分ではない。公式なプログラムも開発されており、たとえば、ロチェスターの内科では、新入りの医師全員にメンターがひとりずつつき、メイヨーの文化や内科の診療法について説明を受ける。また、多くの新たな管理者を対象とした公式なメンターシッププログラムもある。

人々を溶けこめるようにするという目標は、従順な職員がやみくもに追従する、精彩を欠いた平凡な組織の構築をめざすものではない。メイヨーの文化には、副理事長のニーナ・シュウェンク医師が「揺さぶる人物」と呼ぶ人々を受け入れる余地がある。こうした人たちは「境界線の内側で働いているが、つねに境界線を押し広げているのです」。臨床診療委員会、執行委員会、理事会などのグループで働くこうした挑戦者たちは、メイヨーの文化が少しずつ変化するよう働きかける。シュウェンク医師によると、「たとえば、メイヨーでは昔から医師のプロ意識に敬意を示す方法のひとつは、臨床上、大きな意思決定権を与えることだと考えてきました。高度な訓練を受けた医師に、患者のケアの方法を指図したくなかったのです」。彼女が鮮明に思い出すのは、ある外科医がその伝統に異議を唱え、理事会が引かざるをえなかったときのことだ。少なくとも一部の人々にとって、その伝統はメイヨーの文化の不可触領域になっていたのだ。

メイヨー・クリニックの元整形外科部長で、米国整形外科学会の会長も務めたバーナード・モーリー医師は、所属する外科で長年関節置換術を目にしてきた。ある患者に股関節や膝関節の置換術をおこなう場合、外科医の判断で各種人工関節のなかからひとつを選んで移植する。そして外科医にはそれぞれ個人的に気に入った人工関節があった。彼は同僚に、たとえば7つある選択肢のうち、患者にとって最善の人工関節を選ぶのが理にかなっているのではないかと尋ねた。この問いをきっかけに、モーリー医師は整形外科と理事会の両方に、科学的根拠に基づいた最善の医療《ベストプラクティス》ではなく、外科医の好みに基づいていると思われる治療のばらつきについて、より厳密に検討するよう促した。

シュウェンク医師は複数の上級委員会の任期中に、モーリー医師のような人々を職場で見てきた。「彼らはあなたをコンフォートゾーンにとどまらせてはくれません。むしろ、個人や組織の境界線にぶつからせ、境界線をつくっている前提に異議を唱えさせようとするのです」。組織に揺さぶりをかけることには大きな価値がある。「思考と視野を広げ、変革やイノベーションへと進むには、こうしたことが欠かせません。〝揺さぶり〟をかける人物は信頼と敬意を寄せられていなければならず、だからこそ、ともすれば即座に否定されかねない選択肢を考慮するよう迫ることが許されるのです」。メイヨー・クリニックのリーダーたちは、概して戦略委員会や作業グループに忠実な反逆者を求め、チャレンジ精神を発揮してほしいと思っている。先見性のある職員が、口では「はい、分かりました」と答えながら、内心では「言われたとおりにやればいいんでしょう」と考えるような組織は成功しない。しかも、こうした揺さぶりをかける人物のなかには、重要な変化が起きない、迅速には起きないと感じた場合、不満を抱いて組織を去る者もいる。

メイヨー・クリニックで働くことに多少のいら立ちがついてまわるのは間違いない。医師や科学者のなかには、出張規約で全員一律の年間出張日数（18日）しか認められないのは厳し過ぎると感じる者もいる。彼らはその日数内で専門家会議に出席したり論文を発表したりしなければならない。とくに、客員教授や会議の講演者を頼まれることが多い著名な職員は、出張日数を主に会議への出席に費やす職員よりも、自分の仕事の方がメイヨーのリーダー陣の評判を持続させていると感じている。また、名刺に掲載可能な情報を制限する規則に不満を抱く者もいる。服装規定が気に入らない者もいる。「職員は組織を理解し、規則を理解しなければなりません。それが理解できれば、組織に従って生きることができます。しかし、理解できなければ組織を去ることになる」とガーシュ医師は言う。「さらに、医師とだけでなく、仲間とうまくやっていく必要があります。なかにはひどく権威主義的だったり、怒鳴ったりわめきたてたり、自分のやり方を押し通そうとする人もいる。そういう人はとどまるべきではありません」。

さらに、ジェーン・カンピオンはこう指摘する。「こうしたことが理解できないまま、メイヨーはひどく働きづらい職場だと思う人たちがいます。たいていの場合、そうした人たちは辞めていきますが、それでもかまいません。メイヨーは彼らの幸福を心から祈っています。彼らの多くは自分に合った場所を見つけるでしょう」。メイヨーが職員の募集、選考、面接に全力を尽くしているにもかかわらず、新しい職員の価値観がこの組織に無理なく調和する確率は約80パーセントにすぎない。「ほんとうに順調にいったときは、90パーセントになります」とマイケル・エステスは言い添える。

メイヨー・クリニックの価値観や文化に違和感をおぼえる人は、たいてい数年以内に去っていく。クリニックに5年勤めた職員は、家庭の事情で辞めざるをえない場合を別として、普通は最後まで勤め上げる。自己都合で退職する人にしても、その3分の2はまたメイヨーで働きたいと語るほどだ。たとえば、ジャクソンヴィルにあるセントルーク病院のある職員はこう記していた。「わたしは辞める前にどうしても、自分が辞めなければならなくてどれほど残念に思っているか、ここセントルークで過ごした時間がどれほど楽しかったかを〝上層部〟の人たちに伝えたかったのです。メイヨーのシステムに関わることができて、わたしはほんとうに、とても、とても幸運だと思います」。マシュー・マケルラスによると、「離職者のうち、メイヨーで働くことに不満がある人は全体の3分の1しかいません。3分の2は、メイヨーに残りたいのに配偶者の転勤など、自分ではどうにもならない理由で残れない人々なのです」。

3つのキャンパスを合わせた採用者のなかには、少数ながらメイヨーの価値観と一致しないにもかかわらず、辞めようとしない人がいる。こうした人々は、つねにではないが、退職してもらうようにするのが普通だ。メイヨーのあるリーダーはこう説明する。「わたしたちは何を大切にしているかをはっきり口にし、それを実践しなくてはなりません。なぜならそれは高い志であり、考えだからです。わたしたちはたゆむことなく、一貫していなくてはいけません。言葉と行動を一致させなくてはならないのです」。エステスによれば、「足並みをそろえられない人々、つまり、価値観がわたしたちの支持する価値観と相いれない人には辞めるよう勧めています。その人の仕事ぶりや自己管理がどれだけ良くても、食い違いは生じますし、そうした食い違いを丁重に、しかしきちんと管理しないと、いずれ文化が弱まり、価値観が弱まってしまいます」。

価値観を実現するには、関連医療スタッフ、看護師、検査技師、秘書、会計士、医師、管理者など、組織全体に価値観を適用しなければならない。だが、一部のリーダーたちが話してくれたところでは、価値観の一致にもっとも尽力しているのは関連医療スタッフのマネジャーたちで、彼らはとくに相互の敬意という慣例に反する態度に対処しているという。１９９０年代前半から、メイヨー・クリニックは多様な労働力を確保する取り組みの一環として、相互の敬意に重点を置いてきた。ロチェスターの人事委員長モーリー・ガーツ医師は、ほぼ全ての医師がチーム全員に信頼に足る模範的な態度を示していると強調する。それでも、一部の不適切な医師の態度は長年にわたって大目に見られてきたという。そうした例外は別として、いくつかの要因によって相互の敬意や同僚間の協力関係、ストレスがあっても冷静でいることが強く求められているらしい。第一に、関連医療スタッフは虐待と思われる行動をいままで以上に受け入れなくなっている。第二に、間違いが起こるのを防ぐには、チーム全員の目、耳、着想、考えが必要とされることが医師にとってますます明確になっている。第三に、メイヨーで最近開始された2年ごとの職員満足度調査によって、問題行動への対処がおこなわれていないと関連医療スタッフや医師が感じた場合、各部門や診療科のリーダーを務める医師に注意が喚起される。確かなデータを前にして問題がないふりをするのは難しい。

３つのキャンパス全てに設置されている人事委員会は、メイヨーの価値を実践しない医師や、チームの全員に敬意ある協力的な姿勢を示さない医師の問題に、より積極的に対処するようになった。無給の停職処分や懲戒免職処分を受けた医師もいる。メイヨー・クリニックのＣＡＯ、シャーリー・ワイスは管理チームの説明責任《アカウンタビリティ》も向上させたいと考えている。「わたしがこのチームで取り組もうとしていることに、たがいに目を見て、建設的なフィードバックを提供できるようにすることがあります。物事があるべき場所に収まっていない場合は、率直かつオープンに対話しなくてはなりません。それは組織の誰もが一様に持っている長所というわけではないと思います」。

変化の兆しとして、ロチェスターのいくつかの臨床部門や診療科では、医師の業績を評価する際に360度フィードバックもおこなうことを自主的に選択している。この360度評価は、関連医療スタッフのあいだで標準とされているものだ。看護師、受付係、秘書といった関連医療スタッフにも、同僚の医師に加えて情報の提供が求められる。医師を含む全職員が、クリニックのコア・バリューに由来する次の5つの原則をもとに評価される。

1. 患者のケア、教育、研究を支えるプロセスとサービスを改善し続ける。
2. 相互の敬意を育み、多様性に対するメイヨーの取り組みを支える。
3. チームワーク、個人の責任、誠実さ、イノベーション、信頼、コミュニケーション力を育てる。
4. 個人として専門職としての行動について高い水準を固守する。
5. 専門技能/能力の維持と向上に努める。

メイヨー・クリニックの職員の大半は、雇用主に対して無理なく順応できると感じている。第5章で述べたように、3つのキャンパスを合わせた医師の自主退職率は年間約2・5パーセント、ロチェスターでの医師以外の職員の自主退職率は約5パーセントだ。ジャクソンヴィルとアリゾナの関連医療スタッフの年間退職率はロチェスターの2倍だが、この退職率については、地域市場という文脈で理解する必要がある。メイヨー・クリニック・ジャクソンヴィルの10パーセントという退職率は、フロリダ州北部の他のサービス産業よりも約300パーセントも低い。マイケル・エステスによれば、「わたしたちとしてはこの数字をさらに引き下げたいところですが、メイヨーに似た地元の組織より3倍もいい数字なので、わたしたちの取り組みはおおむねうまくいっているのだと思います」。

才能を雇う

メイヨー・クリニックは職員に、適切な価値観ときわめて高い能力の両方を求めている。すぐれた業績をあげている組織は、職務を果たす能力が足りない職員を大目に見ることはできない。「まず、優秀な医師でなければなりません。臨床で一流の手腕を発揮するとわたしたちが知っていなければなりません。すぐれた臨床ケアが基礎にあり、その上にメイヨー・クリニックが存在しているのです」とトラステック医師は言う。「たとえ偉大な研究者やすぐれた教育者でも、良い医師でなければうまくいきません。また、外科医は腕が非常に良くなければうまくいきません。優秀な医師でなければならず、人々をケアする方法を知っていなければなりません。医師は賢明な診断を下せる人でなくてはいけません。どれも当たり前のことです」。

「幸いなことに、ロチェスターの看護職の応募者数は大変多く、学業にすぐれ、高い成績評価で優秀な学校を卒業した応募者から選考することができています」と語るのは、正看護師で看護師配置コーディネーターのルース・ラーセンだ。「もちろんわたしたちは応募者の価値観にも強い関心を寄せていて、とくに思いやりやチームワークを重視しているので、面接ではそうした価値観を評価します」。ロチェスターの看護部長を務める正看護師のドリーン・フラスティは、長年のあいだに看護師が不足する時期もあったが、看護師の採用水準は維持されてきたと強調する。「わたしたちは看護師に非常に高い期待を寄せています」。彼女の説明では、看護師が採用されると長期的視野で予算が割り当てられるという。「わたしたちが資金を投じるのは、十分なスタッフを確保し、看護師に教わったとおりに患者をケアするツールを与えるためであって、新人看護師の契約金に財源を費やすわけではありません。幸いわたしたちは、大半の学校教育プログラムで明示される理想に沿った看護職を実践できるよう、リーダーたちの支持を得ています」。ルース・ラーセンはこうまとめる。「看護師が患者のケアをすると、患者はスタッフに感謝し、そのことを家に帰ってから友人に話します。そうした会話が他の看護師の耳に入り、メイヨーで働きたいと強く思うようになります。これがうまくいくサイクルです」

パネル面接は、候補者の価値観を確認するのに役立つが、能力を判定する一助にもなってい る。さらに、採用担当チームにとっての学びの場にもなる。ロチェスターの管理部副部長、ナン・ソーヤーは「パネル面接のプロセスは予測不可能」だと力説する。結果が決まっていないため、単なる形式的手続きでは終わらないからだ。ソーヤーと彼女のチームは、内部の候補者数人から重要なリーダーの地位に就く人物を選考していた。「履歴書を見ただけでは、最終的に選ばれた人が最有力候補となることはなかったでしょう。わたしたちは何度かのパネル面接の内容を話し合い、そのポストの鍵となる能力のひとつを特定しました。同僚の協力を得て、わたしたちがその人物に求めるものを明らかにできたのですが、それは職務説明書や履歴書からは分からないものなのです」。

職員に長期的な価値を求める組織は、雇用時の職員がどんな人物かだけではなく、その後どうなるかを考慮しなければならない。メイヨー・クリニックでは新しい職員に高い能力が期待されているが、新しい職員は職場で〝良い学び手〟であることも示さなければならない。こうした能力がどの職よりも重要になるのが医師だろう。医学知識が急速に変化していること、メモや所見、診断、結果などが共通の医療記録として同僚に参照されるため、メイヨーの臨床スタッフには日々学びの機会が与えられていることを考えればいい。医学の変化は組織全体に波紋を広げ、多くの職員が時間をかけて新たなスキルを習得するよう求められる。

「雇用市場には、メイヨー・クリニックで働く者は優秀でなければならないという認識があり、これはある意味ではいいことです。すぐれた候補者が自主的に選んでくれますから。しかし、メイヨーとして雇いたい人物が、自ら応募をやめてしまうという意味では、よくありません」とケネス・シュナイダーは言う。また、優秀な職員という評判には、限定的な訓練による能力や、一般的な知識と対人関係スキルを備えた職員も何千人と必要だという認識が欠けている。他の大きな組織と同様に、メイヨーにも大学での優等な成績、あるいは学位そのものを必要としない職はたくさんある。メイヨー・クリニックの顔といえば、ひとつは、各施設の受付登録窓口にいる何百人もの職員たちだ。こうした職の大半では大卒資格を求められないが、価値観に基づく高い対人スキルや問題解決スキルがなければならない。検査技師の大半は少なくとも準学士号か学士号を取得していて、通常はいくつかの手続きに熟達するようになる。こうした技師は正確に手順を踏む必要があり、訓練をいとわない、信頼できる人物でなければならない。命がかかっているからだ。

メイヨー・クリニックは、業務のニーズに応えるため、1世紀以上にわたって技術スタッフの研修を実施してきた。現在、その責務の大半はメイヨー・クリニックのメイヨー保健科学学校が担い、そこで提供されるプログラムで細胞遺伝技術者から放射線治療技師、麻酔看護師まで、さまざまな技術分野の技能が育まれる。こうしたプログラム全体で卒業生の約60パーセントがメイヨー・クリニックの職員として契約を結ぶ。ニーナ・シュウェンク医師はこの学校がメイヨーのために果たす役割をこう述べる。「ここはわたしたちが職員を育てる場所で、そこから優秀なだけでなく、メイヨーの文化に合う人を選び出します。仕事ができてもメイヨーの文化に合わない人は辞めていきます。人柄が良くても技術的にすぐれていない人は、雇用してからさらに訓練することもあります。技術を向上させるよりも、人柄がいい人を育てる方が難しいと感じます」。

メイヨー・クリニックは、院内の研修プログラムにも多額の資金を投じている。多くは1回限りの数時間の授業だが、数日間におよぶものもある。こうしたプログラムは人事部だけでなく、看護、財務、放射線、安全管理、情報技術(IT)、臨床検査など他の部門でも実施されている。「こうした教育プログラムは、技能のある労働力の開発や最新の知識の提供、メイヨー・クリニックの継続的な成功に欠かせない価値観の強化に役立っています」とロチェスターの人材教育開発課長パトリシア・ハンドラー・スプラットは言う。各コースはメイヨーの戦略経営計画と連携している。2006年には、3つのキャンパス全体で計41万7000人以上の職員に数千コースが提供されたが、これは職員ひとりにつき平均約9コースが登録されたことになる。以下に、一般、臨床、専門技術コースの例を挙げる。

・変化を導く：信頼を得て自信を抱かせる
・挑戦的な会話に対処するスキル
・クオリティ・アカデミー：TEAMSトレーニングとリーン思考
・給与に関する手ごわい質問への応答——マネジャーの役割
・マネジャーのための事業法入門
・メイヨー見学ツアー——吹きガラス職人と機械工場
・発がん性物質に関する神話と現実
・通訳の効果的な利用
・個人的な成長・職業上の成長のための目標設定
・HIPAA〔医療保険の相互運用性と説明責任に関する法律〕プライバシー・セキュリティ研修
・職場での暴力の判定基準
・相互の敬意／セクシャルハラスメント

人事部門を通じて提供される数百のコースには主にふたつの目的がある。ひとつは、管理者であれマネジャーであれ現場の職員であれ、現在のポストで個人の能力を高めることだ。たとえば、現場の仕事に就いている人は、患者の話に親身になって耳を傾ける方法を学ぶことができる。マネジャーは管理能力、職務の委任、効果的なチームの統率方法について学ぶことができる。ふたつめ目の目的は、現在の職員を対象としたキャリア開発で、たとえば、職員はマネジメント職を望んでいるかもしれないし、委員会をもっと効果的に運営したいと考えているかもしれないし、現在の部署を離れて新しい挑戦をしたいと思っているかもしれない。メイヨーの臨床システムなど、コンピュータソフトウェアを使った効率の向上を目的に、毎年何千人もの職員が各種プログラムに登録している。

もうひとつ、職員の才能やキャリアの開発にとって重要な要素に、専門能力開発支援プログラムがある。メイヨー・クリニックは、授業料を援助することで、職員たちに現在の職やメイヨー内の別の職に適した職能開発を提供する外部の教育機会を活用するよう勧めている。毎年3500人以上がこのプログラムに参加し、履修証明書や学士号、大学院の学位の取得をめざしている。

ニッチの選択

２００６年、96歳のヒュー・バット医師は、１９３６年にウィリアム・Ｊ・メイヨー医師の第一助手を務めた３カ月間の体験をふりかえった。バット医師は細心の注意を払って、ドクター・ウィルがメイヨー・クリニックの職員に示した父親のような温情の精神を伝えた。『わたしたちは家族です』とドクター・ウィルはおっしゃいました。『わたしたちはここでは家族として働いています。医師は看護師や自身の給料を心配する必要はありません。皆さん、このすばらしい組織に所属していることに満足しています』」。この家族という比喩は、21世紀になったいまでも使われている。メイヨー・クリニックの文化では、職員を経済的資産や機械の歯車だとか予算上の経費とは捉えず、人間として見る。この組織では、ユニークな個人が快適に感じ、心から貢献できる地位や環境、つまり適所《ニッチ》を見つけようとする。

メイヨー・クリニックの元CEO、ロバート・ウォラー医師が「メイヨー・クリニックに在職していたときの最悪な２日間のうちの１日」を述懐する。それは、メイヨー・クリニックのあるリーダーが、長年勤務した職員２人をオフィスに呼び出して解雇を告げた日だった。さらに、リーダーは警備員を手配し、その職員のデスクに同行させて私物を回収させた。そしてもう二度とキャンパスに戻ってはならないと命じたのだ。これは何千人もの職員のすぐれた業績と忠実な基礎を築いてきた「メイヨー・ファミリー」とは対極のやり方だった（数カ月後、解雇を言い渡したそのリーダーも職場を去ることになった）。

バーナード・ガーシュ医師は言う。「メイヨー・クリニックの強みのひとつは、ほぼ全員に適所があることです。メイヨー・クリニックの医師として成功しているかどうかを判定する基準はとくにないと思います」。ガーシュ医師自身、循環器科の患者の臨床ケアや、若手教員の学問的才能の育成と開発など複数の分野で貢献するかたわら、700本もの論文を発表し、国際的な関係を築いたりクリニックの注目度を高めたりしてきた。ガーシュ医師によれば、同僚のジェラルド・ゴー医師のような多くのスタッフが、患者のケアを第一に考えて取り組む立派な臨床スタッフで、循環器科に等しく貢献してきたという。ロバート・フライ医師の経歴には、臨床ケア、研究、学校管理、専門職団体の指導的地位などがある。彼は、ロチェスターの循環器科長を務めたのち、米国心臓病学会の会長に就任、ロチェスターで医学部長の任期を終えて退職した。ところが、経歴上、クリニックの管理に深く関わることはなく、たとえば一度も理事を務めていない。フライ医師と同様、ヒュー・スミス医師も、管理者の地位に就く前に学者や臨床スタッフとしての名声を確立していた。フライ医師の後任としてロチェスターの循環器科長に就任したが、その後は事業戦略および管理運営に異動したのだ。彼はロチェスターの理事長を務めたのちに引退した。彼らは皆同じ場所からスタートしている。つまり常勤の心臓専門医だ。

多くの職員は、組織のなかで自分に適した場所を自分で見つける。メイヨーには、時がたつにつれ、ことわざにいう、丸い穴にはまらない〝四角い杭〟になる職員がいる。ここが思いやりのあるマネジメント――家族の流儀――の出番だ。クリニックでは、まずマネジャーがその職員にぴったり合う四角い穴を見つけたいと考える。上層の管理者の何人かは、評価されている職員が自身のポストに適さなくなった話をしてくれた。リーダーやマネジメント職の立場で燃え尽きたケースもある。仕事で求められるものが大きく変わり、職員のスキルとそのニーズが合わなくなったこともある。他にも、スタッフの立場で高い業績をあげた職員が見返りとしてマネジメント職に昇格したが、のちにその職務が彼らの技能や性格に合わないことが分かった例もある。

メイヨー・クリニックは大規模な組織なので、閑職に追いやられるのではなく、ほんとうの機会を見つけられる場合が多い。〝メイヨー式〟によって、管理監督者には個人の短所ではなく長所に目を向けることが期待されている。細部にこだわるマネジャーが、他のマネジャーたちを統括する総合的なリーダー職に合わなくなり、細部に注意を払うことが長所となる複雑なプロジェクトの管理にまわり、やりがいのある仕事を見つけた例もいくつかある。また、対人能力に乏しいもののチームリーダーとして働く必要がある人たちは、その鋭い分析能力をフルに生かす仕事に就くことで息を吹き返してきた。メイヨー・クリニックでは、部長や理事といった権限を伴う役職についても、人事異動が頻繁におこなわれるため、こうした変化はクリニックの一大イベントとしてではなく、通常業務として扱われるのが普通だ。多くの場合、メイヨーでは、失敗をしたり業績が振るわない職員が、持てる能力を発揮できる適所を見つけられるよう支援している。

他にも、仕事を人に合わせる管理の例を挙げるなら、管理業務の大部分ですばらしい仕事をしているが、あるひとつの分野に「致命的な」弱点を抱えているかもしれない人物の場合もそうだ。たとえば、その人物は洞察力があり、周囲に刺激を与え、部下に尊敬されるリーダーかもしれないが、財務管理や細かい管理業務をタイミングよくおこなうことが苦手かもしれない。この場合、メイヨー・クリニックは最適な管理ができるよう、その人物に非常勤の会計士か副管理者をつけることがある。また、一部のマネジメント職はごくすぐれた管理者にとっても荷が重すぎるかもしれないと、メイヨーのリーダーたちは認識している。だが欠点や弱点と思われる箇所を補ったり支えたりすることで、メイヨーは大きな才能を持った価値ある職員をとどめておくことができるのだ。

職員たちは一般的に、自分は部門や診療科や作業ユニットのひとりというより、メイヨー・

クリニックの職員だと考えている。他の医療機関の職員なら、「わたしは心臓カテーテル室で働いています」と言うかもしれない。あるいは放射線科、人事部門、セキュリティ部門などだ。だが、メイヨーの職員はどこで働いているか尋ねられると、「メイヨー・クリニックです」とだけ答える。たしかに、メイヨーはほとんどのアメリカ人が知っている有名なブランドだが、まず組織名を告げるのは、職員が自分のいまの仕事よりも大きなものに帰属していることを示している。この暗黙の契約は、職員が自分の信じている、自分に合った組織から、公正で責任ある待遇を受けるだろうという期待を表すものだ。

忠誠心の輪

メイヨー・クリニックは、雇用主であり、重要な実在物《エンティティ》である。キャロル・ヒューズはメイヨー・クリニック・アリゾナで5年間医療秘書として働いたのち、南カリフォルニアに引っ越した。2001年、彼女はアリゾナ州フェニックスに戻ることにし、メイヨー・クリニックに復職を申請した。「わたしは自分にこう言い聞かせました。メイヨー・クリニックはわたしが申請する唯一の場所で、ここが、わたしがフェニックスで働く唯一の場所だと」と彼女は回想する。町に戻って7日目にはメイヨーで仕事を再開した。こうした忠誠心は雇用主が勝ち取るものだ。買うことはできない。職員が組織に対して忠実になるのは、組織が自分に対して誠実だと思うときだ。ジャクソンヴィルのメイヨー・クリニックの事例をざっと見ただけで、この「忠誠心の輪」のことがよく分かる。

メイヨー・クリニックの新しい病院は2008年4月、ジャクソンヴィル・キャンパスに開設された。それまでメイヨーはクリニックのキャンパスから14キロ離れたところに位置するセントルーク病院を所有し、経営していた。このセントルーク病院はメイヨー・クリニックの病院業務のニーズを満たすためだけでなく、地域の医師のための地域の病院としても運営されていた。キャンパス内の新しい病院はベッドが100床少なく、メイヨー・クリニックの医師と患者の専用となる。減らしたベッド数100床を、配置の必要がある職員の常勤換算値(FTE)に置き換えると、必要なFTEが350から400少なくて済む、つまり職員数を約500人減らせると、クリニックは判断した。

2008年4月の移転日を心待ちにしながらも、メイヨーのリーダーたちはある戦略を実行に移さなくてはならなかった。それは、競合する、あるいは矛盾していると思われかねない優先事項のバランスを一気にとれるようにするものだ。まず、人員削減計画を効果的に実施して新たな目標職員数を達成する。次に、スタッフの確保とやる気を持続させ、新しい病院に適した数と組み合わせの職員を配置できるようにし、一方でメイヨーのケアモデルと高い患者のケア水準を維持する。このプロセスのあいだ、メイヨーのリーダーたちは、セントルーク病院の新所有者であるセントヴィンセント病院が十分なスタッフを確保し、セントルークに残る地域の患者全員に安全で効果的なケアを提供できるように尽力した。

さかのぼって2006年夏、メイヨーのリーダー陣は思いきった動きに出ていた。リーダー陣は、全職員が参加する対話集会《タウンホールミーティング》や週1度発行される社内報、メイヨー・クリニックのイントラネットで次のような誓いを立てたのだ。「セントルーク病院の現職員のうち、メイヨーへの残留を希望し、かつ移行期間中も優良な職員だった者は皆、新たに統合される診療所および病院のキャンパスで同等の職に就くことになります」。職員を500人減らす必要がある以上、リスクがあるのは承知していた。だがメイヨーのリーダーたちの目には、この戦略で見つもれる下方リスクは、上方利益によってすっかり影が薄くなると映ったのだ。

2006年に現職の病院職員に雇用を続けると約束したのち、メイヨーは3つの戦略的措置を講じることで、職員数がはるかに少ない新病院への移行という目標を達成しつつ、開設日には職員をフルに配置したが、もっとも重要な点として、職員を誰ひとり一時解雇《レイオフ》しなかった。第一に、新しい職員のカテゴリー、〈セントルーク病院2008（SLH08）〉が設けられた。このカテゴリーで採用された人は、2008年に所有権が変更した時点でも優良な職員であれば、セントルーク病院で同等の職に就けることを採用時に知らされていた。こうしてメイヨーは移行期間中も、必要な職員を雇い続けることができた。また、この戦略によってＳＬＨ08の職員は、ポストに空きがあればメイヨーへの異動を申請することができた。第二に、在職期間が限定された移行担当職員のカテゴリーが設けられた。雇用期間は通常24カ月から36カ月で、新病院への移行後3カ月から6カ月で雇用が終了するよう設定されていた。第三に、メイヨーは人材派遣会社の協力を得て、非臨床部門の職員を補充した。この裏方業務が終了した２００５年末、戦略を実行する準備が整った。

２００７年、メイヨー・クリニック病院で1回目の人員配置が実施された。新病院開設時の雇用を２００６年夏に保証された職員のうち、98パーセント以上がメイヨーに残りたいと申し出た。人事部長のマイケル・エステスによると、「『家から近いのでセントルーク病院のキャンパスに残りたい』とか『提案された職よりもメイヨーの別の職に賭けてみたい』と言った職員はほんのひと握り、50人足らずでした」。

新病院が開設されるころには、メイヨーはメイヨーに残ることを選んだ全員に加え、さらに若干名の職員を必要としていた。エステスとジャクソンヴィルのＣＡＯ、ロバート・ブリガムは、このような好ましい結果となったのは、メイヨー・クリニックがその価値観に従い、先手を打って職員への忠誠心を示したからだと考えている。さらに彼らによると、これを雇用主であるセントヴィンセントに対する非難と受け止めるべきではないという。ＳＬＨ08の職員が配置されたのはスムーズに移行するためだった。セントヴィンセントとメイヨーは、誠意ある双方に有利《ウィンウィン》な移行を計画するため、3年以上にわたって緊密に協力していたのだ。

経営者のためのレッスン

メイヨー・クリニックの価値観は、職員の選考や業績評価、彼らの配置や育成に浸透している。臨床ケアから財務管理、情報システム、血液バンク、建築設計、予約スケジュール管理まで、あらゆる業務で高度に熟練した技術が求められるため、メイヨーでは全職員にそれぞれの役割に必要な技能を備えていることが強く要求される。

レッスン1　価値観が第一

メイヨー・クリニックが好業績の診療とビジネスの事業体として長期にわたって記録を残してきたことには、職員を称えるしかない。医療機関の業務はもっとも複雑なサービス業務に数えられる。ひどく個人的でカスタマイズされるためだ。患者は一人ひとり異なる。こうした個別化された独自のサービスを即座に実践する職員は、この国の経済でもっとも感情にあふれる、知的で挑戦しがいのある仕事をこなしている。医療はきわめて労働集約的な業務だ。独自の、個人的なサービスの根底にある不可欠な要素が価値観であり、そこから自発的なサービスが生み出される。親切心や人間味のある繊細な行為を確実にもたらすのは、研修会よりも基礎をなす価値観だ。大人になっても持ち続ける価値観は、通常、時間がたってもほとんど変わらず、大きな介入があったときだけ影響を受ける。メイヨー・クリニックは、他の好業績のサービス組織と同様、職員を採用する前に価値観を確認することに特別な注意を払っている。メイヨー・クリニックでもときどきあることだが、採用ミスが起きたとき、組織は価値観の不一致に対処しなければならない。それは文化にとって毒だからだ。

他のサービスは医療ほど密接ではないにせよ、大半の組織は価値観を第一に考えたメイヨーの雇用の仕方から得るものがあるだろう。親切心や人間味あふれる行為は、他の労働集約型の双方向サービスでも、ブランド構築につながる豊かな利益をもたらす。たとえば、大柄な人にぴったりな服をその顧客の尊厳を守りつつ見つけること、予算の厳しい夫婦がこれから増える家族のために魅力的で手ごろな家を見つけられるよう特別な努力をすること、嵐で足止めされた航空機の乗客が家までの別ルートの便を予約できるよう、あきらめずに手を尽くすこと、コールセンターにかかってきた年配のお客様の初歩的な質問に辛抱強く親身になって応対すること。サービスはパフォーマンスであり、パフォーマーの個人の価値観がとても重要になる。それは医療業界の内でも外でも変わらない。

レッスン2　〝成功のサイクル〟をつくる

メイヨー・クリニックは職員をすぐには手放さない。ジャクソンヴィルのメイヨー・クリニックは並外れた努力をして、優良な職員をひとりも解雇することなく、元の病院より職員数が500人少ない小規模な新施設に移転した。これはすなわち、メイヨーは関わった人々にとって忘れられない雇用主であるということだ。

メイヨーは人との関係を大事にする雇い主である。人を雇うのは仕事をあてがうためではなく、キャリアを築いてもらうためだ。必要不可欠な価値観、才能、伸びしろのある適任の職員を見つけるために並々ならぬ努力を重ね、個々の職員が提供するものとクリニックが求めるものが合致するよう懸命に取り組む。関連医療スタッフがその職に必要なスキルに欠ける場合、通常、メイヨー・クリニックのマネジャーがやろうとするのは、そのスタッフがもっと自分に合った職を組織のなかで見つけられるよう手助けすることだ。全ての職員が数千ドルの人材発掘や研修の費用の証しだ。メイヨーの文化に合うことが分かった職員は、組織内のさらに有望なポストに再投資できる資源である。メイヨーの離職率が低く、メイヨー・クリニックでキャリアを積むことを選ぶ職員の多さは、このことからも説明がつく。

メイヨーは、職員の選抜や育成に多くの時間、才能、資金を投じることをいとわないが、これはひとつには、職員がここでキャリアを全うするとメイヨーのリーダー陣が想定しているためだ。もちろん、メイヨーにとどまらない者もいるが、この想定は広く行き渡り、職員への投資の取り組み全体に影響を与えている。こうした〝キャリア〟の想定はとても重要で、しかも珍しく、メイヨーの外部の経営者は自身の組織に適用することを考慮すべきだ。多くのサービス組織のマネジャーは、高い離職率を前提に、すぐ離職する人への先行投資を最低限に抑えようとする——そして生み出されるのがシュレシンジャーとヘスケットが「失敗のサイクル」と呼ぶ状況だ。[4] 職員への投資が不十分だと、彼らは仕事で良い成果をあげる準備が整わないまま放置され、やがて辞めるか解雇されることになる。離職する職員の割合が大きければ、投資を増やす意欲は湧かない。多くの職員が経験も準備も不足すると、サービスの質や顧客維持《カスタマーリテンション》があおりを受け、収益が減少し、職員の成功に投資できるリソースがさらに減る。[5]

メイヨー・クリニックは、他の好業績のサービス組織と同様に「成功のサイクル」に投資する。多額の先行投資をおこなうのは、メイヨーの文化になじみ、成功の見こみがある、長くとどまりたい人物を見つける確率を高めるためだ。クリニックと患者はいずれも、メイヨー・クリニック体験のつくり方を心得た、長期にわたる忠実なスタッフの恩恵を受けている。[6]

レッスン3　ブロードウェイ式で役を割り当てる

サービス組織で戦略を実行するとき、何より大切なのは優秀な人材を採用することだ。メイヨーが優秀な人材を根気強く探し求める姿には教えられるところが多い。たしかに、ポストの空きができるとクリニック内は常軌を逸した騒ぎになる。有望な候補者たちをいら立たせる。それでも結局は、クリニックが共同で実施する、時間のかかる採用プロセスが永続的な成功の基礎となる。メイヨー・クリニックはすばらしい人々なくしてメイヨー・クリニックたりえないからだ。クリニックのチーム医療のコア・バリューやコア・ストラテジーも、チームを形成する優秀な人々がいなければ効果はない。サービス品質の先駆者だった作家で講演家の故ロン・ゼンケは、サービス企業の経営陣に、雇用とはブロードウェイのショーの配役のようなものだと考えるようアドバイスしていた。つまり、慎重に決めなくてはならないということだ。[7]メイヨー・クリニックは〝ブロードウェイ式〟雇用の代表格である。そのパネル面接のプロセスは、配役担当グループの前でおこなうオーディションに等しい。優秀な候補者たちは通常、いくつもの選考段階を通過しなければならず、これは、舞台その他のエンタテインメント作品のキャスティングでおこなわれる、複数回にわたる審査方式に似ている。

組織が採用基準の引き下げを迫られることは珍しくない。職員が離職して予期せぬ欠員が生じることもある。顧客の需要が予測を上まわったら、急遽スタッフを補充しなければならない。労働力プールが不足している職種もある。利益率が減れば、賃金・給与コストの削減に焦点が絞られる。こうした圧力をものともせず、メイヨー・クリニックはおおむね、断固として採用基準を下げずに成功を収めてきた。たとえば、われわれの調査では、深刻な看護師不足にもかかわらず、メイヨーでの採用時に受けた面接過程の厳しさに正看護師たちが驚きを示していた。ある正看護師はこう述べた。「メイヨーは誰を雇うかについて細心の注意を払っています。看護師は不足していましたし、わたしは17年の経験がありましたから、ドアを開ければそれで決まりだろうと思っていました。部屋には3人の面接官がいて、つぎつぎに質問を浴びせられました。看護職に応募した人全員がここで仕事に就けるわけではありません。これはすごいことです」[8]。

まとめ

職員への投資は、個人にとっても組織にとっても成功への投資となる。サービス企業では、サービスはパフォーマンスであり、職員はパフォーマーだ。メイヨー・クリニックの例が示すように、適切な人材を雇用することが何より大切で、そうした人々に支援と報酬を与えるのは当然のことだ。職員候補者を評価する基準には次のようなものがある。

・個人の価値観が会社の根本的な価値観を補完している。
・態度が素直で、あるがままの組織になじむ意欲があるが、必要ならば現状に立ち向かう勇気がある。
・専門スキルとチームワークにすぐれている。
・専門知識をいまの水準以上に磨いて伸ばすポテンシャルがある。
・仕事だけではなく、キャリアに関心がある。
・雇用主に忠実である。

厳しい選考プロセスに基づいた慎重な雇用を通じて、面接官は成果を生み出す優秀な人材を見つけ出している。

第7章 品質の手がかりを編成する

メアリ・アン・モリスは、メイヨー・ロチェスターで一般サービスとメイヨー・クリニックのボランティアプログラムを管理している。彼女は、このクリニックで働きはじめたころのエピソードを話すのが好きだ。彼女が働いていたのは検査室で、白い制服と白い靴の着用が義務づけられていた。朝、幼いふたりの子どもをあわただしく学校へ送り出したあと、職場に着くと、上司が彼女の靴をじっと見ているのに気づいた。上司は靴紐の穴に通すところが汚れているのに目をとめ、モリスにきれいにするように言った。気を悪くしたモリスは、自分の職場は検査室で、患者がいるわけではないのに、なぜそれが問題なのかと言った。すると上司はこう答えた。気づかないうちに患者と接触しているのだ。メイヨーの名札をつけたまま通りに出たり、廊下を歩いていて患者や家族とすれ違ったりしたときに。だから、そんな汚い靴紐でメイヨー・クリニックを代表させるわけにはいかないのだと。「最初は言われて気にさわったのですが、だんだんわかってきました。わたしのやることは何もかも、靴紐に至るまで、患者さんやお見舞客に対するわたしの責任感を表しているのです……わたし自身や同僚がめざすサービスの基準を設定するために、わたしはこの汚い靴紐の話をいまでもします[1]」。

靴紐が汚れていても、病人の治療という大きなリスクがある状況では、たいしたことには思えない。だが、靴紐は患者や不安な家族から見えるもの、ささいでこそあれ、組織とそれが提供する技術的に複雑な無形の医療サービスについての有形な証拠なのだ。たしかに、この靴紐は代弁者の役割を担い、サービス組織の話を伝える役に立っている。靴紐は品質を知る手がかり、メイヨー・クリニックの物語を凝縮した、独特な、説得力のある数多くの手がかりのひとつだ。クリニックの手がかり管理《マネジメント》は模範的で、直観と目的意識を織り交ぜつつ、患者のためにすぐれた体験をつくり出すことを追求している。この章では、顧客のサービス体験を生み出すための手がかりを管理するという考えをもとに、メイヨーがどのようにして、果ては靴紐に至る、品質についての手がかりを編成しているのか説明しよう。

顧客は探偵だ

顧客は組織と関わるとき、つねになんらかの体験をする。体験は必ずついてまわるものだが、ポジティブな体験はそうではない。組織と関わる際、顧客は意識的にせよ無意識的にせよ、その体験に埋めこまれた手がかりをフィルターにかけ、一連の印象にまとめる。その印象は理性的なものもあれば、より感情的なものもある。知覚したり感じたりするもの、あるいは、そこにないことでかえって目立つものは、どれも体験の手がかりだ。顧客が見たり、匂いを嗅いだり、聞いたり、味わったりできるなら、それも手がかりになる。患者を診るために診察室に入ってきた医師が、すわっている患者に立ったまま質問するのと、すぐにすわって患者と同じ目線で言葉をかわすのでは、違った手がかりを伝えるだろう。特定の手がかりはメッセージを伝え、その手がかりとメッセージがひとつになって顧客のサービス体験を生み出し、顧客の感情に影響を与える。体験しているあいだに顧客が感じることも、その体験の一部になる。たとえば、あるサービス体験を通して、顧客は安心したり、自信を抱いたり、自分が有能だとか賢いと感じたり、敬意を払われている、大事にされていると感じるだろうか、それとも、その逆の感情を抱くだろうか？　前述の立ったまま診察する医師の例で、患者が自信を抱いたり、敬意を払われているとか大事にされていると感じることはないだろう。こうしたネガティブな感情は、医師が診察室のドアの近くに立ったままで、早々に退出する意思をもっとあからさまに示したら、さらに強まるかもしれない。

サービスを選んで利用する際、顧客はたいていマネジャーやサービス業者が思っている以上に多くを目にし、多くの情報を処理する。顧客は体験した手がかりを処理し、感情を引き起こす一連の印象にまとめるという点で、まさに〝探偵〟さながらに行動する。顧客がそのような手がかりを処理するのは、サービスを買うかやめるかを決めるとき、サービスを受けているあいだやそのあとに、それを評価するときだ。サービスがより重要で、ばらつきがあり、複雑で、個人向けになるにつれ、顧客は一層警戒し、手がかりに敏感になるだろう。消費はリスクを生むため、顧客はリスクの高まった状況でさらに探偵稼業に精を出すことが予想される。[2]

ヘルスケアサービスは、重要性とばらつき（サービスの労力と技術の高低によるもの）、複雑さ、個別化といった要素があるため、リスクが高い。ヘルスケアでは患者のＱＯＬ（生活の質）と生命そのものが危険にさらされることから、体験の手がかりのマネジメントはとりわけ医療機関にとって重要だ。だが、他の種類のサービスの多くでも、さまざまな特性のリスクが高まっているので、サービス産業全体に手がかりのマネジメントの原則を適用することができる。

3種類の手がかり

体験の手がかりはもっとも力強いやり方で、サービスに関する物語を伝える。そして、独特のサービスで名高い成功を収めている組織は、系統化された手がかりのマネジメントを通して自らのサービスの物語を効果的に伝えている。手がかりは3つのカテゴリーに分類される。〈機能的手がかり〉、〈設備的手がかり〉、それに〈人間的手がかり〉だ。〈設備的手がかり〉と〈人間的手がかり〉は、１９９４年に発表された独創的な論文でルイス・カーボーンとスティーヴン・ヘッケルによって造られた言葉だ。〈機能的手がかり〉という用語はのちの論文で追加された。[3]〈機能的手がかり〉はサービスの技術的な品質、つまり、サービスの信頼性と機能性に関するものだ。その有無により、技術的な品質に対する顧客の印象を左右するものは全て〈機能的手がかり〉である。〈設備的手がかり〉は無生物に由来するもので、光景やにおい、音、味、手ざわりが含まれる。施設や機器、調度品、ディスプレー、照明などの感覚に働きかける手がかりは、サービスを視覚的に表現し、言葉によらないコミュニケーションを成立させる。〈人間的手がかり〉はサービス提供者の行動や外見に由来する。たとえば、彼らの発する言葉やボディランゲージ、声のトーン、熱意のレベル、服装の適切さなどだ。[4]

〈機能的手がかり〉が主にサービス体験の〝内容（ｗｈａｔ）〟に関わるのに対し、〈設備的手がかり〉と〈人間的手がかり〉は主にサービスの〝方法（ｈｏｗ）〟に関わるものだ。サービスは、機能的であっても、その提供の仕方しだいで顧客にネガティブな感情を抱かせる。仮に、患者が医師にセカンドオピニオンを求めにいく状況について考えてほしい。ひとり目の医師は患者の病状を診て、手術が必要という結論に達したとする。ふたり目の医師はひとり目の医師が下した診断と手術の推奨の両方が正しいことを確認した。どちらの医師も機能的には正しいサービスを提供している。ところが、ふたりの振る舞いはまったく違っていた。ひとり目の医師はよそよそしく見え、患者を名前で呼ばなかった。対して、ふたり目の医師は親しみやすく、患者を名前で呼び、思いやりを示した。たとえ〈機能的手がかり〉が類似していても、ふたつの体験に対する患者の知覚（印象）や感じ方は違ってくるはずだ。

図7-1　顧客の体験の知覚に影響をおよぼす手がかり

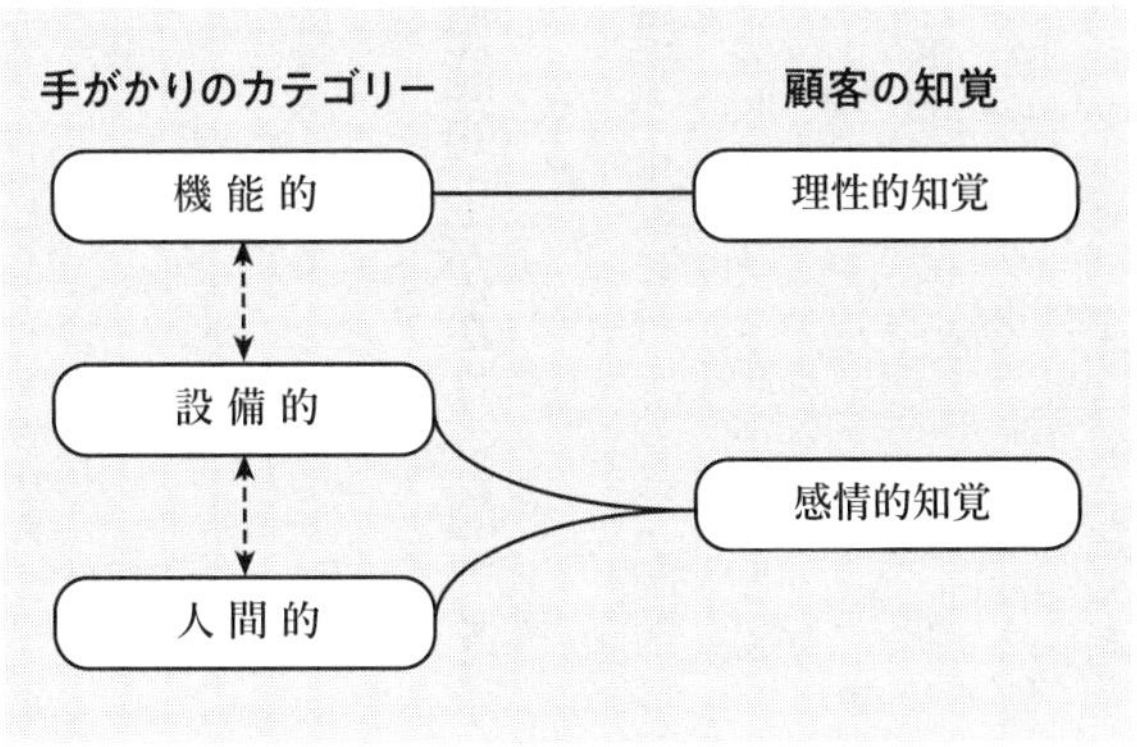

手がかりの役割

機能的、設備的、人間的手がかりは、顧客のサービス体験を生み出す際に、特定な役割を果たす。図7-1に示すように、〈機能的手がかり〉は主に顧客の体験に対する理性的な知覚に影響をおよぼすのに対し、〈設備的手がかり〉と〈人間的手がかり〉は感情的な知覚に影響をおよぼす。うまく管理されたサービス組織は、3つのカテゴリーの全てに秀でるために投資し、サービス体験の感情面も機能面と同じぐらい厳密に管理する。手がかりのカテゴリーは足し算ではなく、相乗的とされている。つまり、各カテゴリーが一体となってつくり出す体験の合計は、個々に作用する部分の合計よりも大きい。手がかり管理を効果的に実行している組織のリーダーは「手がかりを管理する」という考え方を耳にしたことはなくても、直観的に理解している——メイヨー兄弟とヘンリー・プラマー医師がそうだったのは間違いない。メイヨー・クリニックがサービスの〝内容〟だけでなく、〝方法〟でも傑出することに大きな関心を抱き、投資してきたのは、初期のリーダーとそれに続く多くの人の功績である。

機能的手がかり：能力を示して信用を染みこませる

顧客が市場に行くのは、問題に対する解決策《ソリューション》を買うためだ。買うのは他者とコミュニケーションを図る能力であって、電話サービスではない。長距離を移動する能力であって、航空券ではない。ヘルスケアの場合も、患者が買い求めるのは、慢性の痛みの解消と動きやすさであって、膝の手術ではない。

顧客の買うソリューションは機能性によって決まる。良質のサービスを提供するなら、期待されたサービスを間違いなくおこなうことに勝るものはない。信頼性は顧客のサービスへの期待に応えるもっとも重要な要素であると、これまで発表された研究論文で一貫して立証されてきた。[5]スーザン・M・キーヴニーは、顧客があるサービス会社から他社へ変更する理由について、受賞歴のある研究で次のような発見をしている。調査した顧客の44パーセントが（部分的にであれ全部であれ）乗り換えた理由に挙げたのは、核となるサービスの不具合、つまりサービスの出来の悪さだった。コア・サービスの不具合はサービス業者を乗り換える理由としてもっとも頻繁に挙げられた。[6]

〈機能的手がかり〉の主な役割は、サービスパフォーマンスの確実性のなかで顧客（や見込み客）の信用を強化することだ。この組織、あるいはこのサービス業者には、十分な能力があるだろうか？　サービスをおこなうのに必要な技術や知識は整っているのか？〈機能的手がかり〉はそうした疑問に効果的に応じることが求められる。サービスは無形であるがゆえにとらえどころがなく、顧客にとっては概して商品よりも評価しにくい。ヘルスケアをはじめ、多くのサービスは技術的に複雑なため、顧客はおのずと機能を判断する手がかりを探す。無形であることと複雑さとが相まって、顧客は〝手がかり感度〟を高めざるをえない。サービスが重要でばらつきがあり、密接なものなら、それはさらに向上する。

メイヨー・クリニックの中心的な価値観と戦略である、患者第一、協働、デスティネーション医療が、強力な〈機能的手がかり〉を示すのに役立っているのは確かだ。チーム医療のサービスモデルは、クリニックが考えられる最善のケアを提供するためにリソースを調整している印象を患者に与える。この「力の結集」は強い〈機能的手がかり〉として役立つ。デスティネーション医療の実践に必要な、効率の良い時間短縮型の統合医療を提供するには、システムとインフラへ投資することが欠かせないが、その投資も患者やその家族にクリニックの機能性を伝える。そして、メイヨーの統合された蓄積型の電子カルテが患者に安心感を与えるのは、面談での患者の発言が示すとおりだ。「前回の診療を受けたとき、先生がパソコンで過去5年分の検査結果を全て出して、その傾向を説明してくれました。そして、どうしたらいいか話し合ったのです。すばらしいことだと思いました[7]」。

重症の患者は〈機能的手がかり〉にことさら敏感だと思われる。次の話は、米国南東部の中規模都市からメイヨー・クリニックに来たがん患者（仮にドンとする）が語ったもので、顧客体験のマネジメントにおける〈機能的手がかり〉の重要な役割を明らかにしている。

わたしは喉に妙な違和感が2年以上前からあったのですが、受診すると心配するほどではないと言われました。それから1年ほどたったころ、別の医師を紹介され、診療を受けたところ、舌のつけ根に腫瘍がひとつあると言われたのです。先生はどんな根治手術をすることになるかも話してくれました。その時点でメイヨー・クリニックに行くことに決め、2週間後に到着しました。

メイヨーのチーム治療にわたしは非常に感銘を受けました。担当医は3人。耳鼻咽喉科専門医のケリー・オルセン先生、放射線腫瘍科医のロバート・フット先生、そして、がん内科医のジュリアン・モリーナ先生です。いままでの病院となんという違いでしょう。オルセン先生に他の治療法があるので手術はしなくていいと言われたのを憶えています。その一言がとても印象深く、これで最善の治療を受けられるのだという確信が強まりました。チームは35回の放射線治療と3クールの化学療法という治療計画を処方しました。最初からチームに好印象を抱いたので、わたしはメイヨー・クリニックに残って治療を受けることに決めました。妻とわたしはロチェスターのホテルに3カ月以上滞在しました。治療は控えめにいっても、とてもつらいものでしたが、メイヨー・クリニックにいられて感謝の気持ちしかありませんでした。

治療後の2年間は3カ月ごとにフォローアップ治療のためにチームの診察を受けにきました。現在、フォローアップ治療は6カ月ごとになっています。

もうひとつ、すぐに気づいたのはメイヨーの診療の効率の良さでした。予測のつかない状態というのはたいていの人にとってつらいものです。メイヨーで、検査やスキャンの結果を長く待たされたことはありません。これは患者から不安を取り除くだけでなく、医師も情報をすばやく共有できるわけです。だからメイヨー・クリニックは効果的で効率的になるし、適切なことをとてもうまくできるのでしょう。

放射線治療のあいだは、頭を動かせないようにマスクをかけて固定されました。最後のころの治療のあと、ひどく苦しかったのをおぼえています。たしか、治療のほとんどの管理を担当していた若い女性、ジェイミーにこう言いました。「ジェイミー、この治療が少しでも効いてくれることを願っているよ」。すると、彼女はきっぱり答えました。「わたしはそんなこと願いません。だってちゃんと効くってわかっていますから」。彼女はそのとき、わたしが聞きたかったことを言ってくれたのです。肉体的にはとてもつらかったのですが、元気が出て、気持ちが上向き、希望がふくらみました。

3カ月ごとにフォローアップの診察に来るたびに、わたしはジェイミーを探して言ったものです。「まだ生きているよ。君がおれの人生を大きく変えてくれたんだ」。3カ月のあいだ毎日、病院で治療を受ければ、ジェイミーや放射線腫瘍科の受付係のローズのような人を頼るようになります。人生のあのようなひと時には、彼女たちこそが立派な、メイヨー・クリニックの顔なのです。

ドンの話は〈機能的手がかり〉の顕著な役割だけでなく、3種類の手がかりの相互関係（図7-1で矢印が両方向を指している所以）も示している。ひとつの刺激が複数の手がかりをもたらすことがある。この治療は効くとわかっているとジェイミーが断言したことは、強力な〈機能的手がかり〉だっただけでなく、強力な〈人間的手がかり〉でもあった。彼女はタイミング良く、ドンが求めてやまない心の支えとなる薬を与えたのだ。思いやりと能力が組めば、効果は大きい。

設備的手がかり：第一印象、期待、価値観に影響を与える

〈設備的手がかり〉は、無形のサービスを具現化する有形のものに由来する。通常、顧客はサービスを実際に体験する前にサービスを購入する。〈設備的手がかり〉の特徴的な役割は顧客に良い第一印象を与えることだ。顧客は普通、〈機能的手がかり〉や〈人間的手がかり〉を体験する前に〈設備的手がかり〉をある程度体験する。このため〈設備的手がかり〉は、顧客によるサービスの選択に影響を与えることが多い。あるサービスについて過去に経験がない顧客――たとえば、知らない街を訪れてホテルやレストランを選ばなければならない旅行者――は往々にして、主に施設の外観を選択の基準にする。〈機能的手がかり〉の役割が、サービスの最中とあとにサービスの能力への顧客の信用を得ることなのに対し、〈設備的手がかり〉の役割のひとつは、このサービスを買うのは賢いと最初に顧客に感じさせることだ。

〈設備的手がかり〉は第一印象をつくり出すため、サービスに対する顧客の期待に影響をおよぼす。顧客が組織のサービスの質をどう感じるかは、期待していたサービスに対して実際のサービスがどうだったかという評価に由来するだけに、重要だ。[8]〈設備的手がかり〉は顧客に

どんなサービスなのかを示唆し、それとなくサービスを保証する。たとえば、テーブルクロスがかかり、やわらかな照明の瀟洒なレストランは、くだけた雰囲気の平凡な飲食店に比べて、特別な体験と高いレベルの個人的なサービスを保証する。したがって、〈設備的手がかり〉のデザインは組織の意図する市場での位置づけ《マーケットポジショニング》に合致し、それを支えるものでなくてはならない。それが、どんな体験を提供しようとしているかの正確な合図になるからだ。

〈設備的手がかり〉は顧客の体験の一部なので、顧客がその体験をどう感じ、どんな価値を見出すかに影響をおよぼす。顧客がサービスを受ける施設で長い時間を過ごすほど、そうした知覚価値に対する〈設備的手がかり〉の影響は強くなるのが普通だ。[9] スターバックスの目覚ましい成功はコーヒーの品質と斬新なメニューだけが理由ではない。顧客が仲間とのひとときや、ひとりの時間を飲み物とともに楽しめる、くつろぎの空間を提供しているからでもある。テーブルの間隔を広くしているため、顧客はプライベートな会話をしたり、ひとりで考え事をしたりできる（ノートパソコンや本を広げてもいい）。スターバックスのテーブルが丸いのは、ひとり客にとっては四角いテーブルより丸い方が安心できると研究で示されているからだ。[10]

病院に行きたい人はいない

〈設備的手がかり〉はヘルスケアでは重要である。ヘルスケアは、顧客にストレスを与えるなど、さまざまな点で普通とは異なるサービスだからだ。患者になると、消費者として持てる楽しみが最小限に減る。患者がストレスを経験するのは、痛みを伴う病気やけが、運動能力の減退、医療検査や予定されている処置についての心配、将来に対する不安からだ。医療が提供される施設からも相当なストレスを受けるかもしれない――威圧感があって騒々しく、心の支えに欠け、自然から遮断されて、閉じこめられることもある病院ならなおさらだ。[11]

ヘルスケアはそれを提供する環境から切り離せない。[12] その環境が患者（や家族）を落ち着かせ、気分を高め、心を癒やす、無数の機会を提供することもある。表7－1に示すように、メイヨー・クリニックが施設の設計理念の中心に置くのは、建物を使う患者や家族、見舞客、スタッフのストレスをやわらげる助けとなることだ。医療施設以上に使用者がストレスにさらされる建物は想像しにくい。したがって、クリニックの設計者や建築技師の目標は、建物内の人々のストレスを高めずにやわらげる物理的空間をつくることとなる。

フェニックスにあるメイヨーの病院のロビーは、施設へ通じる心地良いエントランスとなっており、中央広間に、石細工や室内の滝、ピアノ、色鮮やかなソファーが備えられ、壁一面の窓からは山並みを眺めることもできる。外来用の棟ではロビーのピアノに加えて、大きな噴水と彫刻がひときわ目立つ。病院とクリニックの建物の両方に、地元のアーティストから貸し出

表 7-1　メイヨー・クリニック施設設計理念

メイヨー・クリニックの建物は、利用者のストレスを緩和するために	
●安全な場所を提供する	●病院の能力を象徴する
●自然とつながる	●混んでいる印象を最小限に抑える
●自然光を採り入れる	●経路を見つけやすくする
●騒音を弱める	●家族のことも考慮する
●良い気晴らしをつくる	●スタッフを満足させる
●思いやりと敬意を伝える	● 診療の統合を高める

された美術品が展示してある。メイヨー・クリニック・アリゾナの元施設サービス部長、ブライアン・マクスウィーニーは言う。「建物の外観はいかめしいので、逆に内装はやわらかくしています――素材や色、美術品などで。それに患者さんはストレスを受けていますから、施設をやわらかい感じにして、ストレスの緩和に役立つ、良い気分転換になるように努めているのです」。

メイヨーの設計理念が反映されたもうひとつの建物、20階建てのゴンダ・ビルディングは2001年にロチェスター・キャンパスの新しい「正面玄関」としてオープンした。ここには、2階の高さまである壮観な広く開かれたロビーがあり、ゆったりとした印象の空間になっている。大理石の吹き抜けの階段と床、チフーリの大きな吹きガラスのシャンデリア、庭を見わたせる何階分もの一面の窓。共有エリアのここかしこにピアノが置かれている。建物で使われている大理石などの石材は世界各地から取り寄せたものだ。
「患者さんと同じですよ」と施設およびシステム・サポート部長のクレイグ・スモルトは言う。上階のロビーのよく目立つ一角にあるのは、スラギー・ファミリーがん教育センターだ。なぜそんな絶好の場所にこのセンターがあるのか尋ねると、スモルトはこう答えた。「がんほど患者やその家族に影響を与える病気はありません。このセンターが目につきやすいほうが、がんになったマイナスの気持ちを取り除きやすいのです」。

ゴンダ・ビルディングは流れるように手がかりを編成し、痛みと病気の負担を減らす。言葉に出さずとも、建物は訪れる者にこう語りかける。「ようこそいらっしゃいました。あなたの安らぎをわたしたちは最優先に考えます」。クリニックの施設委員会で医師のリーダーを務めるケリー・オルセン医師は言う。「わたしたちは全体的なデザインだけでなく、どんな素材をどのように使うかということにも十分な注意を払いました。何をやろうとしたかというと、患者さんがドアから一歩入ったときに、この世にふたつとない特別な場所に来たのだと気づいてもらえるようにすることです。悠久性と専門家らしさ、それに思いやりと温かさを醸し出したかったのです」。

細部に気を配る

手がかりは組み合わせ次第で、サービスについて一貫性のある話を伝えられる場合もあれば、たがいに衝突して支離滅裂になることもある。メイヨー・クリニックで品質の手がかりを編成する際は、小さな手がかりも大きな手がかりと同じくらい綿密に管理しなければならない。したがって、大きな手がかりが示される広々したロビーでも、小さな手がかりは重要だ。たとえば、メイヨー・クリニックの施設チームは、大理石について吟味するために石切り場まで出かけていく。壁や床に用いる大理石板の天然の模様に、患者を不安にしかねない人の姿や病気を示唆するものがないか確かめるためだ。メイヨーでは患者の体験全てにわたって、手がかりの効果的なマネジメントに相当な注意を払っている。医療施設の共用スペースでの第一印象を良くするのは大事なことだ。だが、患者が怖い思いをするのは、むしろ診察室や病室、処置室といった私的なスペースだろう。手がかりのマネジメントの効果がどこよりも求められるのは、患者がもっとも長い時間を過ごす、もっともストレスを受けそうな場所だ。たとえば、アリゾナの病院を建てているとき、1台の車が建物内にリフトで持ち上げられた。そうすれば、身体的なリハビリをする患者が病院で人目を気にせずに車の乗り降りを練習できるからだ[13]。

医療施設を訪れたとき、子どもほど恐れやストレスを受ける患者はまずいない。メイヨー・クリニックでは、ロチェスターのキャンパスで小児科の患者の恐怖をやわらげ、気をそらそうと、入念な手がかりのマネジメントをおこなっている。ロチェスター・キャンパスの小児科施設では、地元の小学生の作品を用いた何千ものセラミックタイルで全体の壁が彩られている。視覚的な興味を引いて子どもの注意を治療からそらすためだ。セント・メアリーズ病院の救急科の小児科部門では、診察室の蘇生用機器が大きな絵で隠されている（その装置が必要なときは絵をスライドできる）。

２００７年、小児科専門のメイヨー・クリニック・T・デニー・サンフォード小児科センターがオープンした。そこには3段階の高さのウォータークーラーがあり、いちばん低いものは45センチほどで、幼児でも楽に届く高さだ。カーペットには川や動物の足跡が描かれ、子どもがタイルをたどっていくと診察室まで行きつく。伝統あるメイヨー・クリニックの診察室も子ども向きに改良されてきた。たとえば、医師のデスクには直角のかどがない。どれも大きな円を描くように丸みを帯びている。子どもが放射線画像診断装置の台に横たわると、防音の天井タイルにつけられた動物の足跡が見える。装飾のテーマはミネソタ州の動植物で、ほとんどのデザインが子どもの目の高さに配されている。たとえば、壁の絵は75センチより上には描かれていない。周囲は子どもを落ち着かせ、気持ちをやわらげるように設計されている。照明は暗めで、あたりに耳ざわりな音をたてるものはない。まぶしい光はなく、子どもが壁のそばを通ると動植物の絵が描かれたバックライト式の壁の電子センサーが働き、ホタルがほのかな光を点滅させる。

照明のデザインはクリニックの〈設備的手がかり〉管理で大きな役割を担うものだ。部屋の間接照明で壁を照らすことが必須と考えられている。メイヨー・ジャクソンヴィルのキャンパス計画とプロジェクトを指揮し、3つのキャンパスを全て手がけたロバート・フォンテーンはこう説明する。「メイヨーのプロジェクトで間接照明を使わなかったことはありません。光を壁に当てると部屋が広く感じられ、ささやかで、清潔に見えるからです。だから、ずっと居心地のいい場所になる。部屋に長時間いても気になりません」。

メイヨー・クリニックの診察室は医師がどの部屋も効率的に使えるように、統一された設計になっている。一般的な診察室が11平方メートルであるのに対して、13から13・5平方メートルと大きめだ。音が響きにくく、患者にプライバシーの心配をさせない。分厚い壁と天井が「五面の箱」を形成している。つまり、天井も壁のようにつくられているということだ（天井は5番目の壁になる）。部屋には美術品が飾られている。患者はカーテンで仕切られたスペースで服を脱ぎ、ハンガーに掛け、また服を着る。照明は、バックグラウンド照明と診察用の2段階の明るさがある。診察台にはリネンや手袋などの備品を入れる引き出しがついている。医師のデスクのすぐ横に患者や家族がすわるソファーがあり、デスクが障壁にならない配置になっている。ロバート・フォンテーンは、現在、メイヨーで使われている片肘のソファーをデザインした。「ソファーを使用するという考えそのものがとても肝心で、元をたどるとドクター・プラマーとその同僚にまでさかのぼります。彼らはひとり掛けの椅子はソファーほど融通がきかないことに気づきました。おそらく、患者は付き添いの方3、4人と一緒に来るからです。患者が不調を訴えたときには、横になってもらうこともできる。肘が片方だけだから端から足を投げ出すこともできます。ソファーを見れば医療の質がわかります。患者はよそとは違うと感じるはずです。ソファーのある病院など他にはありませんから」。

お静かに願います

病院内の騒音は血圧、心拍数上昇、有害な精神生理学的影響をおよぼす深刻な環境ストレス要因だ。[14]病院の騒音はさまざまな発生源があり（ポケットベル、アラーム、廊下での会話）、やかましくて（看護師のシフト交代、医療機器の使用や移動）、気がめいる（同室の患者が痛みで悲鳴をあげる）。[15]

メイヨー・クリニックはもちろん、大部分の病院で、騒音の悪影響を緩和するために対策をもっと講ずることができる。この可能性を明らかにしたのは、セント・メアリーズ病院の胸部外科高度治療室の看護師たちによる、継続的な改善プロジェクトだった。看護師たちは騒音測定器を使って、デシベル単位で病棟の騒音を記録したのだ。もっともデシベルが高かったのは、機器の移動、シフト交代の騒音、廊下での電話とベッド脇のアラームだった。移動式のX線撮影装置が病室の前を通ると（98デシベルを記録）、オートバイが通過するのと同レベルの騒音が発生する。調査の結果を受けて、改善策が実行された。シフト交代はドアを閉めた部屋でおこなう、廊下のドアと電話の近くには騒音禁止の張り紙をする、夜間は明かりを暗くして静かにしましょうという「合図」を送る、病棟への真夜中の医療品の配達を中止する、ベッドサイドの心臓モニターのアラームを低い音にする、通常の胸部X線検査は夕方早めにおこなう、病室の外の金属製カルテ入れの底に詰め物をするなどだ。[16]

その最初の調査報告書の主執筆者シュリル・A・カミール正看護師が言うには、報告書に記した対策は続けているが、夜間の会話と病棟での業務で生じる騒音は最大の課題としていまだ残っているという。ロチェスターの看護部長、ドリーン・フラスティ正看護師は胸部外科高度治療室で得られた成果を踏まえて改善に努めるよう、正看護部のリーダーシップチームに要求した。ロチェスターの57の看護病棟全てが騒音の意識調査に参加し、各病棟で少なくともひとつの騒音改善策を選んで実行したのち、ふたたびその騒音意識調査を患者とスタッフ双方を対象におこなった。それに加えて、騒音測定器を看護病棟の31カ所に設置した。「調査の結果、病院内環境で個々の看護チームが真剣に騒音を減らす努力をすれば、ある程度の騒音軽減が達成されると判明した」と手術後看護師部門の看護師の管理者で、追跡調査の主執筆者ジョイス・オーヴァーマン・デューブ正看護師は述べている。[17] たとえば、チームが工学部門と協力して、配膳カートのトレイ収納棚をボルトで留めて騒音を減らしたり、一部の装置を音の静かな車輪に変えたりしたところ、望ましい結果になったという。「小さな声で」という掲示を電話のそばに貼ったり、病室のドアを閉めたり、院内の呼び出し放送を制限したりといった常識的な対策にも効果があった。だが、そういった改善策をもってしても、「まだまだ騒音のレベルが高すぎるし、そういう時間が長すぎる」とフラスティは言う。「やるべきことはまだあります」。

人間的手がかり：顧客の期待を上回る

サービス体験における人と人の関わりは顧客に敬意と尊重を表す機会になる。そうすることで、期待を上まわり、信頼を強め、忠誠心《ロイヤルティ》が深まる。[18] 労働集約型サービスではサービスに好ましからぬばらつきが生じることもあるが、サービス提供者が並々ならぬ丁寧さや配慮、献身、創意を持っておこなえば、望ましいばらつきが生まれることもある。サービス提供者の努力を顧客が認識すれば、満足度と忠誠心《ロイヤルティ》にとりわけ強い影響をおよぼすことも明らかになっている。[19]

どんな種類のサービスでも、顧客の期待を満たすには通常、〈機能的手がかり〉がもっとも重要だ（機能性は、求められている核になる解決策を提供するためだ）。一方、顧客の労働集約的、双方向のサービスに対する期待を上まわるには通常、〈人間的手がかり〉がもっとも重要だ（顧客への接し方がこうした体験の中心となり、すばらしい接し方はうれしい誤算をもたらすため）。うれしい誤算を起こすには期待を上まわることが必要で、その最高の機会は、顧客がサービス提供者と触れ合うときに訪れる。[20]

本書で挙げている例の多くは感情に訴える〈人間的手がかり〉を示すものだ。ここでわれわれが気に入っている例をそこに含めたい。それは、強い〈人間的手がかり〉の本質を見事に捉えている。その本質とは、ケアを提供する相手に敬意と尊重を示すことだ。話はメイヨー・ロチェスター救急科のルイス・ハーロー医師と彼が治療したクリニック職員の年配の母親にまつわるもので、2001年にその職員から救急科部長のワイアット・デッカー医師に送られたeメールに書かれている。送信者の名前以外は一語一句たがわずここに紹介する。

デッカー先生、こんにちは。

わたしはこのメールをもっと早く出すべきだったのに怠っていました。けれども、3カ月前の救急外来での体験をくわしく書きたかったのです。ルイス・ハーロー先生がどんなに並はずれた医師なのかをデッカー先生に直接お伝えしたかったのです。

わたしは91歳になるかなり認知症の進んだ母親と一緒に住んでいます。3カ月ぐらい前のことでした。帰宅すると、母が家の外の芝生に倒れていました。転んだあと、起き上がることができなかったのです。肘にはひどい青あざとかすり傷がありました。母は小柄なのでなんとか起こして、救急外来へ連れていきました。到着するとすぐに対応してもらい、スタッフも皆とても母に気を遣ってくれました。母は耳もほとんど聞こえないので、簡単にいかないこともあるのです。

ハーロー先生は自己紹介してから母にとても辛抱強く、やさしく接してくれました。大きな声で話して聞き取れるようにしてくれました。診察の際、先生は母に立ち上がって何歩か歩くようにいいました。母は言われたとおり歩きはじめるとよろけて先生にぶつかってしまいました。母はしっかりしていたころには機知に富んでいたので、それがいくらか残っていたのでしょう。先生にぶつかったあと、先生を見あげて言いました。「まあ、ワルツが踊れそうですね」。すると先生が言いました。「では踊りましょう」。そして、母を腕に抱えて診察室のなかでワルツのステップを始めました。母はダンスが大好きだったので、すっかり喜んでしまい、わたしは涙が浮かんできました。この小さくてか弱いおばあさんが、このとびきりハンサムな青年と部屋でワルツを踊っている、その光景に胸がいっぱいになりました。あの晩ほど、メイヨーのスタッフであることを誇りに思ったことはありません。ふたりの触れ合いを目の当たりにして、これこそが、ここのクリニックの先生の器の大きさだと気づきました。医療の技術があるのは当然だとしても、思いやりとやさしさ、つまり人間性が並外れていることにとても心を打たれました。

救急医療の大きな体制からすれば、この出来事などちっぽけなことだと分かっています。母は肘にけがを負いましたが、実際はたいしたことなく、傷は1日2日で治りました。けれども、あの晩、先生と母との触れ合いで起こった「癒やし」こそ、ほんとうにメイヨーが他とは違うところであり、わたしの記憶からも一生消えないことだと思います。

患者の家族の立場から、メイヨーと救急科はハーロー先生というスタッフがいらして、とても幸運だとお伝えしたいと思います。

成功のための服装

メイヨーが〈人間的手がかり〉を編成する方法のひとつに服装規定がある。患者はメイヨーの医師がふだん着でいるところに出くわすことはない。手術着《スクラブ》を着ているとき以外、メイヨーの医師は仕事中、ビジネススーツを着ている。メイヨー・クリニックのケアモデルからの引用を読めば、その方針が分かる。「白衣ではなくビジネススーツを着用すると、患者からはプロフェッショナルな雰囲気と患者への敬意とともに、温かみと親しみやすさも醸し出す独特の服装規定だと受け止められる」[21]。なかにはメイヨーの格式ばった服装規定をこれ見よがしだと思う人もいるかもしれない。むしろ、これは根本的な手がかりのマネジメントなのである。飛行機の乗客がパイロットにゴルフシャツを着てほしくないのと同じように、患者はゴルフシャツ姿の医者など見たくない[22]。

従来、看護職は白い制服を着るものと認識されてきた。最近は米国の看護師の服装基準がゆるくなり、色鮮やかな制服を身につける看護師も少なくない。だが、メイヨー・アリゾナの看護師は、病院の患者は白を好むという調査結果が出たため、白を着ている。アリゾナの病院の看護師長、ブリジェット・ジャブロンスキーの意見では、

よその看護師がメイヨーで働きたくないのは、ここでは白い制服を着なければならないからだと聞いたことがあります。わたしは昔ながらの白い制服を着るのに誇りを持っています。メ

イヨーはプロとしての流儀を、制服の色とスタイルを制限する服装規定で確立したのだと思います。この服装規定は高水準のプロ意識を維持するのに役立つでしょうし、実際、患者さんもそれを望んでいるのです。わたしが聞いたところでは、この病院の開業前に、管理部が患者さんに調査をして、看護師は白い服の方がいいという結果が出たということです。この伝統的な制服なら看護師かどうかすぐに見わけられます。それに対して、このような服装規定のない病院では、部屋に入ってきた人が清掃員なのか、看護師か医者なのかわからないでしょう。室内は暗いことも多くて名札を読むこともできません、入ってきた人はいちいち自己紹介をしませんから。

「この服装規定を決定したのは、1998年にメイヨー・クリニック病院を新しくオープンしたときです」とメイヨー・クリニック・アリゾナの看護部長、デブラ・ペンダガスト正看護師は言う。「わたしたちは最初の患者さんがやってくる前に、メイヨー・クリニックの文化を確立しておかなければならないと承知していました。そして、真っ白な制服はそのメッセージでもありました」。1200人の職員のほとんどが新規採用だったため、看護師や他の職員の服装規定は、職員と患者にメイヨー・クリニック病院が他の地域の病院とは違うと知らせる手がかりとなった。「1998年に『白一色の制服』を看護師に着るように求めた病院は他に知りません」とペンダガストは言う。

患者の認識は、2008年のオープン時にジャクソンヴィルのメイヨー・クリニック病院の服装規定をつくる際にも役立った。メイヨー・クリニック・ジャクソンヴィルの最高看護責任者、デブラ・ハンキ正看護師は言う。「セントルーク病院では、看護師は自分で選んだ色柄ものの上着とコーディネイトした無地のパンツを着用していました。でも、もっとプロフェッショナルな外見になるよう、いまでは看護師も他の職員も無地の制服を着ています。たとえば、看護師の制服は淡い青です」。看護師の制服からの手がかりは、ロチェスターの病院の文化の一部でもある。「わたしたちはスクラブも無地を着用しなければなりません」と語るのは、ロチェスターの看護部長、ドリーン・フラスティ正看護師だ。彼女はさらに、この決定はチームワークにとって価値があると言う。「それぞれの棟は、認められた色のリストからどれを選ぶのか、合意に達しなければならないのです」。

理想的な医師の振る舞い

メイヨー・クリニックの患者を対象とした調査から、医師の〈人間的手がかり〉の重要性が明らかになっており、それを医師がどのように示すのが良いかも示唆されている。[23] 調査は、広範囲にわたる14の診療科のサービスを最近受けた入院患者と外来患者を無作為に抽出し、電話をかける方式で実施された。合計192人の患者はほぼ均質な男女比で、20分から50分のあいだに重点的に尋ねたのは、メイヨーの医師の診察を受けて、いちばん良かった点といちばんいやだった点についてだった。

回答者はメイヨーに長くかかっている患者から初診の患者までさまざまだった。彼らにはメイヨー・クリニックのどの医師のことでもいいし、最近の診察にも限定されない旨が伝えられた。192人の回答者が「もっとも良い」体験を語ったのに対し、「もっとも悪い」体験を語ったのは89人だけだった。その「もっとも悪い」体験に関する回答は望ましい医師の振る舞いとは反対の振る舞いを表していた。表7-2に示すように、7つの理想的な医師の振る舞いのキーワードが調査で特定された。自信、共感、人間味、個人的関心、率直さ、尊重、周到さだ。調査をもとに、こうした振る舞いの定義と代表的な患者のコメントも表7-2に記してある。

この調査の結果、メイヨー・クリニックが（他の医療機関もそうだが）、より確かな評判を築くには、技術の質だけを頼りにしてはいけない理由が明らかになった。医療サービスを受けたあとでさえ、患者が技術的な質について判断を下すのはえてして難しい。「メイヨーの医師との関わりでもっとも良かったこと（もっともいやだったこと）について」と自由に話すよう促し、医師の技量に触れることを妨げはしなかったが、それでも回答者はほとんど言及しなかった。

表7-2　理想的な医師の振る舞い、定義、証言

理想的な医師の振る舞いのキーワード	定義	患者からのコメント
自信	医師の自信のある振る舞いは信頼を生む。医師の自信は患者に自信をつけさせる。	「ドクターの態度を見ているととても強く、とても前向きで、わたしを助ける自信に満ちているのが分かります。ドクターの自信のある態度で気分が落ち着きました」
共感	医師が患者の気持ちや心身に起きていることを理解しようと努め、その解釈を患者に伝える。	「夫の最期の数日間、夫にとても思いやりを示し、やさしく接してくれました。わたしにポリープが見つかったときも、わたしに直接話すタイミングを見計らってくれました。夫が小腸がんで亡くなったので、わたしが怖がることを知っていたからです」
人間味	医師は親身になり、情に厚く、やさしい。	「わたしのリウマチの先生は、薬でも処置でも何なりと座ってじっくり説明してくれます。せかされていると感じたことはありません。とても親身になってくれます。電話をすれば、いつも予約できるようにしてくれます。先生はわたしから電話が来たら、大事な用件だと分かると言いました。信頼してくださり、感謝しています」
個人的関心	医師は単なる患者として関心を寄せるのではなく、触れ合いを持ち、相手をひとりの個人として忘れない。	「彼はわたしの健康だけではなく、ふだんの活動や家庭生活についてもよく知ろうとしました」

理想的な医師の振る舞いのキーワード	定義	患者からのコメント
率直さ	医師はわかりやすい言葉で率直に患者が知っておくべきことを伝える。	「彼らはわかりやすい英語で話してくれる。ごちゃごちゃした受け答えはしないし、遠回しな言い方もしない」
尊重	医師は患者の意見にしっかり耳を傾け、患者と連携する。	「彼女はわたしを良く診てくれるし、治療に、わたしも参加させてくれます。いつ検査を受けたいか、どうするのがいちばん都合がいいか、尋ねてくれるのです。わたしの話にも耳を傾けてくれる、とてもすばらしいお医者さんです」
周到さ	医師は入念で根気強い。	「わたしの心臓外科の先生はなんでもよく説明してくれます。説明がよく行き届いています。わたしの術後の回復をとても心配してくれました。術後のケアにしっかり気を配ってもらったことはすごいと思います。どの外科医もそうとは限らないのです。手術が終われば、それっきりの医者もいますから」

*表内の証言は、書き起こしの長い証言の抜粋である。回答者はもっとも良かった医師との体験を語る際、複数の態度に言及することが多い。たとえば、「思いやり」を示す証言には「尊重」や「周到さ」も含まれ、相応の言葉が使われている。

出典：Neeli M. Bendapudi, Leonard L. Berry, Keith A. Frey, Janet T. Parish, and William L. Rayburn, "Patients' Perspectives on Ideal Physician Behaviors," *Mayo Clinic Proceedings*, March 2006, p. 340.

技術の質などどうでもいいということではない。それは明らかに重要で、患者がメイヨー・クリニックをはじめとする一流の医療施設に行く最大の理由なのだ。だが、医師がどう患者に接したかも重要で、患者はそちらの方がずっと判断しやすい。患者は〈人間的手がかり〉にかけては、熟練した探偵だ。医師（あるいは、その他の医療従事者）が急いでいるか、うわの空なのか、疲れているか、よそよそしいか、無関心なのか、恐れをなしたのかを感じ取ることができる。心からの関心があるか、思いやりがあるか、落ち着いているか、自信があるか感じ取れるのと同じだ。医療のような、不安を生じさせ、複雑で、間近でおこなわれる個人的なサービスでは、患者は医療従事者に技能だけでなく思いやりのある行動を求める。〈機能的手がかり〉だけでなく、〈人間的手がかり〉も真実を語ってくれるのだ。

メイヨーでのフォーカスグループ面談のあと、参加した乳がんの患者から調査員に手紙が届いた。それは医療サービスの提供における〈人間的手がかり〉の役割を雄弁に伝えている。

わたしたちはひとりの人間として、わたしたちが求めるものに共感し、それを理解できるお医者さんを望んでいます。わたしたちはお医者さんを神様と並べて尊敬しますが、えらぶった態度を取ったり、わたしたちを見くびったり、おびえさせたりしてほしくありません。わたしたちのお医者さんにはそれぞれの分野でとてつもない知識を持っていてほしいです。でも、どんなお医者さんにも知恵を使ってその知識を応用することを知ってもらい、わたしたちを自分の病気や治療について理解できる普通の人間として受け入れてもらわなくてはなりません。何年ものあいだに何千人もの患者を診てきたお医者さんにとって、楽観的なまま、現実を見て、患者を励ますのはおそらく難しいことでしょう。わたしたちは、単なる腫瘍ではなく、単なる胸でもなく、単なる犠牲者でもないと思いたいのです。きっとわたしたちのことを知れば、愛さずにはいられない（はずです[24]）。

経営者のためのレッスン

サービスはパフォーマンスである。サービスを得るために、顧客は電気通信会社や航空会社、銀行、宅配便、美容院、病院といった組織と関わる。顧客はひとりあるいは複数のサービス提供者と関わりながら、組織の施設、設備、ウェブサイト、電話システムなどとも関わりを持つ。顧客の組織との関わりや体験は、サービスを物語る手がかりに満ちている。経営者にとって問題となるのは、手がかりが顧客（あるいは見こみ客）にサービスの物語を伝えるかどうかではない。当然、それは伝えるからだ。むしろ、問題は手がかりの伝える物語が正しいかどうかにある。経営者は正しい物語を伝えるために体験の手がかりを編成しなくてはならない。メイヨー・クリニックはこれをきわめてうまくおこなっている。メイヨーの手がかり管理のアプローチは他のサービス組織の経営者にも役に立つ見識を提供するものだ。

レッスン1：伝えたい物語を知る

どの経営者もこう自問するといい。「果たして、自分たちの組織が突然なくなったら、顧客はほんとうに惜しんでくれるだろうか?」。それに対する正直な答えが、「おそらく違う」とか「それほどでもない」ということなら、その組織は現在不足している顧客にとっての価値をつくり出すために、戦略面を、あるいは運営面を点検《オーバーホール》しなければならない。答えがイエスの場合は、さらに問いかけてみる。「顧客が惜しむことはなんだろう?」。この問いの答えにこそ、組織の手がかりが一致団結して伝えるべき物語の基盤がある。

100年以上前から、メイヨー・クリニックは自分たちが伝えたい物語をわかっていた。患者に知ってもらいたいのは、患者のニーズが第一、病院があるのは患者に尽くすためであり、何千人もの患者がその扉をくぐろうと、一人ひとりの患者を大切に思っていること。そして、医学的問題に関して患者を助ける方法があれば、その役目を引き受け、適切な専門家、あるいは専門家のチームを見つけて支援するということだ。さらに患者に知っておいてもらいたいのは、メイヨーは効率的な医療施設であり、てきぱきと仕事を片づけるし、しかもそれを協力しあっておこなうということだ。メイヨーはそうした根本的なメッセージを特定の手がかりを通して伝えている。

価値観に後押しされた直観とねらいのある方針を組み合わせることで、メイヨー・クリニックは、多くの患者と家族に次のような感情を抱かせる体験を編成する。「ここは患者をほんとうにいたわってくれる」、「ここは動きにまとまりがあって、みな、いま何をしているのかわかっている」、「ここに来ることで自分にできることはやり尽くした。ここでも助からないのなら、他の誰もわたしを助けられない」。複合的な、あるいは診断がむずかしい、命にかかわる病気を抱えてやってくる多くの患者にとって、メイヨーの体験は希望をもたらし、自尊心を植えつける。この組み合わせは心強い。

顧客の体験を改善しようとしている経営者は、顧客が体験を通して何をもっとも感じたいのかを明らかにするべきだ。顧客が何よりも望んでいるものは何か？　顧客の好みを決めるものは何か？　それらが特定されたら、経営者は「体験動機《モチーフ》」という簡潔な声明文《ステートメント》で、こうした望まれている感情を明確に表現するといい。それはあらゆる体験の手がかりをひとつにまとめる枠組みとして使うことができる。モチーフは手がかりの調和を導く北極星のような指針となりうる。全ての手がかりは正しい物語を伝える一助とならなければいけない。[25]

レッスン2：どの種類の手がかりにも秀でる

世界的なブランドを築いている組織は数少ないが、さらに少ない——はるかに少ない——のは、それを一世紀ものあいだ守っている組織だ。メイヨー・クリニックのブランド構築と業績維持の中心となっているのは、3種類の手がかり、つまり〈機能的手がかり〉、〈設備的手がかり〉、〈人間的手がかり〉への重点的な投資である。クリニックのリーダーたちはこれまでに、この特殊な用語を使ってはいない。だが、用語の背景にある本質は明確に理解している。それは、臨床治療の質はすぐれたヘルスケアサービスの基盤ではあるが、全てではないということだ。そして、病気によって患者は感情のローラーコースターに乗せられること、医療従事者のやさしさと共感こそが患者の体験の決定的な部分になるということ。さらに理解しているのは、医師と看護師はその職業に熟達するだけでなく、その熟達ぶりを示さなければならないということ。そして、建物は機能的というだけでなく、特徴があって、患者の自信を築き、ストレスを減らすものでなくてはならないことだ。

メイヨー・クリニックでは、評判を維持するには、医療技術だけを頼りにしてはいけないという重要なレッスンを授けてくれる。たとえ、いまも昔もその技術のおかげで名声を得ているとしてもだ。人の心を打ち、より強い関係を結ぶために、クリニックは患者（と家族）の体験の技術以外の側面でも、卓越することをめざしている。手がかりの各カテゴリーはそれぞれ異なる役割を担い、クリニックはその全てに投資することで、競争相手の追随をますます困難にしてきた。ミネアポリスに拠点を置くエクスペリエンス・エンジニアリング社の創設者ルイス・カーボーンはこう述べている。「すばらしい体験というのはたいてい機能的、設備的、人間的体験の手がかりが並外れた連携を示しているものです。それがきわめて豊かな感情的なつながりを生み出し、強い嗜好と忠誠心《ロイヤルティ》を着実にもたらすのです」。

レッスン３：小さなことを大事にする

メイヨー・クリニックは手がかりのカテゴリーを網羅するだけでなく、第三者ならささいな手がかりだと思うようなことに相当な——ときには過剰な——注意を向ける。この章の冒頭の「靴紐」のエピソードはこの組織が細部を重視することを伝える秀逸な、メイヨー・クリニック物語だ。メイヨー・クリニックは大きな手がかりだけでなく、小さな手がかりの達人でもある。診察室の片肘のソファー、ソファーの患者の前へ移動しやすいキャスター付きの医師用の椅子、小児科救急部門診察室の絵画で隠された蘇生用機器、診察室のカーテンで仕切られた患者の着替え用スペース、ピアノと壁一面の窓と美術品と屋外庭園——こういった「小さな」手がかりが累積的に体験されれば、強めあう「手がかりの流れ」となって、大きな力を発揮する。患者と家族が医療機関に求める印象を生み出していく。

ブリンダン・ムーア医師は、メイヨー・ロチェスターで何年も輸血部門長を務めた。医師でない父親がこのクリニックを訪れて内部を見てまわったときのことが語りぐさになっている。ムーア医師はここにその話を披露してくれた。

その日の終わりに建物の外を歩いていたとき、わたしは父に尋ねました。「お父さん、今日、メイヨー・クリニックで見たなかで何がいちばん印象的でしたか？」。わたしは父が血液バンクだったと言ってくれると思っていました。父は少し考えてから、言いました。「ここの研究室のこの奥の廊下だね」。父は間をおいてからさらに言いました。「ここの廊下を患者さんやお偉方が歩くことはないんだろ？」。わたしは「ええ、そのとおりです」と言いました。すると父は言いました。「ここがどんなにきれいか見てごらん。これを見れば清掃員が正しい姿勢を持っていると分かる。それで、彼らが正しい姿勢を持っているのなら、たぶん、彼らより上のどの層の人たちも正しい姿勢を持っている。まあ、それが印象的だったよ」。最初、わたしは父のあまりに短絡的な答えにがっかりしました。でも、実際は、まさしく核心をついていたのです。わたしはいつもそれを念頭に置いています。

まとめ

サービスは無形かもしれないが、その本質は顧客に伝わる。組織のあらゆる面がそのサービスの形と中身を明らかにするのだ。だからこそ、靴紐からCTスキャンに至るまで、メイヨー・クリニックでは何事も成りゆきまかせにはしない。3種類の手がかり、〈機能的手がかり〉、〈設備的手がかり〉、〈人間的手がかり〉を編成することで、この複合的な医療機関は個別化された患者第一のヘルスケアを請け合う。そして顧客はサービスが提供されることを証言し、それこそが、品質の手がかりを編成した効果の証拠となる。

第8章 ブランドをつくり、広げ、守る

わたしは腎臓移植を進める前の交差適合試験を確認するため、深夜に輸血ラボに来るように呼び出されていた。ラボを出るとき、わたしはひとりの検査技師が働いているのに気づいた。それが午前2時ごろだったので、この女性技師とはあとで話をしようと思った。翌朝わたしは彼女をオフィスに呼んで、こう尋ねた。「夜中の2時に検査室で何をしていたんだね？　君は例の腎臓の担当ではないだろう。そう、わたしもそこにいたから知っているんだ」。すると、この金髪で青い目をしたミネソタ出身の若い女性は真っ赤になり、ひどく気まずそうに言った。「ムーア先生、先生に見つかりたくないなと思っていたんです」。彼女がそう言うのを聞いてわたしの心は沈んだ。そして思った。ああ神様、彼女は何をしてしまったんだ？　彼女は続けた。「昼間に血小板抗体検査をしていたんです。ところがうっかり違うモル濃度の溶液を使ってしまって、血小板を全てだめにしてしまったんです。それで夕方患者全員の検査を見たら、失敗していて――失敗するとは分かっていましたが――読むことができなかったんです。だから戻ってもう一度検査をしていました」。

わたしはこう答えた。「それはじつに感心なことだけど、1月の吹雪のなかでわざわざ戻ってこなくても、今日やればよかったんじゃないのか」。すると、彼女はこう言った。「ムーア先生、わたしが検査を台無しにしたせいでメイヨー・クリニックの患者さんたちをもう一日待たせたくなかったんです」。この時点でわたしは驚いてあごが外れそうだったので、こう言った。「そうか、それは殊勝な心掛けだ。ちゃんと残業代はつけなさい」。すると彼女はまるで教会の募金箱を盗めとでも言われたかのような目でわたしを見た。そして若干憤慨したようにこう答えた。「ムーア先生、わたしがミスしたのにメイヨーからお金をもらうことなんてできません！」

わたしは椅子に腰かけて、こんなことを聞くなんて信じられないと思っていた。この検査技師は仕事熱心な若い女性ですばらしい検査技師だが、ある意味でそれはわたしたちのラボではごく普通だった。彼女の考え方、労働観、倫理観がすぐれていたからこそ彼女はそんな反応をしたのだ。夜中の2時の残業代をつけるようわたしが提案したことに彼女はぞっとした。このような職員たちがメイヨーを偉大にしている。

この本で示してきたように、患者とその家族が、複雑な医療ケアで経験するサービス提供者との出会いの数々で、メイヨー・クリニックの献身的な職員たちは何度となく並はずれた品質のサービスを提供している。ロチェスターの元輸血科部長、ブレンダン・ムーア医師が語った模範的サービスのストーリーは、このサービスがまったく人目につかないという点で特筆に値する。この職員は誰にも知られたくなかった、つまり、称賛を求めていなかった。不注意で手順を間違えたからとはいえ、サービスを提供する患者のために毎日人目につかず一生懸命働いた。あの寒い夜の尽力に対して花束も感謝の手紙ももらえないことは重々承知だった。翌日に検査をやり直したからといって誰も彼女を責めることはなかっただろう。それなのにこの職員は、試験管に入った血液を通じてしか患者と接触することはなくても、自分が手にした血液の持ち主である人間を頭に思い描いていた。彼女はひとりの患者——ひとりの人間——が自分の失敗のせいでもう一晩病棟で過ごすことになるかもしれないと想像できた。だから、この仕事を後回しにはできない、と。

このようなストーリーが毎日数千と繰り返されるのがメイヨー・クリニックだ。職員たちの日々の努力は、患者が目にするものもあれば、患者には見えないものもあるが、それが大半の患者がそれまで経験したことのない医療の経験を生み出す。100年以上にわたり、のべ600万人以上の患者が語った、こうした日々の体験談が医療のメイヨー・クリニックというブランドを確立した。断片的な話を通じて、8割を超える米国の世帯の意識にメイヨー・クリニックの本質が浸透している。前章で〝ドン〟と呼ばれていた患者の話がその良い例だ。

わたしはがんを宣告されてショック状態だった。だが、外科医から、必要だという根治手術について説明されたあとは何も感じなくなった。車に乗って家に帰る途中で妻に電話したのを覚えている。そのときの言葉はこうだった。「なあ、こんなこと信じられないだろうが、わたしはがんだ。だからわたしたちはメイヨー・クリニックに行く」。保険の補償範囲がどうかなんて考えることもしなかった。そんなことは問題じゃなかったからだ。何がなんでもメイヨー・クリニックに行くつもりだった。あとになって妻に思わず言った言葉についてよく考えてみた。ミネソタ州ロチェスターはわたしたちが住んでいた場所から1600キロ以上も離れていたから、自分でもちょっと驚いた。自問自答したよ。「なぜメイヨー・クリニックなんだ？」って。

考えはこうだ。病院ならそこらじゅうにある。だが、わたしにとってメイヨー・クリニックはつねに単なる病院以上のものだった。それは偉人たちであり、最先端の医学研究であり、最高の医療ケアであり、そこで働くことを選んだ献身的な医療スタッフの事業体だ。そしてこれまでの人生でときどき「医療の奇跡」が起こることを聞いたり読んだりした場所でもある。わたしは足を骨折したのでもなければ、心臓バイパス手術が必要というのでもなかった。わたしはがんで、これから何が起こるか聞いたことから考えると、わたしには病院以上のものが必要だと判断した。だから、こういった全ての要因が、メイヨー・クリニックこそわたしががんの治療を受けたい場所であって、ひょっとしたらわたしにも奇跡が起きるんじゃないかと信じさせたんだ。

数十年間のあいだ、ドンは無意識のうちにメイヨー・クリニックというブランドに対する理解するようになっていた。彼の思い描くブランドでは、メイヨー・クリニックは地元の大学医療センターなど他の医療提供者とは一線を画している。まるで彼が意識のなかにファイルフォルダーをつくり、新聞やニュース報道、彼の交友範囲のなかでのコメント、そしておそらく映画、テレビ番組、小説での描写などからメイヨー・クリニックに関する話を生涯ためこんできたかのようだ。時がたつにつれ、そのファイルは「重大な医療ニーズ用」とか、当人が言うように「医療の奇跡が必要なときに使用」などと記した特別なラベルが付けられていた。妻との電話中、ドンはそれまで蓄えてきたブランド知識と彼の命がかかった医療ニーズを結びつけて、思わずこう言ったのだ。「わたしたちはメイヨー・クリニックに行く」。

メイヨーに行くという決心だけでなく、第7章で紹介したような臨床とサービスの結果という点でもドンの体験は、毎年メイヨー・クリニックへと旅立つ数万人の患者と具体的な細部が違うにすぎない。全ての患者が助かるわけでもないし、サービスに落ち度があることもある。それでも、大半の場合、クリニックの価値観とケアシステムは患者とその家族の信頼と称賛を勝ち得ている。メイヨー・クリニックは米国の消費者のあいだで第一級の医療ブランドとされる、世界でもっとも強力なサービスブランドを築きあげてきた。2007年、米国の一般世帯の医療に関する主な意思決定者を対象にした全国調査で、回答者はつぎのような質問を受けた。がんの治療、心臓手術、神経外科手術といった深刻な医療問題が生じた場合、保険や資金にかかわらずどこへでも行けるとしたら、自分や家族のためにどの医療機関を選びますか。回答は

図8-1　選択肢なしで選ばれた医療センター　米国一般世帯の割合

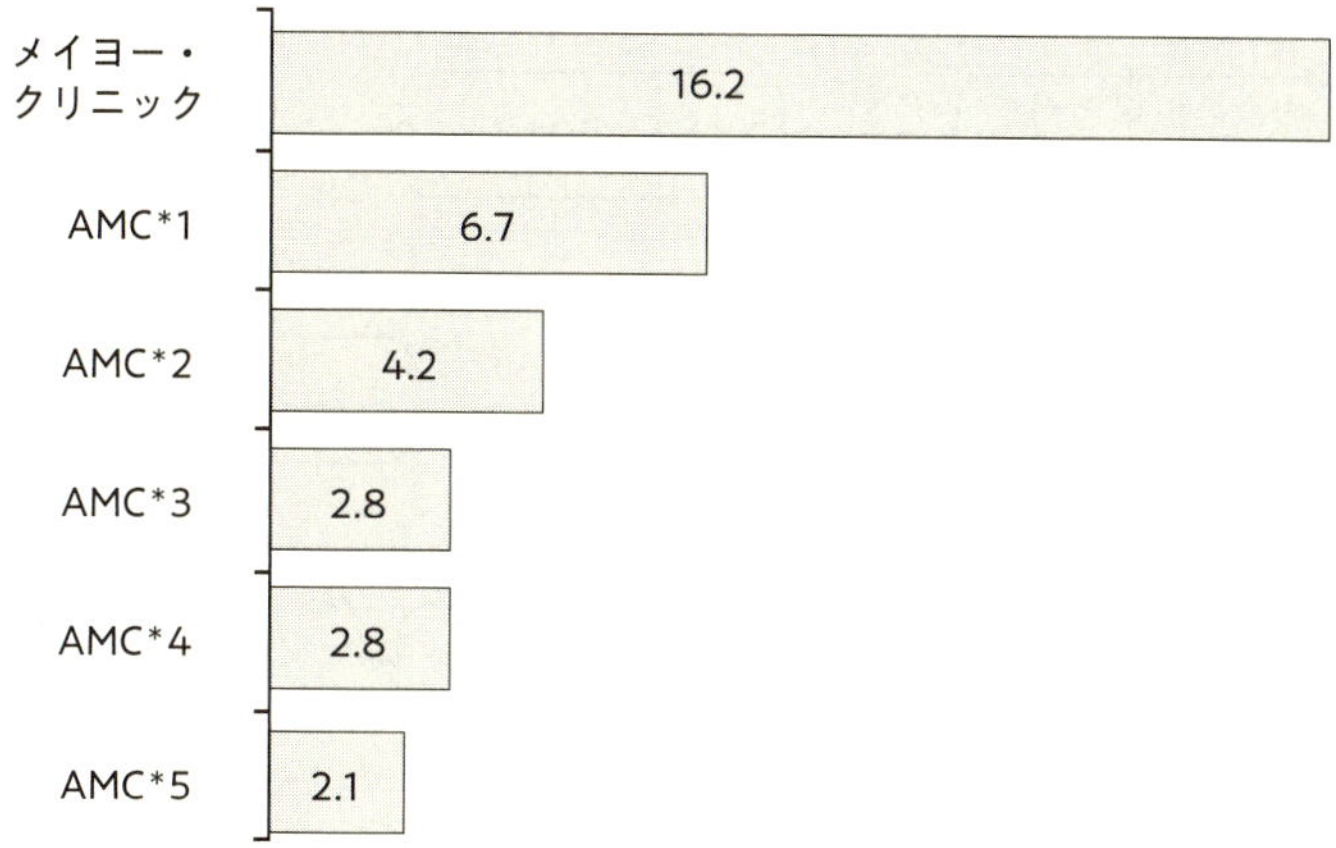

*AMC＝大学医療センター
出典：Professional Research Corporation, サンプル数：1000

選択式ではなかった。結果は図8－1で見られるように、回答者の16パーセント以上からメイヨー・クリニックの名前が挙がっている。メイヨー・クリニックを選ぶ割合は第2位の団体のほぼ2・5倍に近い[1]。

これまでの章で、メイヨー・クリニックのサービスがどのように生み出され、実行されているのかを説明してきた――予約システムのようなシステム工学の成果という面もあるが、もっとも大切なのはメイヨーの中心的な価値観を尊重する職員の自発的、自由裁量の努力でサービスが発せられているということだ。そしてわれわれはそのサービスの文化を維持する管理、運営面のインフラについても見てきた。この章のねらいはブランドの本質的な要素を明らかにす

図8-2　サービス・ブランディング・モデル

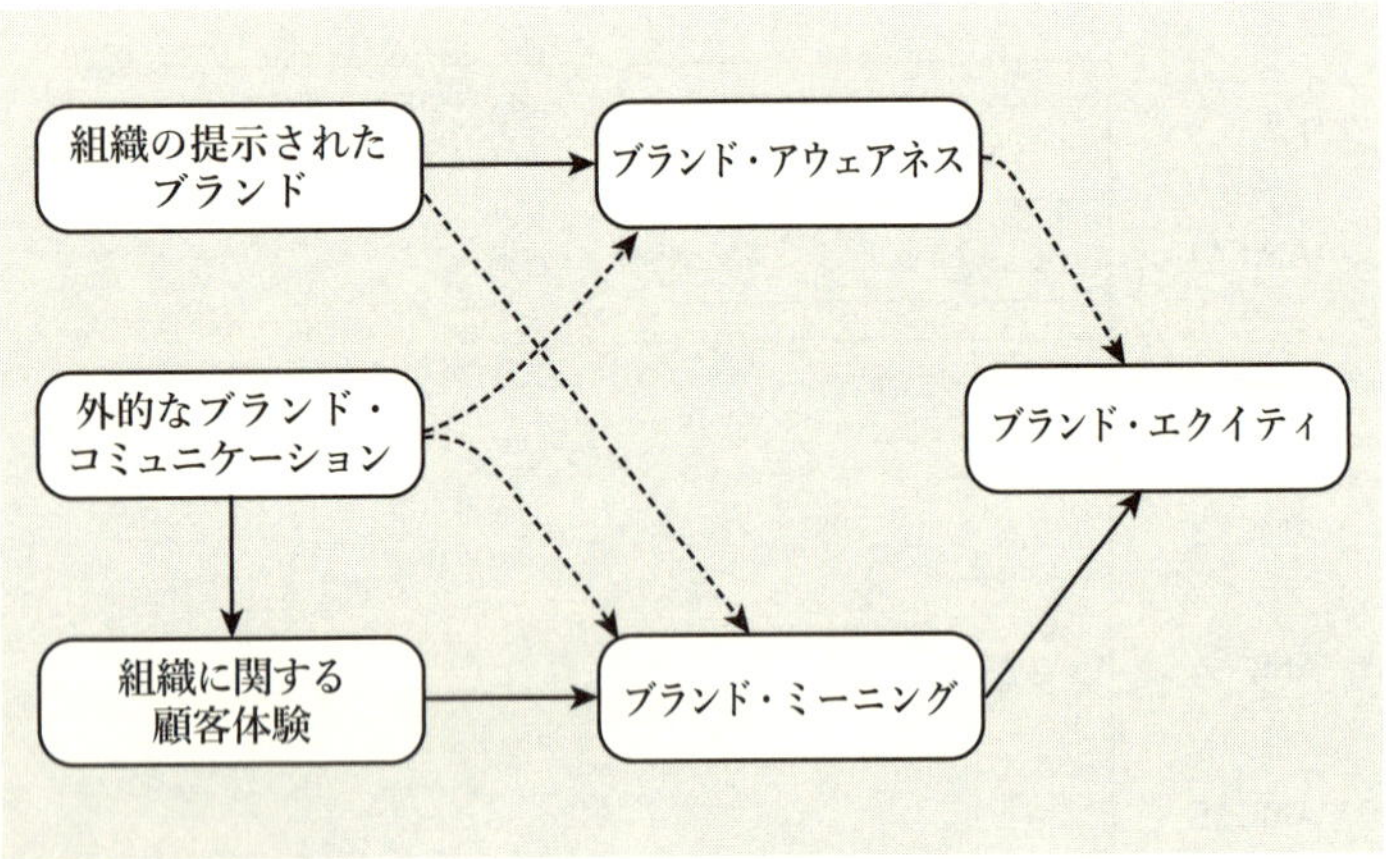

ること、メイヨーがどのようにしてこのもっとも貴重な資産を守り、その力を借りながらつねに進化し続ける科学とビジネスに適応させてきたかを描くことだ。[2]

メイヨー・クリニック・ブランドは臨床サービスを人道的におこなおうとする献身的な医師、管理者、数百人のサポートスタッフによって生み出された。マーケティングの教科書やマーケティングコンサルタントがブランドの立ち上げを導いたのではない。1986年から1992年までメイヨーにはマーケティング担当者はひとりしかいなかった。今日に至るまで、臨床ケアを宣伝するメディア広告はほとんどおこなっていない。むしろメイヨー・クリニックのブランドストーリーは、偉大なブランドには偉大な広告が必要という広く知られる仮説の逆をいく。

図8-2に、包括的なサービス・ブランディング・モデルを示す。これは、サービス組織が一度にひとりの顧客に対して良いパフォーマンスをすることで世界規模のブランドを生み出す仕組みを説明するものだ。それからメイヨー・クリニックがどのようにしてこのモデルを適用してブランドをつくり、広げ、守っているのかについて述べたい。

経験がブランドを生む

強力なブランドは無形のパフォーマンスに対する顧客の信頼を増大させるため、ブランディングはサービス組織のなかで特別な役割を担うことになる。[3] サービスが重大で、複雑で、変わりやすく、個人的なものであればあるほど、顧客はブランドによる保証を必要とする。顧客がこうした特徴のいくつか、あるいは全てを備えたサービスを受けるときに手がかりに敏感になるのと同じで、（第7章）ブランドに反応しやすくなるわけだ。さまざまな種類のサービスを受ける顧客は自分が良い選択をしている、あるいはしてきたという保証を求める。ダラスに拠点を置く広告代理店リチャーズ・グループの創設者スタン・リチャーズがあるプレゼンテーションで述べたように、「強いブランドは顧客にとって安全な場所である[4]」。

サービスブランドは本質的には将来の満足を約束するものだ。このブランドはこうだと組織が語ること、他者がブランドについて語ること、実際にその組織がどれだけうまくサービスをおこなうのか——顧客の視点から見て——を混ぜ合わせたものだ。ブランドとは顧客が認識するとおりのものなのである[5]（別記した場合を除いて、ここでは実際にサービスを経験した人だけではなく、未経験だが将来経験する可能性がある人も含めて広く顧客《カスタマー》という言葉を用いる）。図8－2はサービスブランドの主な要素の関連性を視覚的に表現したものだ。太線は一次的な影響を、点線は二次的な影響を示している。

〝提示されたブランド〟とはブランド名、ロゴ、広告、ウェブサイト、職員の制服、設備デザインなどの手段を通じて組織のアイデンティティと望ましいブランドイメージを組織の管理下で伝えるものだ。提示されたブランドは組織が概念化し、広めるブランド・メッセージ、つまり組織が明確に表現したブランドだ。提示されたブランドは顧客がブランドを認識して思い出す能力、すなわち〝ブランド認知《アウエアネス》〟に直接影響を与える。顧客のブランド・アウェアネスはブランド・ミーニング——顧客がどのようにブランドを理解するか——を左右する。

〝外的ブランド・コミュニケーション〟は、組織に関する情報のうち、独立した情報源から提供されるが、組織の影響を受けるものと定義してもいいだろう。主な外的ブランド・コミュニケーションの情報源はふたつあり、ひとつは口コミによるもので、これはインターネットを通じて伝えられることも多い。そしてもうひとつがニュース報道などを含む宣伝《パブリシティ》だ。こうしたコミュニケーションはブランド・アウェアネスとブランド・ミーニングの両方に影響をおよぼす可能性があるが、必ずしも独立した情報源が意図する方向へ行くとは限らない。購入前に無形のサービスを評価するのは本来難しいため、顧客はサービスに関して独立した情報源からの情報を熱心に受け取ろうとしがちだ。サービスに関わるリスクが大きければ大きいほど、顧客は積極的にそのサービスに関して先入観のない情報を求めようとするだろう。したがって、顧客間の情報共有はしばしば顧客が弁護士や自動車修理工、大学教授の講義、医者や病院などを選ぶ前に起こる。[6]パブリシティもブランドの発展の要因になり、組織に関するニュース特集が図8-2で描く点線の影響を太線の影響へと変化させることもある。

〝組織顧客体験《カスタマーエクスペリエンス》〟は組織と関わった顧客の累積的な体験だ。組織と関わったことのない人は提示されたブランドと他の人の話から印象をつくり上げるかもしれない。しかし、体験したことのある顧客は組織との実体験をよりどころにする。こうした体験は不相応なほど〝ブランド・ミーニング〟――ブランドに対する顧客の主な認識――に影響をおよぼす。ブランド・ミーニングはブランドの約束をとらえたスナップ写真的な印象だ。それは組織について即座に頭に浮かぶ評判やイメージである。

ブランド・ミーニングを形づくる上で組織に関する顧客の実体験に勝るものはない。広告をはじめ、組織がコントロールするコミュニケーションはアウェアネスを生み出したり、顧客にサービスを利用するよう促したり、ブランド・プロミスを表す言葉やイメージを提供したりと、ブランドの発達に重要な役割を果たすことができる。こうしたコミュニケーションにできないのは、質の低いサービスを救済することだ。顧客のサービス体験が広告のメッセージと対立すると、顧客は広告よりもその体験を信じる。賢い経営者は、時を経た広告の有効性は組織が約束したものを届ける商品やサービス次第だと理解している。

経験のある顧客にとっては、ブランド・アウェアネスとブランド・ミーニングの両方が〝ブランド資産価値《エクイティ》〟に影響をおよぼすが、その影響力には差がある。ブランド・ミーニングの方がインパクトは大きい。あるブランドを知っていても、それを好まない顧客は他のものを探す。ブランド・エクイティとは、ある特定のブランドを無名もしくは架空の名前の競合相手と比べたときの、マーケティング上の有利（ポジティブなエクイティ）あるいは不利（ネガティブなエクイティ）の度合いだ。[7]

顧客の実体験はサービス・ブランディング・モデルと同じように商品ブランディング・モデルも重要だ。しかし、労働集約型の双方向式サービスでは、こうした体験に主にかかわるのは製品というより、サービスを提供する人々だ。労働集約型で双方向式のサービスブランドはそのサービスを実行する人々と同等の力までなら発揮することができる。サービス提供者のパフォーマンスが組織のブランドにこめられた願望をブランドの現実へと変貌させる。

長年にわたり、メイヨー・クリニックの指導者たちはサービスを実施するスタッフこそが「生きているブランド」だと直感的に理解してきた。スタッフサービスの場で顧客に接するたびに組織の評判を強めたり、弱めたりする。それゆえに、クリニックはサービスの広告を増やすよりもサービスの優れた実施に一貫して投資しており、患者と家族のポジティブな体験がメイヨーに対する好意的な見方（ブランド・ミーニング）を生み出して、好意的な口コミ情報（外的ブランド・コミュニケーション）を刺激することに頼ってきた。メイヨーのリーダーたちはサービス研究者のレスリー・ディ・チャナトニーとフランチェスカ・ダロルモ・ライリーが言ったように「ブランドを届ける者は……二本の足で歩き回る……」ことを長年理解してきた[8]。

図8-2の「組織に関する顧客体験」から「外的ブランド・コミュニケーション」へ延びる縦の矢印はメイヨーのマーケティング哲学の本質を捉えている。それは患者にとって良いおこないをすれば、患者とその家族は他人にそのことを話したくなるということだ。クリニックが長いあいだマーケティング部門を必要としなかった理由がそこにある。つまり、ほんとうのマーケティング担当はサービスを実行する人々とそれを受ける人々だということだ。

小さな町で生まれた大きなブランド

ミネソタ州ロチェスターは、医療のアイコンとなるブランドの発祥地には似つかわしくない場所だ。このストーリーはもうよく知られているが、兄弟とその父親はまず、中西部の北側の小さなコミュニティに暮らす自営農家や牧場主、実業家のあいだで、臨床の成果により評判を勝ち取った。数百人、やがて数万人の妻や夫、子ども、友人がメイヨー家の医師たちのケアによって命を救われ、著しく回復したのだ。

医学界から認められるようになったのはもっとあとだった。1899年、ドクター・ウィルが当時有数の月刊医学出版物のひとつ、『アメリカン・ジャーナル・オブ・ザ・メディカル・サイエンシズ』に論文を投稿した。ドクター・ウィルが自らおこなった105件以上の胆嚢と胆嚢管の手術事例を報告したものだった。ジャーナルの編集者はここに記載された手術数を信じられず、調査をはじめた。ロチェスターの住民は6000人未満だった。前年の調査では、フィラデルフィアの外科医でもこれほど多くの胆嚢手術をおこなっていなかった。ルイヴィルの全ての外科医の合計でも106件だった。編集者はこの数字は信用できないと結論づけて、原稿を却下した。[9]

ドクター・チャーリーは、著名なシカゴの外科医チャールズ・ベック医師の手術執刀を見学したあと、ベック医師に注目された。彼らが訪問した際、ドクター・チャーリーは何気なくこれまで手がけた手術数を口にした――その数はベック医師よりもはるかに多かったのだ。ベック医師がこのことを同僚に話すと、その同僚はこう言った。アメリカ医師会の会議でドクター・ウィルが事例数と成果を報告するのを聞いたが、それは会議に出席した多くの外科医にとって信じられないものだった。彼はベック医師に言った。ロチェスターへの招待を受けてメイヨー兄弟が語っている話を調べてみたらどうだろうか。1週間もしないうちにベック医師はロチェスターに旅立った。「彼はそれまであまり見たことがないような技術で兄弟が数件手術を執刀するのを見た」。そして、病院を見学し、クリニックに来る大勢の患者を見て、彼らの報告と成果が信用できるものだと確信した。[10] この訪問がきっかけで主要医学誌が兄弟に目を向け、彼らの技術を見学しようと世界中から辺境のロチェスターを訪問する外科医があとを絶たなくなった。

メイヨー兄弟が開業したころ近代外科医学はまだ揺籃《ようらん》期にあり、兄弟のような独創的な開業医が、学会に大きなインパクトを与えることが可能だった。少し前に麻酔が登場したことで、外科医は複雑な手術を終えるために必要な時間が確保できるようになってもいた。しかし、1880年代に兄弟が登場した当時は、外科患者の死亡の大半は「成功した」手術後の感染が原因だった。メイヨー兄弟は技術面でもすぐれた外科医だったが、メイヨーの成功は彼らが早い段階で無菌外科手術を採用したことと、それを補う「きれい好きは敬神に次ぐ美徳」という聖フランシスコ会のシスターたちの倫理によるところが大きい。やがてメイヨー・クリニックブランドへと発展する評判は、当初は治療に訪れた普通の善良な人々が享受した成果に、のちには一流医学誌に発表された臨床業績を同業者からも認められたことに基づいていた。

患者のニーズを中心にすることで、メイヨー・クリニックの医師とリーダーたちは140年以上のあいだに意図せずして強い医療ブランドを作り上げた。今日でも、メイヨーのリーダーの中には、患者のニーズではなく医療ビジネスを中心にすえる根拠が増えるのを恐れて、メイヨー・クリニックをブランドと考えることに抵抗する者もいる。メイヨー・クリニックブランドは、来る年も来る年もサービスの焦点を患者に当てつづけてきた組織の幸運な副産物といってもいいだろう。ブランドの構築ではなく、差別化されたサービスに投資することで、メイヨー・クリニックはどんな寄付よりも貴重なブランド――評判――という報酬を得ている。

語る価値のあるケアを届ける

メイヨー・クリニックは自発的な口コミを頼りにしている。メイヨーの市場は米国および世界の患者人口から見ればごくわずかだ。全体的には――3つのキャンパス周辺の地元の市場から受け入れる患者を含め――米国の病院受診者総数に占めるメイヨー・クリニックのシェアはたった約0・37パーセント、である。クリニックの場所から数百キロの州や都市部を見ると、一年間に人口の0・01パーセントしかメイヨー・クリニックに来ていない。1000万人の人口を持つ地区なら1000人の患者しか生み出さない計算になる。マスメディア広告の経済学では、こうした地区における市場シェアがたとえ倍であったとしても、投資に対する収益はプラスにならない。けれども、満足した患者が一世紀以上にわたって確実にメイヨー・クリニックを売りこんできた。メイヨーの市場シェアはわずかにもかかわらず、クリニックのブランドリサーチによれば、米国の全世帯における医療面の意思決定者の約4分の1が、メイヨー・クリニックの患者だった人を個人的に知っている。メイヨー・クリニックの患者が話をするからだ。最新の患者の口コミ調査では、91パーセントが他人にメイヨーの良い点を自発的に話すことが分かっている。彼らが話をした人数を推定してもらうと、患者ひとりにつき平均40人だった。10年間にわたって調査は4回繰り返されたが、回答は一定だ。調査では他の人にメイヨーに行くよう勧めたかとも質問している。約85パーセントがイエスと答えている。長年にわたり、こうした患者一人ひとりがおよそ5人の新しい患者を生んできた。[11]

こうした患者が友人や家族に好意的な口コミをおこなったのに加え、メイヨー・クリニックへの寄付を通じ忠誠心《ロイヤルティ》を表す者も多い。2007年には、9万7000人の篤志家が――その大多数が恩義を感じた患者――メイヨー・クリニックの支援のために3億7300万ドル以上を寄贈した。この2007年に口コミが生んだ予想もしない展開によって寄贈を受けている。その少し前に、裕福な国際的起業家が遺書と遺言を作成するために弁護士と会った。彼は両親に敬意を払い、彼の所有地を病院に委譲するよう弁護士に指示した。弁護士を通じて、彼はメイヨー・クリニックとそのすぐれた地位について知ることとなった。この篤志家は患者だったこともなく、メイヨー・クリニックのキャンパスに足を踏み入れたこともなかったが、メイヨー・クリニックのストーリーに感動せずにいられなかったのだ。ブランドについてその弁護士と依頼人の耳に届いた結果、400万ドルの寄贈につながったのだった。

ブランドは対象の市場にいる人々のなかに取りこまれることによってのみ、組織の資産となる。1996年に正式なブランド・マネジメントを開始する前に、メイヨー・クリニックは何十年にもわたり、まるで組織が所有して金庫に厳重に保管すべき抽象的な宝であるかのように、クリニックの評判を熱心に守ることに焦点を置いていた。メイヨー・クリニックブランドの価値が、ドンの頭のなかの「メイヨー・クリニックのフォルダー」さながら数百万人の消費者が頭のなかに蓄積した情報、イメージ、感情、そして信念に基づいていることは、組織にいる多くの人々にとって思わぬ発見だった。ブランドは市場を構成する顧客が所有しているといってもいい。しかし、われわれのブランドモデルが示すように、組織はできるかぎり消費者向けの情報《インプット》をコントロールし、消費者はそれを使って最終的に市場での行動に影響を与えるブランドコンセプトとブランド・ミーニングをつくり出している。

メイヨー・クリニックのブランド調査は、患者と非患者の双方がどのようにクリニックを見ているかを明らかにしている。デ・モインに住み、一度もメイヨーのキャンパスに来たことがない消費者が次のような言葉でメイヨー・クリニックを表現している。「ひどい痛みや深刻な健康問題のある人々にメイヨー・クリニックは一縷の望みを与える。大変な問題を抱えていて、メイヨーに行くまで誰も助けることができなかった人を何人か知っているが、彼らはメイヨーで救われた」。ダラスのある消費者も同じくこう言う。「ほんとうに病状がひどいときにはメイヨーに行くんだ……何か特殊な場合にだけメイヨーのことを聞いたりする」。テキサス州の別の人物はこう述べる。「メッカさ。いい病院のなかでも最高だ。より厳しくて、困難な治療や病気を扱っている」。カリフォルニア州の消費者はあまり具体的には知らない。「メイヨーと一緒に大きくなった……わたしが知っているのは噂話だけ……だけど伝説だ……わたしたちは信じなければならない……希望の象徴だ」。10年間におよぶメイヨーブランドのモニター調査によれば、全米の一般世帯の医療の意思決定者のほぼ4分の3が「メイヨー・クリニックが存在していると知っていることで安堵する」と語っている。このような強力なブランドイメージが出発点にもなり、医療ケアを痛切に必要とするときにメイヨー・クリニックを求める動機にもなる。

メイヨー・クリニックのケアを体験した患者は、その体験からケアと価値観というメイヨー・クリニックモデルの多くを本能的に理解できるようだ。たとえば、カリフォルニア出身の患者はメイヨー・クリニックを中心を指し示す4つの矢印を囲む円であると表現した。この患者はこう説明する。「患者が中心だ」。別の患者はメイヨー・クリニックを時計になぞらえ、こうコメントした。「彼らは実のある時間をいっしょに過ごしてくれる。その点が独特だ」。もうひとりの患者はメイヨー・クリニックを人間のように説明した。「気品があり洗練されているが謙虚だ。傲慢さや自己中心的なところはなく……物静かで有能だ」。他の患者たちもメイヨー・クリニックブランドについて口々に語っている。

- 「医師は彼ら自身よりも何か偉大な……歴史や伝統に属している」
- 「メイヨーからはビジネスの要素が排除されている……彼らの倫理はもっとすぐれたものだ……だから彼らの診断に対して大きな信頼感がある」
- 「ここの医者はお金を愛するからではなく、医学を愛するからそこにいる」
- 「メイヨーはうまく指揮された交響曲のようだ……調和を持って仕事をしている……ひとり

の人間だけではできない……チームワーク、協力性、両立性」

・「メイヨーを独特にしているのは医者がチームになっていることだ……医者は同僚から質問を受ける……つねに進化し、効率的で、徹底し、共同して働いている」

メイヨー・クリニックが自らこのような主張をすることはない。しかし、チームワーク、患者中心、利他主義の中核《コア》がメイヨー・クリニックが目標とするものの中央に位置している。そしてメイヨーの指導者たちは患者が直観的にクリニックの意図をこれほどよく理解していることに感謝している。その他のコメント、たとえば「ビジネスの要素」を排除しているというコメントなどは現実を誇張しているかもしれないが、この特性は「給料制の医師」についてのことであり、第5章で論じたように、クリニックの紹介をする際に経済的な私欲を排除するように促している。クリニックを経験するあいだに患者は多くの微妙なヒントに気づき、うらやましいほどの範囲、頻度と効果を持ってクリニックの広告を担う。医療サービスの持つ重要性が高いため、口コミに絶好のチャンスが生まれる。人に語る価値のあるすばらしい患者ケアの経験を患者に届けることによって、クリニックはこの機会を最大限に利用してきた。

ブランドを広げる——慎重に

1980年代半ばまで、メイヨー・クリニックブランドを経験する唯一の方法はミネソタ州ロチェスターに行くことだった。しかし、1970年代半ばから後半にかけて、クリニックの指導者たちが第2の活動拠点をつくることを検討しはじめた。理事会はフロリダ州ジャクソンヴィルに拠点を置く第2キャンパスについて、熟慮を重ねた提案をよく聞いたが、理事会は当時実施を決定しなかった。[12] だが指導者たちは、保険維持機構（HMO）の初期の試験場だったミネソタ州のたったひとつの拠点だけでは将来を危ぶんでいた。彼らはHMOのクローズドパネルの制約を受けて、HMOが契約する医師に患者が限定されて、非常に重要な地域のマーケットからメイヨーが締め出されることを恐れていた。さらに、メディケアの費用が政治的問題にもなりつつあった。メディケアの患者は利益を生んでいたが、メディケア支出の成長率を抑える必要性が変更の発端となって、1980年代半ばに「サービスの対価としての報酬（fee for service）」から「ケア比率（care rate）」へ移行することで、財政的マージンの低下につながる可能性が高かった。さらに、メイヨーのリーダーたちはサンベルトエリアの州に住む患者からのアクセスが良くなれば、クリニックの長期的な将来も安泰だと感じていた。

まだ発達途上にあったブランド・マネジメントの言語の知識はなかったが、指導者たちは直観的に彼らが多角化と分類する新しいビジネス活動にとって、メイヨー・クリニックの名前が大きな力を持つ資産（ブランド・エクイティ）であることを認識した。「初期のジャクソンヴィルへの拡張提案はひとりの篤志家の患者から始まり、メイヨーの指導者数人が支持したが、一致団結してプランニングをしたものではなかった」と、メイヨー・クリニックの元最高経営管理責任者ロバート・スモルトは回想する。「だが、1983年、わたしたちは3カ月から4カ月という長い期間におよんだミーティングで正式な戦略プランニングのプロセスを経験した。このとき、理事会が最終的となる構想をまとめた」。このプランニング構想が1939年に創設者であるメイヨー兄弟が亡くなって以降メイヨー・クリニックでもっとも著しい変化につながった。

この議論で、わたしたちは4つのブランド拡張に焦点を置く。最初の3つは1983年の理事会でほぼ同時に承認されたものだ。

1　フロリダ州ジャクソンヴィル、そしてアリゾナ州スコッツデールへと地理的に拡大する。それぞれ1986年と1987年に施設をオープンさせた。

2　メイヨー・メディカル・ラボラトリーズ【メイヨー医学研究所】を地域サービスから全国、国際サービスへと変貌させる。

3　一般消費者向けに健康に関する情報を発行する。

4　メイヨー・ヘルス・システムとして知られるコミュニティの病院やクリニックのネットワークを発達させる。これは1992年に開始された。

今日、戦略的観点から見ると、これらの4つのブランド拡張は成功し、メイヨーの名前を冠したサービスや製品を通じてメイヨーのブランド・エクイティにプラスの貢献をしてきた。しかし、もしやり方が悪ければこれら全てが著しいブランドの危機を生む潜在性もはらんでいた。

地理的拡張

クリニックの運営を地理的に拡大することは、著しいブランド・リスクをはらんでいた。それは臨床ケア――メイヨー・クリニックの患者の経験――というコアブランドが中心にあるからだ。ロチェスターの患者／顧客の経験という本質的な特徴を、ジャクソンヴィルとスコッツデールの新しいキャンパスで再現することは大きな挑戦だった。これは新しい空間、新しいコミュニティ、新しい地域文化のなかで、メイヨーをよく知らない多くの職員がほぼ完璧にメイヨー・クリニックのケアを提供する必要があるということだった。いまふりかえってみれば、メイヨー家の遺産で覆われ、1983年には810人の医師と7500人の病院関連職員を雇う、一世紀にわたる歴史を持つロチェスターのキャンパスの経験を再現しようとは大胆な試みにも思われる。それぞれ新しい敷地には40ヘクタール以上のキャンパスにメインの建物がひとつだけぽつんとあった。800人の医師の代わりに、それぞれのキャンパスは約40人の医師と、それをサポートする約250人のクリニックや病院関連のスタッフメンバーで開業した。

おそらく驚くことではないが、慎重なプランニングと患者の経験という本質に対する深い理解があったため、ブランド・リスクはうまく軽減された。リスクを減らすために、経営陣は2つの約束をした。それは（1）新しい拠点で可能なかぎり患者の経験を再現する、（2）経験豊かなメイヨー・クリニックの医師と経営リーダーを通じてメイヨー・クリニックの文化をジャクソンヴィルとスコッツデールに移す、と。

新しい拠点でメイヨー・クリニックの患者の経験を維持するためにデザインの構築はきわめて重要とみなされていた。中でも、患者の診察室はサイズ、レイアウト、装置の点でロチェスターのものをそっくりまねたものだった。ジャクソンヴィルとスコッツデールのクリニックの建物は、ロチェスターのメイヨー・クリニックの20階建ての建物に比べると小さかったが、建築デザインと室内の装飾品はオリジナルのキャンパスの構造と同じ品質と雰囲気を反映していた。ロチェスターから患者の予約、医療記録、患者の連携システムを採用、適用したことでさらに経験は再現された。それぞれの新しい施設では、オープンの日からメイヨー・クリニックの品質をそれとなくうかがわせるヒントがちりばめられていた。そして、実際、ジャクソンヴィルとスコッツデールの運営当初から実施した患者の満足度調査には、ロチェスターでおこなわれた調査と比べても満足度に統計的に有意な差は見られなかった。

ジャクソンヴィルとスコッツデールのクリニックは、中枢部《コア》にロチェスターの経験豊かなメイヨー・クリニックの医師と経営リーダーという堅固なメンバーを擁して開業した。それぞれのクリニックの開業時にいた40人のうち約25人の医師はロチェスターからの派遣だった。経営チームとスーパーバイザーのレベルに至るまで、運営リーダーの大半もロチェスターからやってきた。第6章で論じたように、メイヨーはメイヨー・クリニックの文化に合う価値観を持つサポートスタッフを雇うことができる。さらに、このブランド名の組織で働くことで多くの職員の良い部分が引き出されているようだ。職員はクリニックの評判を意識し、大半はこの評判を満たさない人間になることを望まない。たとえば、アリゾナのクリニックで入院事務員として働いている若い女性は彼女がどのように仕事で求められる以上のことをしているのか話した。もし患者がとまどって不安そうなら、彼らを最初の予約の場所まで連れていく、と。彼女はそれまで働いたどの職場でよりも「メイヨー・クリニックで良い職員」だと自認する。それは自分ができるベストを尽くさないでメイヨー・クリニックを失望させたくないからだ。スタッフが高品質のケアをおこなうために必要な道具と時間を提供することで、メイヨーはスタッフがメイヨー・クリニックという経験を届けられるようにしている。

患者の経験については新しい2カ所のキャンパスで初めからうまく再現されたが、他の戦略的な焦点についてははっきりしていなかった。マクロ戦略は存在したが、ジャクソンヴィルの最初の最高経営運営責任者カールトン・ライダーがコメントするように、「ミクロ戦略プラン――キャンパスの戦略プラン――は欠けていた。わたしたちは小さな複数の専門分野をもつクリニックとしてスタートしたが、次に何をおこなうのかという現実のプランはなかった」。のちにメイヨーのCEOになったロバート・ウォーカー医師は、多角化委員会の議長を務めていた。彼は1984年に理事会にあげた近況報告でプランが欠けていることをこう認めていた。「これをどのようにしておこなったらいいのかについては、詳細が全てあるわけではない」。それから、彼はすぐにその理由を説明した。「新しい拠点での新しいグループ診療を作る決定をおこなう前に建物、システム、診療についての詳細が完全でなければならなかったとしたら、施設が建設されることはありえなかっただろう[13]」。

カールトン・ライダーはこう語る。「地面にメイヨー・クリニックの種をまくと、3つの芽が出る――クリニックのケア、研究、そして教育だ」。こうして、数年以内には新しいキャンパスそれぞれが一人前のメイヨー・クリニックになれるようなプランに着手していた。メイヨーの指導者たちが知っているやり方だ。10年前にはわずか1カ所でも理事会が難色を示したが、メイヨーはメイヨー・クリニックを2カ所追加する方向へと少しずつ進めていった。今日これが間違った決定だったと感じる人はほとんどいない。

しかし、予想していなかったブランド・リスクが出現した。これらのキャンパスがどのようにロチェスターと関連付けられるのかくわしい指示がされず、関係はパッチワークのようになった。ひとりの最近のリーダーはインタビューでこのあいまいさによってキャンパスが「そのリーダーの個性」を反映するようになったと指摘した。一部の臨床分野、とくに神経学と神経外科部、では当初から協力的な関係が築かれた。他の分野では、自分たちのプログラムはロチェスターから距離を置きたいと新しいリーダーたちが考え、パートナーというよりも競合相手とみなした。緊張関係ができていった。

2004年、メイヨー・クリニックの指導者たちは3カ所のキャンパスを取り囲む性格のあいまいさを排除しようと一歩踏み出した。「ひとつのメイヨー・クリニック」がスローガンかつ戦略的目標になった。これを強調して、キャンパス同士が戦略、経営、そして臨床的に可能な限り一緒に働くべきだと示唆した。そのあと、大幅な変更がおこなわれた。以前は3つあった管理責任がいまではひとつの理事会に置かれている。全てのキャンパスは単独の戦略プランで動く。2006年には財務面、人材面のサービスなどの機能を管理する最初の共通管理ソフトウェアパッケージを3つのキャンパスが同時に実施しはじめた。メイヨー・クリニックのがんセンターは、米国国立がん研究所（NCI）によって初のマルチキャンパス「総合がんセンター」として認められており、キャンパス同士ががんの研究とケアのために共同して働いていることを示している。メイヨー・クリニックの移植センターも多くの他の臨床分野と同様に大小さまざまな戦略においてキャンパス間で協力して働いている。開発、購買、企画、広報、人事、財務、情報システムなどの管理部門も一時キャンパスごとにスタッフメンバーを隔てていた壁の大部分を取り除いている。

3カ所のキャンパスにあるメイヨー・クリニックはいまも進化し続けている。ほとんど気づかれていない事実は、アリゾナとフロリダの運営が形になりつつある20年間のうちに、ロチェスターの運営そのものも成長していたことだ。たとえば、ロチェスターの運営は職員の数と新規建設施設の敷地面積という点で、2カ所の南部のキャンパスを合わせたのとほぼ同じぐらいまで増大していた。しかし、メイヨー・クリニックブランドにとって明確で中心的なことはひとつだけだ。それはメイヨー・クリニックの名前がついたケアと診療の基準がどれも同じ高いレベルの優秀さを満たさなければならないということだ。

最初の20年間の経験をふりかえり、カールトン・ライダーはメイヨー兄弟にはロチェスターキャンパスには戦略的プランなどなかったと述べる。彼らにとっていちばん重要なパートナー、聖フランシスコ会のシスターたちは、竜巻のせいでやってきたのであって、ウィリアム・ウォロル・メイヨー医師が支援にはあまり乗り気ではなかったにもかかわらず、シスターたちが病院を建てたのだ。メイヨー・クリニック・アリゾナのCEOトラステック医師もフロリダとアリゾナで粉骨砕身働いた者たちこそ「真の先駆者《パイオニア》たち」だと指摘する。それは彼らが都市部のモデル、つまり大都市マーケットでのメイヨー・クリニックの成功、を生んでいるからだ。彼らはいまもこうした新しいマーケットでの彼らの跡を継ごうとする者たちのために「道をつくっている」。

メイヨー医学研究所

800人以上のスタッフを擁するメイヨー医学研究所（MML）は臨床レファレンス研究所であり、その顧客は主に多くの大学医療センターなどの大きな病院だ。実際の研究所のテストと分析はメイヨー・クリニックの臨床病理検査部門内でおこなわれる。MMLのマーケットは他の研究所がほとんどおこなわないような複雑なテストを中心にしている。ほぼビジネス間（B

2B）のカテゴリーに限定されるため、消費者のブランド・レーダーに感知されることはない。

メイヨー・クリニックの臨床病理検査部門は1970年代初めにロチェスター近郊の医師や病院向けに精巧で日常的でない臨床テストの臨床検査サービスを提供しはじめた。当初このサービスは実験室で使われていない余剰能力を使って収入を生み出す手段だった。この戦略は試験データを提供する以上のものだった。つまり、このサービスが他と違う価値を持つのは、メイヨーの医師からコミュニティの医師にその結果と影響についてコンサルテーションがある点だった。メイヨー・クリニック・アリゾナの病理学者で退任したCEO、マイケル・B・オサリバン医師は、退任した運営責任者ジェラルド・ウォルナーとともに、この試みを創設したリーダーだった。オサリバン医師は最初からメイヨー・クリニックは地域の医療でドル収入を得ようと競合するのではないことを強調していた。むしろ、その目的は地域の医師が彼らの患者のために高いレベルのケアを提供できるよう助けることだった。小規模のセールス人員と組織サンプルの宅配サービスがこの製品をサポートした。

1980年代半ばには、MMLは地域規模のマーケットから全国規模、国際規模のマーケットへと成長した。その中心は精巧で複雑な実験室のテストのままだった。今日では、毎日メイヨー・クリニックの実験室で処理されるため2万5000から3万件の標本が宅配サービスで届く。このビジネス努力の始まりをふりかえり、オサリバン医師はこう述べる。「当時は『ブランディング』はおこなっていなかったが、わたしたちはメイヨー・クリニックの評判を傷つけないか、かなり懸念していた」。興味深いことに、1971年に彼が最初にこのプログラムを提案したときも、「わたしたちのプログラムは利益志向になるが、利益がいちばんの動機ではなく、そうなるべきでもない」と宣言していた。理事会はMMLが医学研究と医学教育をサポートし続けるための収益源になると考えた。メイヨー兄弟から始まった医学研究と医学教育はそれまではクリニックの運営からその資金を拠出していた。しかし、メディケアやその他保険支払者が医療提供者に対して償還額の低減を求めるようになったため、医療診療からの純利益だけでは医学研究と医学教育といった使命に対して適切な資金援助が続けることが難しくなると思われていた。

臨床の知識を生かし堅固なビジネス製品を生み出したことにより、MMLを通じたブランド拡張は成功を収めている。この拡張にはブランド資本から目立った投資は必要なかった。それはこのサービスがメイヨーの臨床研究所の毎日の質の高い活動と密接に関連していたためだ。リスクは主に一次的なサービス要素に限られていた。つまり、標本の回収と輸送をスムーズに運営するための物流管理《ロジスティックス》、結果を電子的に伝達すること、そして必要な場合の言語によるコンサルテーションだ。しかし、メイヨーの指導者たちはメイヨー・クリニックの非営利組織という立場の純正さを傷つけると考えて、営利目的の大規模な研究所を運営することをリスクとみなした。研究所を全国的にセールス人員で売りこむこととともにメイヨー・クリニックの商業化はこの保守的な組織にとっては多少不快感をおぼえることだった。

現在、数年間二桁台の成長をつづけたあと、MMLは組織に新たな挑戦を生み出した。この挑戦は成功に伴うものだった。2000年、米国の7カ所の研究所がレファレンス検査ビジネス部門の大多数をめぐって争っていたが、今日ではMMLは残った4カ所のひとつだ。もはやMMLは実験室の過剰能力を使ってはいない。それどころか、この部門の約半分の試験量を消費するに至っている。MMLの成長がメイヨー・クリニックの中枢である患者ケア運営の成長を上まわったため、全体の運営のなかでより大きなシェアを構成するまでになった。「これはうれしい問題だ」と、臨床病理部の部長フランクリン・コッカーリル医師は言う。「わたしたちの成長は他とは異なるサービスを求めるマーケットの欲求を反映している。わたしたちは単なる報告書で実験室の価値以上のものを提供する。いまも顧客である医師が発見を最適に利用できるように、150人の専門コンサルタントの一部と直接やりとりする機会を顧客に与えているからだ」。MMLは成功を収めた大規模な営利ビジネスとなり、臨床研究ビジネスにおいてそれ自体がブランドと化している。顧客である病院や医師に提供するサービスの質は財政面の成功を生んだだけでなく、メイヨー・クリニックブランドの臨床サービスの商業化に伴うリスクを良い方に好転させた。

健康情報

1980年代初め、メイヨー・クリニックの指導者たちは健康情報を公開する管理部門を認可し、それを通じて1983年にまず「メイヨー・クリニック・ヘルスレター」を、続いて1990年に『メイヨー・クリニック健康医学大事典』を発行した。この決定が消費者マーケットでメイヨー・クリニックの名前を活用する初のブランド拡張となった。臨床研究と教育をサポートする収益を生み出すためメイヨー・クリニックブランドを使うことには、数人のリーダーが利他主義という評判に傷がつくのではないかと懸念した。いまではメイヨー・クリニックは紙と電子メディアの両方で積極的に消費者向け健康情報を出版する組織となっており、多面的な健康管理事業体へと進化を遂げている。

多くの医療組織は地元のマーケットの住民向けにニュースレターを送るため毎年数十万ドルを費やしている。メイヨー・クリニックの場合はブランドの力でこのモデルを逆転させることに成功し、「メイヨー・クリニック・ヘルスレター」と「メイヨー・クリニック・ウーマン・ヘルスレター」という2種類のニュースレターに約80万人が年間購読料を払っている。しかし、きわめて重要な違いがひとつある。メイヨーはこうした出版物でサービスを宣伝しない。ニュースレターは消費者に有益で信頼できる最新の健康情報を提供し、医療の専門知識に対するメイヨー・クリニックの評判を強化している。1448ページの『メイヨー・クリニック健康医学大事典』は100万部を超え、いまでは第3版まで改定されている。のちに、料理本から主な病気に関するシリーズ本まで幅広い種類の本も出版された。全て合わせると、この膨大な健康情報に関するライブラリーがクリニック本体から届く範囲をはるかに超えて多くの人の元に届いている。ブランドの持つ弾力性は無理なく健康情報へと拡張し、その情報は消費者が自らの健康管理に役立てる。マーケットリサーチによると現在の健康情報製品群はこの基準を満たすものだ。

健康管理リソース部門は1990年代初めに電子メディアの重要性を認識し、『メイヨー・クリニック健康医学大事典』などのCD-ROM版を製作しはじめた。1996年にはインターネットではもっとも初期の健康情報サイトのひとつ、MayoHelthOasis.comを立ち上げた。この名称は組織が完全に「メイヨー・クリニック」というブランドとすることをよしとした2000年にMayoClinic.comに変更された。この受賞歴もあるサービスはいまや月間訪問回数が1300万件を超えている。

このインターネット上の存在がメイヨー・クリニックの領域を広げてきた。ドットコムのドメイン名は消費者が非営利と信じるブランドに大きな疑問を投げかけた。しかし、1990

年代のマーケットリサーチからは「.com」が商業的なドメインカテゴリーを指すことを知る消費者はほとんどいないことが明らかになった。消費者には無料公開されているMayoClinic.comは、ほかのウェブサイトから支払われるMayoClinic.comのコンテンツ使用許諾料、健康関連の製品とサービスを提供する会社の広告料やスポンサー収入を資金としている。今日でも、たとえば、健康情報のコンテンツのスポンサーがその病気の薬を扱う製薬会社であった場合に、消費者がメイヨー・クリニックの誠実さが損なわれると感じるのではないかと批判する者は内部にいる。もっとも、こうした広告を始めてからほぼ10年を経て、メイヨー・クリニックの誠実であるという評判は傷ついていないようだ。

むしろ、近年組織が直面しているもっと大きな課題は、消費者向けの2つのウェブサイト、すなわち、消費者の健康情報に焦点を置くMayoClinic.comと、患者向けの臨床サービス、予約情報、電子サービスに焦点を置くMayoClinic.orgの存在だ。ウェブ検索をすると両方のサイトが現れる。内部の編集者は2つのサイトをはっきり区別できるが、健康情報あるいは予約情報を検索した消費者は間違ったサイトを最初にクリックした場合イライラするかもしれない。最近の組織変更で、患者と消費者がさほど混乱せずにより良いサービスを受けられるよう、徐々に統合を進めるねらいから両方の消費者向けウェブサイトのチームが共通のリーダーに統括されることとなった。

１９９０年代半ばから後半にかけて、健康管理リソース部門が紙と電子の健康情報ライブラリーを拡張し、主な雇用主や保険業者を対象として、職員やメンバーが積極的に自らの健康を管理できるようにカスタマイズされたツールとなる製品ラインを開発した。「メイヨー・クリニック・ライフスタイル・コーチング」と「メイヨー・クリニックに聞こう」というナースホットラインの2つをはじめとする、雇用主と保険業者に向けた電話サービスだ。「ライフスタイル・コーチング」では、カウンセラーがプログラム参加者に1対1で応対し、健康に役立つ変化を起こせるように助ける。２００８年には健康的な体重、運動、栄養、ストレス管理、そして禁煙という5つのライフスタイル要因に関して利用することができた。「メイヨー・クリニックに聞こう」ナースラインはメイヨー・クリニックに登録している看護師が配置され、質問に答えたり、医療上の決定をしやすくするような健康情報を提供したり、医療リソースをもっと適切に利用するよう促す。「メイヨー・クリニック禁煙ライン」は禁煙を望む喫煙者を支援するため訓練を受けたカウンセラーを採用している。雇用主のほか一部の州の禁煙プログラムも、メイヨーのニコチン依存センターが開発したこのサービスと契約している。

メイヨーの現在の指導者の一部は、3つのブランド・リスクが残っていると見ている。（1）MayoClinic.com で開発広告部門がおこなうものと同様に、紙版のニュースレターの販促に不適切なツールともされるダイレクトメールを使用することでメイヨー・クリニックブランドを商業化し、誠実というメイヨーの評判が崩れること。（2）もっとも深刻な医療ニーズへの選択肢を提供する者ではなく、単なる健康情報の発信源へとメイヨー・クリニックの立場を図らずも変えてしまうこと。（3）患者のニーズに対応する臨床サービスという大きな使命に比べると付属的な、価値はあっても相互に似通った使命について、メイヨー・クリニック傘下の複数の団体から頻繁でまちまちな情報が発信されること。

最初のリスクに関して、キャンパスで目につく高品質をそれとなく感じさせる手がかりとは著しく対照的なダイレクトメールという方法は、一部の人の目から見れば、メイヨー・クリニックの汚点となる。しかし、質的、量的な市場調査の両方でこのマーケティングによるブランドへのネガティブな影響は確認されていない。もちろん、市場調査は実際に起こりつつあることを見のがしているかもしれない。広報部長のジョン・ラ・フォージアはメイヨー・クリニックのような確立されたブランドを星の光にたとえて、「今日わたしたちが目にしているのは昔の姿であって、おじいさんやおばあさんの体験がメイヨーを思い起こさせているのかもしれない」。だから今日起きている失敗は長いあいだリサーチには反映されないかもしれず、とすれば当然、それが現れるころにはもう手遅れになっている。

ふたつ目のリスク――立ち位置――はさらに漠然としている。活字やウェブで健康情報を読む人のブランド体験は患者が直接医者とやりとりするのとはまったく異なるものだ。市場調査によれば、健康情報のユーザーは患者に比べるとブランドについての見方は浅いが、高レベルの臨床ケアのために行くべき場所、というメイヨーの主たるアイデンティティは見落としていない。むしろ、「最後の手段としての最高裁判所」というメイヨーの由緒ある立ち位置を支持する、あいまいな考えしか抱いていない他の多くの消費者よりも、メイヨー・クリニックについてより深く理解している。

3つ目のリスク――メイヨー・クリニックにとって付属的な使命間の競合――は組織の複雑な利害を反映している。健康情報グループが健康情報の購読と販売を促進するため、毎年数百万通のダイレクトメールを送り付けるだけでなく、開発部門は潜在的寄贈者を募集するレターも送っている。セールス担当者は会社を訪問し健康管理リソースを売りこむ。こうした活動は全て価値あるもので、組織が完全に支持しているが、いずれもメイヨー・クリニックの心と魂である数十億ドル規模の臨床事業とは直接的には関わっていない。メイヨー・クリニックは年に50万人以上の患者にケアを提供する一大事業体だ。「このような頻繁でまちまちなコミュニケーションがメイヨー・クリニックから明確なメッセージを伝えるというタスクを複雑にしている」と、ラ・フォージアは見ている。

メイヨー・ヘルス・システム

1980年代にHMOによって患者の自由なアクセスが脅威にさらされたが、ビル・クリントン大統領が医療改革を表向きの公約に掲げて当選した1992年、脅威はさらに明確になった。医療マネジメントに携わる者の多くが、今回は米国の医療は地域的ネットワークの形になり、医師や病院とともにHMOやその他の保険業者／支払者が所定の住民について全ての医療サービスの責任を持つ閉じたシステムの一部になるだろうと考えていた。そのネットワーク外の医師や病院を選択する患者は自己負担で多額の費用を負担することになる。全国の病院や医師のグループはネットワークの外で孤立しないようにパートナー探しに躍起になった。

ロチェスターのメイヨー・クリニックもこうした懸念を免れたわけではなかった。ロチェスターの全ての地区にある主な診療所と病院は合併と吸収を通じてネットワークを構築しはじめた。ロチェスターの患者数の50パーセント以上は約200キロ圏内の農場、町、小さな都市から来ていたため、メイヨーは重要なビジネスが競合相手に奪われることのないように「縄張り」を守る必要があった。経営者が何らかの方法でメイヨーと協力するきっかけを望んでいた多くの診療所や病院にとって、メイヨー・クリニックは魅力的なパートナーだった。1992年末には、複数の専門分野を抱える診療所2軒と地域病院1軒を皮切りとして、この時代から始まり、おそらく最大級の成功を収めたネットワークが築かれていく。

アイオワ州デコラにある最初の診療所はデコラ・クリニック、メイヨー地域診療所としてブランド化された。そのあと、ウィスコンシン州オークレアのミデルフォート・クリニックがネットワークに加わり、先例にならってブランディングがおこなわれた。それからルーサー病院――ミデルフォート・クリニックが利用していた主要病院――がネットワークのメンバーになり、ルーサー病院、メイヨー地域病院としてコミュニティに紹介された。他の多くの組織は吸収合併すると団体名のあとに地名をつけたが、メイヨーのブランドはそれとは対照的だった。

しかし、「メイヨー地域病院」と「メイヨー地域診療所」の区分はメイヨー・クリニックが思い描いていた組織構造には適合しなかった。20年前に若き病理学者としてMML創設を助けたマイケル・B・オサリヴァン医師は、1990年代に診療所と病院による地域ネットワーク形成の指揮も執っていた。彼はこうコメントする。「ロチェスターの2軒の病院とメイヨー・クリニックの合併からまだ10年もたっていなかったが、この地域の診療所や病院との統合を達成するために努力しなければならないのは明らかだった。わたしたちは病院と診療所を地元でひとつの存在へと融合させたかったのです」。ミデルフォート・クリニックの院長だったウィリアム・ルップ医師はこのモデルの開発と実施、そしてオークレアでの合併に尽力した。これがその後12年間にメイヨー・ヘルス・システム内でおこなわれた13件のさまざまな病院／医師グループの合併の最初の例だった。

最終的なブランディング戦略は未解決の問題として残っていた。そこにはいくつかの検討事項が関わっていた。まず、メイヨー・クリニックは地元の医療団体を乗っ取るためにコミュニティにやってきた「400キロのゴリラ」とみなされる可能性に敏感になっていた。ネットワークの発展を乗っ取りと位置付けないことが重要だった。2番目に、メイヨー・ヘルス・システムの初代管理部門リーダーで現在はアリゾナの最高管理責任者のジェイムズ・G・アンダーソンによると、「わたしたちははっきりと医療提供者に対し、そちらの運営方法をひっくり返すつもりはないと告げました。患者をメイヨー・クリニックに紹介するかどうか選択権はそちらにあると――わたしたちはメイヨーへの紹介を望んでいましたが、患者のために改善する助けになるよう、一緒にもっと大きなビジョンを構築したいということも話しました」。ブランディングは地元に主導権があることを反映する必要があった。3番目に、地元の病院は全て非営利組織で、コミュニティに属していた。こういった病院や診療所は3世代もの長きにわたって地元の家族のために尽くしてきた。その家族は地元の病院に寄付をおこなったのであって、メイヨー・クリニックにではなかった。ブランディング戦略はコミュニティが彼らの病院に抱いている愛情と忠誠心《ロイヤルティ》を尊重する必要があった。さらに、こうした地元の病院や診療所はその地元のマーケットで独自のブランド・エクイティを発達させていた。最後に、メイヨー財団へ合併で生み出された、このような新たな提携施設はメイヨー・クリニックとはみなされなかった。メイヨー・クリニックのブランド・ミーニングは大半の地元のコミュニティでは手に入らない高いレベルの3次、4次医療と関連づけられているためだ。メイヨー・クリニックは他の者が助けられないときに行くところだ。逆にメイヨー・ヘルス・システムの診療所は最初に行くところだった。今日でも、大きな診療所の一部は多数の専門分野を持つとはいえ、メイヨー・ヘルス・システムの医師の70パーセント以上は1次ケア提供者にすぎない。

解決策はメイヨー・クリニックとの提携をはっきりと宣言しつつも、できるかぎり地元の病院と診療所のアイデンティティを残すことだった。オークレアのミデルフォート・クリニックとルーサー病院が業務合併した結果、その事業体はルーサー・ミデルフォート／メイヨー・ヘルス・システムと呼ばれることになった。地域によっては、合併された病院とクリニックは、たとえばオースティン医療センター／メイヨー・ヘルス・システムのように都市名プラス「医療センター」を使っている。こうした病院／医師の組織の主なアイデンティティは地元で親しまれた名前にある――オークレアでは病院と診療所の名前を組み合わせている（359ページ図8-3参照）。ロゴのデザインはブランド保証戦略をうかがわせるように、「メイヨー・ヘルス・システム」が地元の病院名よりも小さな書体で書き添えている。「メイヨー・クリニック」とはある程度区別するために「メイヨー・クリニック」ではなく「メイヨー」が意図的に使われている。それでも、「メイヨー」――認可の印――があることでメイヨーが運営を保証していることを示す。さらに、その関連により、メイヨー・クリニックが関与して高品質の地域医療を実践するという暗黙の約束にもなる。

このヘルス・システムはメイヨー・クリニックと地元のコミュニティ両方の観点から成功を収めている。「メイヨー・ヘルス・システムを通じて、地元のコミュニティの医療サービスがまず安定し、いまでは強化されている。病院や病院のサービスはしばしばリスクにさらされていた。わたしたちはこうしたコミュニティのほとんどで医者の数を倍増させています」と、メイヨー・ヘルス・システムの医療部長、ピーター・キャリアー医師は言う。「さらに、業務に効率性がもたらされることで、コミュニティのシステムが病院の設備を著しく改善する余裕ができた。ヘルス・システムは毎年黒字です。もっとも重要なのは、67の地域コミュニティで患者に対するケアが改善していること。結局のところ、患者が中心なのです」。ロチェスターでもこうしたコミュニティからの患者が着実に増えてきた。どの観点から見ても成功したブランド拡張といえるだろう。

Luther Midelfort

Mayo Health System

図8-3　メイヨー・ヘルス・システムロゴ

ブランドを守ること

当初、クリニックの目標は家族の名誉と名前を守ることだけだった。メイヨー兄弟が勝ち取ったセレブの地位の裏側《ダークサイド》には疑う者、皮肉を言う者、敵、やぶ医者がいた。もっとも厄介だったのは医療界、とくに中西部の北側からの反発だった。この緊張において「第三者」だったのがマスコミ、根も葉もない事実無根の詳細と主張でメイヨーの話をセンセーショナルに書き立てたイエロージャーナリズムだった。もっとも批判を煽るような記事が『ヒューマン・ライフ』１９０９年４月号に登場し、そのなかでジャーナリストはメイヨー兄弟の功績についておかしな主張をした。「彼らが執刀すれば患者はひとりとして死ななかった」。「ドイツ皇帝は彼らにドイツに住むように熱心に説得を試みた」。「世界中の病人にとって最後の手段となる最高裁判所のようなもの」。この出版社は、不運なことにマーケティング活動の一環として国中の医師に無料でこの本を送った。しかし、医師らはメイヨー兄弟が自己ＰＲのために資金を提供してこの迷惑な出版物を発行させたと思いこんだ。実際には、ジャーナリストは兄弟のいずれにもインタビューすらしたことがなかった。

アイオワ州の同僚から、州の医師のあいだでこの雑誌が騒ぎになっているため、州のアメリカ医師会（AMA）会議のスピーカーとして「招待を取り消す」という手紙を送られたとき、ドクター・ウィルのプライドは傷ついた。最終的には兄弟は『ジャーナル・オブ・ジ・アメリカン・メディカル・アソシエーション』に記事を出して反論した。彼らは自分たちの言い分を掲載した。「医学の仕事に従事している公正な人間が『ヒューマン・ライフ』に掲載された記事を読んで、わたしたちがこの商品と関わっていると信じるなどありえないように思う……40歳を過ぎた男ふたりと90歳の男ひとりがわざわざ生涯をかけた仕事の評判を傷つけるような策を講じるなどと想像する人間がいることが理解できない[15]」。メイヨー兄弟は『ヒューマン・ライフ』の記事が出るまえから名が売れることに用心していた。たとえば、新聞のインタビューの依頼に対しては、ドクター・ウィルが１９０８年の手紙で次のように説明して断っていた。「一般の人々が評判の良い人間といかさま師を見分ける唯一の方法は宣伝という問題にある。名誉ある人間はこのような方法で自分の名前を利用することを許さないからだ[16]」。クリニックでは何十年にもわたって宣伝に対して慎重なアプローチをとっていた。

今日のメイヨー・クリニックの指導者たちは創設者たちが感じたことを知っている。それは、ブランド、つまりメイヨー・クリニックの評判こそがもっとも貴重な資産であるということだ。ジョン・ラ・フォージアはこう述べる。「具体的な財政的価値は判定することはできない。ブランドはとても貴重なものであり、一度失われるとブランドとしての評判は永遠に消えてしまうからだ。どんなに頑張っても部分的にしか回復できない」。1997年、メイヨー・クリニックは長期にわたってブランドを守る正式なマネジメント・プロセスを確立した。ブランドを守るにあたって主な立役者となるのがブランドチーム、社内の法務部門、そして理事会だ。忠実な患者と職員も自薦のブランド・モニターとして頻繁にブランドチームに問題となりうることを報告し、ブランドを守る役割を担う。

外的勢力に対する保護的アクションも、提示するブランドのコントロールを維持するためには必要となる。たとえば、ある組織が広告やその他のマーケティング素材に無断でメイヨーの名前を使うと、社内の法律顧問が適切な手段を講じる。カナダで休暇中のメイヨー・クリニックの弁護士は当地の新しい診療所がその名称として「北部メイヨー・クリニック」を検討していると読んで驚いた。すぐに法務部から一通の手紙が出され問題は処理された。新しいドメイン名登録を毎週スキャンすると、保護対象となるメイヨーの名前を使ったほぼ全ての新しい申請が見つかる。ブランドは国際的に登録され、保護されている。だが、2006年にウェブスキャンで「メイヨー・クリニック」脱毛サロンが最近オープンし、英国でその名前で営業していることが明らかになった。メイヨー・クリニックの弁護士がオーナーに連絡を取り、店名を変更することで和解が成立した。この事例のように、外的な問題はメイヨー内部の知的財産を守る弁護士によって解消されることが多い。法的制度の活用は時間も費用もかかるが、こうした問題は通常決定的な決着を見る。

ブランドに対するもっと大きなリスクはメイヨー・クリニック自体の内部からやってくる。提案者にはおおむね悪意はないが、提案のなかには市場で使われれば、ブランドの評判に傷をつけかねないものもある。ブランドに関して豊富なマーケットリサーチ情報にアクセスできるブランドチームはこうした問題に裁定を下す。ブランドと文化を深く理解して発展させた「メイヨー・クリニック・ブランド・マネジメント・ガイドライン」は次の4つの主な原則でその審議を容易にしている。

1 「メイヨー」あるいは「メイヨー・クリニック」のブランド名を使う製品、サービス、あるいは関係はメイヨー・クリニックの所有、あるいはメイヨー・クリニックの完全な（究極の）コントロール下に置かれなければならない。この原則はメイヨー・ヘルス・システムが1990年代初めから半ばにかけて発達しつつあったあいだに具体化された。最終的には実現しなかったが、メイヨーは提携に関心を示したいくつかの病院や医師グループと話し合いを重ねた。その多くはすぐれた医療ケアを提供している大規模で成功を収めている組織だった。メイヨー・ヘルス・システムに加わった病院や診療所とは異なり、こうした希望者はメイヨー財団へ資産と運営を合併するまではいかない「提携」に関心を持っていた。しかし、真剣な長い時間をかけた交渉を経て、メイヨー・クリニックの指導者たちは完全で直接的なコントロールができる状況でなければ安心できないと理解した。メイヨー・ヘルス・システムのメンバーは全てロチェスターの約200キロ以内に位置しており、関係を緊密に管理することが可能だ。メイヨーのブランドの「フランチャイズ」風のものでは過去の数百万人の患者とともにこのブランドが開発した価値ある約束を果たせない。メイヨー・クリニックが名前の使用と引き換えに金銭を得ようとしているように示唆するものが決して甘受されることはない。この原則は臨床業務だけでなく、今日ブランドが用いられる全ての製品にも適用される。

2　サービス、製品、あるいは関係の成功または名前の認知を確実にするためだけにメイヨー・クリニックの名前を使用することは適切でない。いくつかの場面で、商品コンセプトを提案する内部の人間が市場での成功にはメイヨー・クリニックの名前の使用が必要だと主張し、メイヨーの指導者は決定を迫られてきた。しかし、指導者はその製品がまずメイヨーブランドでなくても市場で存続できなければならないこと、そしてメイヨー・クリニックのブランディングなしでも成功するような製品やサービスだけがブランドによる追加の後押しを受ける権利を獲得できるという方針を守ってきた。クリニックは内部で開発した高品質の製品とサービスで本物のニーズを満たすことができ、ブランド・エクイティを高めるものにブランド名を使用するよう努めている。市場でわずかな価値しか持たない商品を支援するためにその名を使用してメイヨーブランドの評判を落としてはならない。1997年以前のブランド・ポートフォリオにはこの基準を満たさないような最低限の品質のものがわずかに含まれていた。今日ではまったく存在していない。この展開はブランド・ガバナンスの正式なアクションによってではなくむしろ通常の市場の原理によるものだ。

3　メイヨー・クリニックブランドはその名前や組織を矮小化するような方法で使用されてはならない。この主観的な原則は提示されたブランドに関わる幅広い種類の決定に作用する。たとえば、クリニックのブランド指導者たちは、メイヨーの健康情報を提供するある大手小売業者との共同広告プログラムにはどこにも安心を見いだせなかったため、その関係は最終的に消滅した。そのパートナーは生命を脅かす病気に侵された多くの人がメイヨー・クリニックを「最後の手段である裁判所」とみなしているのに、それと相いれない、上出来ながら軽いタッチのユーモラスな広告スタイルを展開していた。この原則は主観的であるため、内部の同僚からの要求を却下する場合は組織が懸命に育もうとしている共同精神を脅かすことになる。多くの提案はその意図は良くても、アマチュアの性質――コンテストで選ばれた名前やスタッフがデザインした広告ポスター――を持つものだ。この原則はメイヨー・クリニックの熱気球、Tシャツのデザイン、その他無数のプロモーション製品の提案を却下する際に使われてきた。

4　メイヨー・クリニックの組織の一部が他の医療提供者、業界、あるいはブランドと共同で働くときにはメイヨー・クリニック・ブランド・マネジメント・ガイドラインが効力を持つよう合意がなされなければならない。近年、医療研究者と製薬会社、そして医療機器会社との関係に関して、大学の医療センターに対する一般の人々の目はますます厳しくなってきている。長いあいだメイヨー・クリニックはこの点に関心を持っていた。1910年以降、メイヨー・クリニックは業界との関係をモニターする監視グループを置いている。現在のグループ、医療／業界関係委員会は、そのもっとも新しい形にすぎない。その責務の中心となるのはメイヨー・クリニックと医療提供者や患者にサービスを提供する会社とのあいだの利害の対立についての懸念だ。この委員会は全てのビジネス関係で患者の利益を最優先することが反映されていることを強調する。

これは研究をおこない、未来の治療方法と技術の開発に取り組んでいるメイヨー・クリニックや大半の大学組織にとって困難を伴う分野だ。製品が市場に出せる段階まで開発する資金を調達するには、業界との関係が欠かせない。この環境は医療／業界関係委員会の重要性と任務を増大させている。それは、委員会が営利的な組織とのコンサルティング、話し合い、研究の関係において、個々の医師、研究者、管理者の関わり方をすべて監視するためだ。専任の弁護士とパラリーガルのグループがメイヨーの名前の使用を扱う契約の交渉をおこない、全てのコミュニケーションについて承認を明示的に必要としている。ブランドチームもときに厄介となるこうしたブランド関係について、複雑な「慣習法」ガイドラインを開発している。

課題は利害の対立にとどまらない。両者に有利《ウィンウィン》という単純な原則も目安となる。たとえば、メイヨー・クリニックに製品やサービスを提供する会社は、しばしばこの事実を彼らのマーケティング資料で宣伝したいと望む。メイヨーの名前を暗黙の保証として利用しようとする業者を警戒して、メイヨーはその名前をリストのなかでしか使用できないとする。5つ以上の他の組織がリスト化されており、全ての名前が同じ書体のサイズでアルファベット順に並べられていなければならないと要求している。

最後に、メイヨー・クリニックはブランディングの決定をおこなうときに使われるリトマス試験を開発した（図8-4参照）。活動は組織が明言する価値観と原則に一致し、広範囲のブランドリサーチで特定されたクリニックの属性や本質を強化するものでなければならない。メイヨーのブランド弾力性リサーチからは、市場はメイヨーが最高品質の製品やサービスを提供すると考えていることが示されている。また、メイヨーのブランドの評判が健康と治癒に焦点を

図8－4　ブランド・マネジメントのリトマス試験

以下の基準は提案された製品、サービス、あるいは関係がメイヨー・クリニックの名前に値するかどうかを判定するために適用される。

1. メイヨー・クリニックのビジョンと中心《コア》となる原則と一致するか？
2. 患者や消費者がメイヨー・クリニックと結びつけるようなブランドの属性、本質、そして価値を強化するか？
3. ユーザーと業界の基準に照らして、そのカテゴリーで最高のものと判断されるか？
4. そのサービスあるいは製品は明らかに健康と治癒に関連し、特化したものか？
5. その製品やサービスはメイヨー・クリニックが富の蓄積やその他商業的な目的ではなく、まず何よりも人類の利益のために存在していると消費者の心に強く訴えるものか？
6. そのサービス、製品、あるいは関係は患者や消費者がメイヨー・クリニックに期待すると述べているような利益を届けるか？

置いた製品やサービスに名前の使用を限定していることも明らかになっている。メイヨーはスタイル、流行、虚栄心のゾーンの上を行くことが期待されている。サングラスのフレーム、化粧品、ハイファッションのスポーツウェアは、この特色ある臨床ブランドを矮小化しかねない。ブランド拡張のなかで、メイヨー・クリニックは富の蓄積ではなく、患者と人類のニーズを擁護することにつねに焦点を置かなければならない。

ブランドを守るためには定量的科学ではなく人間の技《アート》が必要となる。たとえば、どんなブランドリサーチよりも前の1990年代半ば、メイヨーの皮膚科の研究で市場にある他の商業的製品よりもすぐれているとされたにもかかわらず、メイヨーの理事会はメイヨー・クリニックブランドの化粧品をつくるという熟慮を重ねたビジネス提案を却下した。潜在的な利益性を懸念したからではなく、むしろどういうわけかその製品がメイヨーにふさわしくないと理事会のメンバーが感じたために、計画を拒否したのだった。指導者たちはサービス・ブランディング・モデルのなかのさまざまな種類の影響、つまり、提示されたブランド、外的ブランド・コミュニケーション、組織に対する顧客体験の各々を巧みな技で管理しなければならない。ブランド調査はいまではブランドを理解し決定をおこなうための確かな土台となるデータを提供しているが、こうした決定は必ずしも明快なものではない。最終的には、指導者が自らの本能的な直観——文化と価値観を真に理解した上での直観——に頼らなければならない。今日に至るまでメイヨー・クリニックの記録はきわめてポジティブだ。

経営者のためのレッスン

100年以上にわたってブランドのリーダーシップを維持することはまれだが、それがメイヨー・クリニックの達成してきたことだ。このようなブランドの強さと耐久性を示してきた組織は他に類を見ない。経営者はメイヨー・クリニックのケーススタディから多くのブランディングのレッスンを引き出すことができる。ここではとくに顕著な3つのレッスンについて述べる。

レッスン1：演じる人々《パフォーマー》に焦点

労働集約的なサービスブランドはブランド・ミーニングを形づくる体験を生み出す人々と同じだけの価値しか持たない。第2章で述べたように、サービス提供者の個人的な価値観がそのサービスの質と価値に直接的な影響を与える。クリニックがそのブランドをフロリダやアリゾナに拡張したとき、メイヨー・クリニックのサービスと文化を形成するため、メイヨーは価値観と才能を求めて人を雇うよりもさらに一歩進んで、新しい組織のほぼ全ての部署に通常であれば指導的立場にいるような、経験豊富なロチェスターの職員を配置した。

また、サービスが演じられる「ステージ」が観客である患者と同様に、職員／演じる人《パフォーマー》にも手がかりを与えている。メイヨーが慎重にデザインしてジャクソンヴィルとスコッツデールで新たに生み出した空間は、メイヨーブランドの品質を患者にそれとなく伝える手がかりを差し出す。メイヨー・クリニックの美しい木目のパネルや石の存在、魅力的で興味深い美術品、質の高い内装に魅力的な室内装飾でテーブルにはリネンの布がかけられ、正装したウェイターがいる高級レストランと比較されるかもしれない。メイヨーの環境はブランドの価値観、文化、そして歴史に適したサービスをするように職員を促す。

さらに、メイヨー家が確立した――いまもメイヨー・クリニックに広く行き渡っている寛大な精神――がサービスの提供者役を務める職員の寛大なボランティア精神を助長する。職員の適材適所を見つけるというメイヨーの慣行がここで働く者にとっては寛大だとみなされる。職員の福利厚生が比較的優遇されていることからも、メイヨー・クリニックは慈悲深い雇用主と位置づけられる。雇用主であるメイヨー・クリニックがきちんと職員の世話《ケア》をしてくれるから、職員もサービスを提供する相手をきちんと世話《ケア》するようになる。

レッスン2：攻めるだけでなく、守る

1983年、メイヨー・クリニックはその歴史上もっとも大胆な3つの発案で攻めの姿勢に転じていた。それはフロリダとアリゾナへの地理的な拡張、MML戦略の積極的な変更、そして消費者向け健康情報の発行だ。このような大胆な攻撃的なプレーは開業以来、1世紀以上にわたる期間で見ても例外的なものだ。さほど劇的ではないが、きわめて重要なのはメイヨーの終始一貫したブランド防御だ。メイヨー・クリニックは成長よりも品質と一貫性を重んじる慎重な団体であり続ける。守られるべき評判はもはや創設者であるメイヨー家の評判ではなく、4万2000人以上の職員の良い仕事のおかげで今日繁栄を続けている組織としての評判

だ。メイヨーブランドは信頼されているブランドだ。クリニックの指導者たちは患者と紹介医からの信頼こそ、なんとしても守りぬかねばならない貴重な資産だとみなしている。細部までつくりこまれた委員会の構造を通じて実行される団体の慎重さ、明確に規定されたブランド・マネジメント・ガイドライン、それを実施するブランドチーム、そして、もちろん、組織の中心的な価値観《コアバリュー》がメイヨー・クリニックブランドを定義する信頼を守る役割を担っている。メイヨー・クリニックは積極的にブランドを守り、ブランドとして慎重に攻めている。

レッスン3：顧客をマーケティング担当に変える

なんと91パーセントのメイヨー・クリニックの患者が他人に対してクリニックのことを称賛するという。[17] メイヨー・クリニックの患者はたしかに広告をおこなっている。重要で、複雑で、ばらつきのある（医療のような）サービスはとくに口コミの影響にさらされやすい。将来見こまれる顧客はすでに体験した顧客のありのままの、信頼できる情報の恩恵を受ける。しかし、口コミをうまく活用するには顧客の期待を上まわるサービスを提供することが欠かせない。期待に応えるサービスは普通だ。普通でないサービスが口コミを生み出す。メイヨー・クリニックの医療専門家はチームで働き、患者に地元の市場では簡単に得られないような医療体験を提供する。システムの効率性とすぐれた対人サービスにクリニックが力を入れていることで市場に提供するものがさらに差別化される。クリニックはうれしい誤算をもたらすが、それが期待を上まわるために必要だ。すると患者はメイヨー・クリニックのことを他人に話したくなる。サービス・ブランディングにおける一般的な仮説は、マーケティング部門とその広告がブランドを生み出すというものだが、わたしたちのモデルとメイヨー・クリニックが示すように、ブランドのヒーローとはサービスのプロセスを設計するインダストリアル・エンジニアやその他の指導者であり、一度にひとりの患者に個別化されたサービスを実行する現場の職員たちでもある。

まとめ

この章で提示したサービス・ブランディング・モデルをメイヨー・クリニック以上にうまく説明できる組織を他に知らない。メイヨー・クリニックが最強のブランドだということに議論の余地はない。同じく確実なのは、このブランドがつねに患者のサービス体験に焦点を置いてきた副産物として生まれたということだ。重要で、複雑でばらつきがあり、そして個人的なサービスを届ける組織では、パフォーマンスがきわめて重要となる。こうしたサービスを受ける顧客はやがて情報の伝達者になり、その情報がひいては彼らが知り、愛する対象を助ける。偉大なサービスブランドとはつまるところ、すぐれた顧客体験によって築かれており、このことこそがメイヨー・クリニックが教えるメタブランディングのレッスンとなる。

第9章

明日の組織に投資する

1994年、わたしたちの主力業務である複雑な膝・股関節置換手術が年間約200万ドルもの損失を出していたことがわかりました。あなたが整形外科医で、懸命に働いていて、他の整形外科医から紹介された患者を診ているなら、これはとても受け入れがたいことです。わたしたちの業務の本質が反映されたともいえます。というのも、うまくいかなかった人工関節《インプラント》の置換手術をかなりおこなっているからですが、それだけではなく、患者をあまりに長く病院にとどめておくなど、わたしたちの施していることが原因でもありました。しかし何よりも重要なことに、損失はわたしたちが使用している人工関節から生じていたのです。ここではひとつの臨床適応に、主要6デザインのうち10〜12種類の人工関節を設置していたのです。これは明らかに変更する必要がありました。

メイヨー・クリニックの文化がとても強いということを忘れてはいけません。同僚もわたしも、個人開業でできるかぎり稼ぐようなことは放棄しています。わたしたちは公益に尽力し、患者にとっての最大利益に焦点を当てる文化を受け入れています。こうした医師たちに「患者のケアにかかる費用を減らさなくてはいけない」といえば、ここでおこなっていることに反することになります。

医師が原始的な本能に立ち返るのは、患者のケアを変更するよう強く勧める情報に直面したときです。彼らは岩の陰に隠れます。最初に隠れるのはデータ品質の岩です。彼らはこう言うでしょう。「データに不備があります。戻ってもう一度目を通してください」。これを文化的に言えばこうなるでしょう。「わたしたちは変えたくありません」。そこでわたしたちは、医師に提示されたデータが正確なことを確認しました。それに、これは医師主導型で、証券アナリストと医師のやりとりではなく、医師同士のやりとりでした。だからわたしはこう伝えることができました。「データは正確で、疑問の余地はありません。しかし、不正確だと説明できるならデータを修正します。でも説明不足ならデータは正確だということになります」。こうして、わたしたちは最初の岩を吹き飛ばしました。

次に、多くの医師は臨床の質という岩の陰に隠れます。たいていは次のようなメッセージで表されます。「患者の利益を最大限に考えているので、そうしたことはやりません」。わたしたちは、メイヨーの文化を示すために必要な変化に医師たちが気づけるような、筋の通った議論をしなくてはなりませんでした。何年ものあいだ、メイヨーは患者の利益を最優先するという強い決意を抱いてきたので、医師がこの岩の陰に隠れたとき、医師の臨床選択を疑問視することにはためらいがありました。このため、何が最良なのかに関する医師の個人的見解に基づいた結果、このような幅広いバリエーションが生じることになったのです。

変化の第一歩は、人工膝関節が12種類もあるのは、とくに、医師にお気に入りの人工関節があって費用が大幅に異なる場合、「患者の利益を最優先に考えて」いないのではないかという前提を、同僚の医師たちに受け入れてもらうことでした。それに、業務による損失に直面したとき、たしかにコストに問題があるようでした。このため、わたしたちは医学研究者として、バリエーションがあると高くつくけれど、規格を統一すれば費用が抑えられる上に質が向上することが理解できるようになりました。こうしてわたしたちは、次の基本原則を用いて臨床の質という岩を吹き飛ばしました。つまり「根拠に基づいた基準を導入して患者にとって何が最良かを特定してから、患者の転帰の質を損なわない最低価格の人工関節を選択する」という原則です。わたしたちの目標は、ひとつの臨床適応に対する選択肢をふたつの人工関節まで減らすことでした。

そのためわたしたちは、人工関節の製造業者と交渉をおこなうサプライチェーン管理を担当する同僚と手を組みました。この結果、膝・股関節手術の純利益は2年でマイナスからプラスに転じ、ロチェスターの業務だけで800万ドル増加しました。さらに重要なことに、患者の転帰が損なわれることはなく、患者の合併症発生率は変わらなかったのです。こうした節約が10年間続いていて、フロリダとアリゾナの業務では節約額が増えている他、メイヨー・ヘルス・システムでもこうした取り組みを採用しています。

以上は、元整形外科長で元理事のバーナード・モーリー医師による話で、ここには、未来に投資するメイヨー・クリニックの指針となる第一原則、つまり「メイヨー・クリニックはメイヨー・クリニックであることによって、もっとも成功する」ことが示されている。

モーリー医師が、同僚とこうした臨床業務の変更を取り決めたとき、〝患者のニーズを第一に〟というコア・バリューに妥協はいっさいなかった。実際、彼らは臨床ケアを損なうことなく費用を下げたので、問題に協力して取り組むことで、チームワークの価値を感じながら個々の患者のニーズに応えたのである。この事例が他のメイヨーの取り組みの模範となった。メイヨー・クリニックのサプライチェーン管理部門長ジェイムズ・R・フランシスによると、薬局で同様のプロジェクトを実施したところ、5年間で4000万ドル以上の節約になったという。その他のプロジェクト――全て医師主導型――では、循環器内科、消化器科、放射線科、それに資本設備において効率が高まった。

こうしたサプライチェーンの事例でメイヨーが示す規律からわかるのは、メイヨーが院内のチームワーク力に支えられていて、顧客のニーズと、後世の患者のためのメイヨー・クリニックの維持に必要な財務結果の両方に重点を置いていることだ。本章の後半で述べるように、この組織的な規律と力が、メイヨー全体で根拠に基づく質の測定をおこなっている。サービス組織では、「運命のコントロールが成功の持続につながる……道筋を決定するのは企業の上層部だ。競合他社でもなければ、金貸しでも法人株主でもなく、労働組合でもなければ、供給業者でも地域活動家でも報道陣でもなく、ましてや政治家でもない。上層部の人々は、メイヨーが顧客のためにすぐれた価値を生み出すことに重点を置くよう働きかけていて、これがメイヨーの未来を確実なものにしている[1]」。

本章では、メイヨー・クリニックが今日追い求めている戦略的優先事項を通じて、明日に向けたメイヨー・クリニックの取り組みを考察していきたい。その優先事項の第一項目が、円滑に機能するひとつの組織に向けた3つのキャンパスの統合である。次にくるのが、臨床業務の質と安全の向上、長期の臨床結果に基づく価値の高いケア、医療提供のイノベーション、医療業務や方針改革において患者第一の利益に代わる主張、リーダーシップの育成である。

ひとりの力に気づく

メイヨー・クリニックの最高経営責任者（CEO）デニス・コーティーズ医師の主張は明白だ。「メイヨー・クリニックの生涯目標は患者をケアすることです。わたしたちは、100年にわたって個々の患者を中心に据えた提供システムを構築してきました」。メイヨーはそれがどこから来てどこに向かいたいのか分かっているが、メイヨー・クリニックの命運は、クリニック史上おそらくもっとも複雑で、科学的、社会的、政治的な環境の下に形成されている。米国では、国中で医療提供システムについて話し合われているが、そのシステムは多くの評論家が同意するように破綻している。「システムって?」と尋ねる皮肉屋さえいる。また、アメリカ人が期待する医療にいかに融資するかという疑問が浮上している。産業全体が変化を求めて、社会的・政治的な要求に対処しているとき、コーティーズ医師はメイヨーが構築するビジョンに向けた国全体の動きを見ている。「ケアを提供する医療システムは、異なる医療提供者や組織のあいだでケアを統合、調整することで、価値の高い、より良い結果、安全性、サービス、そして低コストを提供しながら、個々の患者に重点を置いていました」。彼はこう主張する。「メイヨー・クリニックは、他のどの大組織よりもこれを乗り越える準備ができています」。だがメイヨー・クリニックは完璧ではない。メイヨー・クリニックの指導者たちは、メイヨーがその評判に恥じない行動をするよう働きかけている。その評判とは、重い病気にかかったとき、メイヨー・クリニックを思い浮かべると心の平和と安らぎが得られるという、同ブランドの暗黙の約束を確実に守るということである。

院長兼CEOのコーティーズ医師の下でおこなわれる最優先の仕事は、3つのキャンパスをひとつの組織に統合することである。第8章で述べたように、フロリダとアリゾナキャンパスが開設されたとき、ひとつの組織の一部として機能する必要があるかどうかは不透明だった。メイヨーのリーダーたちの中には、当時メイヨー財団として知られた親組織が、かなりの自主性が認められているさまざまな事業部門を持つ持株会社としての機能を果たすべきだと考える者もいた。1983年に事業の拡大が決定したとき、メイヨーの指導者たちが責任を負っていたのはロチェスターのメイヨー・クリニックだけで、そこは職員800名足らずの外来患者診療所だった。メイヨーのリーダーたちの多くは、メイヨー・クリニックが効果的な管理がおこなえる最大規模にまもなく達すると考えていた。さらに1983年の時点で、ロチェスターのメイヨー・クリニックは、1986年からセント・メアリーズ病院とメソジスト病院の2カ所の地域病院の責任を引き受ける態勢を整えていた。両病院の職員数はロチェスターの倍以上で、ロチェスターには、経営上、計り知れない複雑さが加わることになっていた。この難題を与えられたメイヨーのリーダーたちは、できたばかりのふたつのキャンパスに深く関与することに乗り気でなかった。2つのキャンパスは新しく、なじみのない地域市場で運営されていたため、ロチェスターの文化や業務とは距離を置いた方が理にかなっているようにも思われた。

しかし、2003年にコーティーズ医師がCEOになるころには、メイヨー・クリニックをひとつの組織に統合する必要があることは明らかだった。ドーン・ミリナー医師は臨床業務諮問グループ長である。同グループは、3つのキャンパスからひとりずつ選ばれた臨床診療委員会のリーダーたちで構成され、メイヨー全体の臨床業務の連携を強める責任を負っている。ミリナー医師は、臨床業務諮問グループ長としてキャンパス統合プロジェクトの中心に位置している。「開設当時、人々はたがいのことはおろか、専門技術がどこに属しているかさえ把握していませんでした。あまりに急激に成長して地理的に離れすぎてしまったのです」。1960年代後半以降、メイヨーは、ふたりの顧問医師に数秒で電話がつながる強力な優先呼び出しシステムを導入した。1980年代にはジャクソンヴィルとスコッツデールにも導入された。同システムは、とくにそれぞれのキャンパス内の職員のあいだでは、きわめて重要な通信手段となる。しかしこのテクノロジーは、顧問医師がたがいを知らないという根本的な問題の解決にはならなかった。フロリダとアリゾナの開業以来、テレビ会議も利用することができた。テレビ会議は便利だが、やはり直接会って親密さを築いたあとの方が効果は最大になりやすい。最高管理責任者（CAO）シャーリー・ワイスは、統合を促進するには、個人の親交をキャンパス全域で深めることが重要だということをメイヨーは理解していると指摘する。

ミリナー医師は、統合への取り組みを、メイヨー兄弟が彼らの代で成し遂げたこと——一人ひとりの患者にできる限り資源をもたらすこと——をふたたびおこなうチャンスと捉えている。「しかし現在は」と彼女は言う。「専門技術がどこに属していても、患者がどこでケアを受けていても、わたしたちはそれぞれの患者にメイヨー・クリニックの最高のケアを施せるすばらしい機会に恵まれています」。「わたしたちはデジタル時代に生きていて、コミュニケーションツールを使えばはるかに大きな組織をまとめられます」。たとえば、電子カルテやデジタルCT

スキャンなどを電話やメールと組み合わせて使えば、地理的な位置を気にするまでもなく、メイヨー・クリニックの2500人の医師のうち、最適な専門家にリアルタイムで相談できる。本章の後半に出てくるが、企業学習システムには強力なポテンシャルが備わっていて、まれな臨床所見がある患者を担当するメイヨーの医師に、ジャスト・イン・タイムで患者管理情報を提供する。ミリナー医師はこう締めくくる。「厄介な仕事で、そう簡単には完成しません。それでも、わたしがワクワクするのは、わたしたちはいま、自分たちがうかつにも失ってしまったもの――メイヨーのシステム全体を強化して患者一人ひとりのニーズに対応する力――を取り戻しているからです」。

統合は進行中で、それがどのような結果を引き起こすかは不明瞭だ。しかしいまでもこの組織は、統合がメイヨーにとってどんな意味を持つのか、少しは理解できる。もっとも重要なのは、患者はどのキャンパスを利用しても、同様に質の高いサービス、診察、治療を受けられるということだ。つまり、メイヨー・クリニックのキャンパスで雇用された医師には他の2つのキャンパスで働く資格があるということで、今日では、以前と違って新規採用者が複数のキャンパスで同僚の臨床医による入念な審査を受けることも多い。さらに、いまは3カ所にある予約オフィスが最終的に1カ所になるかもしれないということだ。統合によって、それぞれのキャンパスが独自のソフトウェアインフラを選択するのではなく、共通の情報管理システムの構築が導かれている。

そしてきわめて重要なこととして、設備投資と成長の決定は、1つのキャンパスの利益ではなく、メイヨー・クリニック全体にとって何が最適かについての判断を反映することになる。コーティーズ医師いわく、今日のメイヨー・クリニックは「有機体、つまり単一体で、ひとつでもうまく機能しなければ、有機体全体が影響を受けるのです」。

医療の質――もっとうまくできる

メイヨー・クリニックは、質向上の取り組みと投資を促進して、組織の命運をコントロールしようとしている。コーティーズ医師によれば、メイヨーにおける質――臨床結果、安全性、サービスによって定義されるもの――はすばらしいが、彼はメイヨーならもっとうまくできると信じている。放射線科教授でメイヨー・クリニックのディレクター・フォー・クオリティを務めるスティーヴン・スウェンセン医師はこう指摘する。「メイヨー・クリニックは、転帰、安全性、サービス、回避可能な死、既存の医療問題や健康状態を要因として調整された死亡率、患者に害を与える有害事象に関する客観的尺度を見ると、米国の他の医療提供者の先頭に立っています。たとえば、2、3年前に初めて標準化病院死亡比が発表されたとき、セント・メアアリーズ病院の死亡率は米国とイギリスの総合病院でもっとも低かったのです。これら全ての尺度を総合的に見るとメイヨーは頂点にいます」。しかし彼はこう忠告する。「わたしたちは精鋭の医療提供者集団の頂点にいるというだけで、わたしたちがこうありたいと熱望するほどはるか先には到達していません」。スウェンセン医師がはっきりと口にするこの忠告は、メイヨー・クリニックの指導者たちのスローガンになっている。スウェンセン医師は、メイヨーなら難局にうまく対処できると確信している。「チームワークを大切にし、看護師や技師、医師、薬剤師、管理者からなる水平的な職能横断型チームの恩恵を理解し、多数のシステムエンジニアによって促進された顧客中心のケアという100年にわたる歴史を持つ統合したグループ診療ほど、臨床的信頼性の高い他のリーダーたちを振りきる好位置についている者はいません」。メイヨーのリーダーたちと話していてはっきりと分かるのは、彼らが改善を期待しているということだ。

メイヨー・クリニックは米国の他の医療から孤立しているわけではない。メイヨーの医師の60パーセント以上はメイヨー・クリニックでなんらかの研修を受けているが、メイヨーの研修しか受けていない者はほとんどいない。ミリナー医師はこう説明する。「アメリカの医療に携わっているわたしたちは、ミスや予後不良を避けられないものとして受け入れてきました。わたしたちは自分自身にこう言い聞かせます。『複雑な病気を治療するときには仕方がない。副作用もいくらかあるし、自分ではどうしようもない』と。それでも、こうした心の持ちようで働いている人は誰でも、不良転帰を受け入れつつ、事態を良くしようと心がけてきたのです」。またミリナー医師は、1960年代から1980年代末にかけて米国の医療技術が飛躍的に進歩したことを指摘する。「誰もが新しい治療や引き続きの介入に注目していました。これらを用いて転帰を改善したいと考えたのです。判断ミスや、仕事の引き継ぎに関する問題、安全問題はそれほど注目されませんでした」。

2000年に米国医学研究所は、毎年9万8000人もの患者が米国で不必要な死をとげていると主張して国民を驚愕させた。[2] メイヨー・クリニックは国内の他の医療サービスとともに、その発言に注目した。「わたしたちは自らを批判的にとらえる必要があります」とミリナー医師は言う。「メイヨーは創設時から時勢の先端にいますが、時勢そのものが移動しています。今日はうまくできても、それで十分ではありません。いまでは、これがわたしたちのベストではないとわかっています」。

質を向上させるためのスローガンは、ある意味、是正措置とみなされている。メイヨー・クリニックの創成期に、医師たちは明確な標準手順に沿って業務をおこなっていた。スウェンセン医師はこう語る。「放射線科の記録文書を見ると、たとえばバリウム検査の際には、技師から患者へのカップの渡し方まで絶対的な雛形となる手順があります。わたしたちはこうした基準作業から脱却して、医師がここにやってきて彼らのやりたいように業務をおこなえる自主的なモデルに移行したいと考えています。このため、わたしたちはさらに多様な業務を構築しましたが、これが高い信頼性と究極の安全環境の証というわけではありません」。メイヨー・クリニックはすばらしい医師とサポートスタッフを採用していて、その成果は依然としてすばらしい。しかし、公的に報告されたデータが入手しやすくなると、メイヨーは概して僅差でリードしているにすぎず、特定の事例では、他の一流の医療提供者に後れを取っていることが明らかになった。「わたしたちはつねに最良のケアを施していて、その転帰はつねに世界一流で、いまよりずっと良くなる機会はないという自負が、少しばかりあります」とスウェンセン医師は言い添える。

この広範囲にわたる取り組みが変化するきっかけとなったのが透明性、つまりメイヨー・クリニックの院内外両方の臨床診療グループの業績測定のオープンシェアリングである。コーティーズ医師によれば、「透明性とは、業績の測定、幅広く学んだ内容の共有、改善する方法を見いだすための協力、転帰の報告などをいい、目標を達成しているかについて、自分自身だけでなく他の人とも正直に向き合います」。間違いは変化を起こす大きなきっかけとなる。間違いから学ぶことでしか再発を防ぐことはできないからだ。スウェンセン医師も同意する。「おたがいに業務を共有すればするほど——糖尿病患者が最良のケアを受ける頻度や、誤った分量の薬が患者に投与された事例、正しい分量の薬が違う患者に投与された事例など——わたしたちがなりうる最高の状態になるための変化を起こすきっかけが増えます」。メイヨー・クリニックは2007年10月からイントラネットに各所の業績結果を掲載しはじめた。これらの結果は2007年12月にメイヨー・クリニックのサイト（www.mayoclinic.org）で公開された。

質を改善する旅を補うのは、一人ひとりに合わせた医薬品、そして医療提供の科学的方法というふたつの新たな戦略的戦略事項である。一人ひとりに合わせた医薬品は、最近のゲノミクスの発展、つまり「ひとりの人間の全遺伝子と、これらの遺伝子間の相互作用や遺伝子その人物の環境との相互作用の研究[3]」に端を発している。この科学が、ゲノミクスのツールが病気を予測したり、多くの事例で最適な予防戦略や予防治療を指摘したりする新時代を開く。たとえば、結腸がんの早期発症に関連する遺伝子を持つ患者が結腸内視鏡検査の受診を始める時期は、一般的に推奨される50歳からではなく30歳からの方がいい。結腸がんは、前がん性ポリープの早期発見・除去によって防ぐことができる。また、一人ひとりに合わせた医薬品もがん治療に適用され、患者に処方する化学療法薬剤をその患者の遺伝子で決定する場合もある。

スウェンセン医師はある悲劇について語り、転帰や安全性、サービスの質を高めるため、ゲノミクスの力と医療提供法を活用することで力と緊要性を示している。最近、メイヨー・クリニックの若い患者が不必要に亡くなった事例があった。「あれは防げる死でした」とスウェンセン医師は言う。「亡くなったのは『メイヨーはメイヨーが知っていることを知らなかった』からです」。

患者には心臓病の症状があり、心電図がまれな「QT間隔延長」を示していて、これは心臓の電気系統の不調を意味した。その患者は循環器科で経過観察を受ける予定だったが、診察予定日の1週間前に亡くなった。

メイヨー・クリニックの小児心臓専門医であるマイケル・アッカーマン医師は、QT間隔延長の世界的権威である。彼はイオンチャネル（心臓のカリウムチャネル）の遺伝子の配列を決定した。彼はヒトゲノムのなかの30億個のヌクレオチドのうち、ある特定のヌクレオチドが悪化すると、患者が致命的な心不整脈に苦しむことを突きとめた。心電図のQT間隔延長は、毎年多くの子どもや若者の突然死を引き起こしているまれな遺伝子症候群との関連性が高い臨床的証拠だ。この救命治療が、致命的な不整脈を検出したときに動作する除細動器の植えこみ手術である。アッカーマン医師の治療基準もまた、この症候群が見られる場合に投与すべき薬物治療、または投与すべきでない薬物治療を特定している。しかし、メイヨー・クリニックの介護士全員がアッカーマン医師の知っていることを知っているわけではない。彼の知識をメイヨー全体に行き渡らせるには、医療提供法の新たな機能が必要になる。

亡くなった患者の両親は、メイヨーのケアの信頼性を向上させるという明確な目的で、メイヨー・クリニックに多額の寄付をした。最初のプロジェクトでは、アッカーマン医師の知識を、必要なときにすぐメイヨー・クリニックの医師全員に伝達する電子手段を構築する。具体的には、メイヨー・クリニックのシステムエンジニアは、心電図を分析するコンピュータと、患者が指名する医師の考えのあいだにリンクを築いた。今日、心電図コンピュータがQT間隔延長を特定して、それを心臓専門医が確認したとき、心電図コンピュータはその情報を外来患者の電子カルテに転送するだけでなく、心電図を依頼した医師にも自動メッセージを転送する。このシステムには、医師がメッセージを受け取ったことを確認するフィードバックループがある。自動メッセージにはメイヨーの企業学習システム（ＥＬＳ）へのリンクがあり、そこでは、まず病気・症状に精通したメイヨー・クリニックの専門家の人名簿を提供したあと、よくある質問に対する回答、重要な事実、臨床に関するガイドラインを提示している。電子システムは管理側の医師に専門知識を提供し、彼らは患者の安全なケアについて知らなかったことを知ることができる。医療提供法におけるこのイノベーションによって、患者は誰が担当か、システムではどこを見られているかといったことに関係なく、つねに最良のケアを確実に受けることができる。

ＥＬＳには、医療提供法のなかでも多額できわめて重要な投資がおこなわれている。教育技術センターのファレル・ロイド医師は、米国国立医学図書館が提供する、公表された医学研究オンラインデータベース、メディラインには毎年新たに50万通以上の報告書が追加されていて、今日、医師が全ての医学文献に精通し続けることは不可能だと強調する。議会証言における米国国立医学図書館館長の説明によると、ある良心的な医師が1年間論文を毎日2本きちんと読んだ場合、「その年の終わりには、この良き医師が読む新たな刊行物は648年分もの後れを取ることになる」という。[4] 研究段階から患者のケアの段階への知識の移行は、進みが遅く、難しい。ある調査では、もともとの研究の14パーセントを患者の利益へと転換するのに17年間かかることがわかった。[5] 今日、医学教育は暗記重視から、毎日の医療行為で必要な場所で臨床情報を見つけて適用する技能へと移行している。「企業学習システムは、医師が必要な情報にできるだけ素早く簡単にアクセスできるようにしたメイヨー・クリニックならではの手法です」とロイド医師は言う。

スウェンセン医師はこう打ち明ける。「標準治療の手順は、多くの医師にとって扇動的な考え方で、医師たちは『料理本医療』と呼んでいましたが、それは彼らが隣にいる医師や他のキャンパスにいる同僚と同じやり方をしなければならないからです。しかし、メイヨー・クリニックのケアモデルは患者が中心で、患者が望むものを重視しています。患者は、メイヨー・クリニックの世界一流のケアを受けるために来るのです。患者はどのドアを開けてもそうしたケアを受けられるべきです。わたしたちの質の向上に向けた取り組みでは、ケアモデルをただ壁に張りつけておくのではなく、そこから剥がして施す際に取り入れるのです」。
他の人たちもスウェンセン医師の呼びかけに賛同する。アリゾナのCAOであるジェイムズ・G・アンダーソン医師の職歴は、メイヨー内外の医療管理分野において40年近くにおよぶが、彼はこう断言する。「わたしたちがメイヨー・クリニックとして知っているモデル、つまり統合した業務、医師や管理者の共有管理、医師の固定給制、研究や教育で補完される実務重視の姿勢などが、市場では強力で差別化されたモデルとなっています。結果に満足できない場合、問題はわたしたちの実行力にあります。わたしたちが何者かとか、わたしたちの市場への戦略的取り組みといったことは関係ありません」。最良の状態のメイヨー・クリニック――課題に集中して手元の資源で変化を担うチーム――は強力な部隊だ。スウェンセン医師は、メイヨー・クリニックがいかに質の改善を通して、最良の状態のメイヨー・クリニックとなりえたかについてこう説明する。

わたしたちは責任を担う医師のリーダーを特定し、100日間のプロジェクトの責任のみを負うシステムエンジニア、管理プロジェクトマネジャー、情報処理技術者など、主要なチームメンバーを任命します。また、特定の病気の専門医、看護師、技師、薬剤師、技術者といった職能横断型チームがメイヨーのシステムのキャンパス全体から集められます。チームはこうした支部の設立に沸き立っていて、これから何を測定するか分かっています。そして、そのあと管理段階に入ります。基本的に100日間はとくに改善の機会に重点を置きます。病院で肺炎が見つかると、チームは最良の治療《ベスト・プラクティス》を施しました。それから実施後に評価しました。何か改善はあったでしょうか？　わたしたちは滞在期間を短縮し、再入院率を低減し、適切な治療を受けた肺炎患者の疾患特異的死亡率を下げました。わたしたちはすばらしい業務をおこなった基準線から始めましたが、もっとうまくできる機会があると思いました。それを成し遂げたのです。

今日メイヨー・クリニックが抱いている信念とは、最良の質の結果、頼りになる安全な環境、そして、個々の患者の最良のケアを決定するために同僚と協力し、そのケアモデルを実施して、患者はメイヨー・クリニックのどの診療所・病院でも一貫してそのケアを受けることができるというすぐれたサービスの提供である。言いかえれば、どのドアを開けても――目に見えない《バーチャル》ドアも含めて――同じ体験ができるということだ。「わたしたちには比較するものがあるので、こうしたすぐれた水準から革新が生まれているのです」とスウェンセン医師は言う。「わたしたちの質に対する取り組みは科学的で、根拠に基づかなくてはいけません。わたしたちには管理図と生物統計学者が必要です。これが医療提供の科学的方法です」。

賢明で価値の高いケア

メイヨーのあるリーダーいわく、「わたしたちは正当な理由があって質の改善に取り組んでいます。それは、メイヨーのケアの転帰と安全性と信頼性の改善です。これが正当な理由であることに疑いの余地はありません」。もちろん、患者のケアの不要な変化、無駄、欠陥を取り除く事業企画書《ビジネスケース》もある。医療以外の多くの組織は収益を改善するために企画書を作成している。けれども、メイヨー・クリニックにとっての第一の事業企画書は、年次報告書で公表される純収益ではない。むしろ、メイヨー・クリニックの統合したケアモデルの財務効率を確認するものである。メイヨー・クリニックは、患者や彼らの保険会社、雇用主に、メイヨーの質の高いケアは贅沢ではなく、賢明で価値の高い選択だと伝えられなければならない。

医療は米国最大のビジネス分野で、効率性と欠陥発生率の点で他の分野を下まわっており、価値の高い選択とはならない場合が多い。『ニューイングランド・ジャーナル・オブ・メディシン』によると、米国の医師が施すケアの約半分が現在の最良な方法に基づいていないという[6]。第4章で述べたように、メイヨーは時間を効率的に運用することで患者から高い評価を得ているが、一部の保険業者や患者には、メイヨーのケアがお金を効率的に使っているかどうかはよくわからない。メイヨーでは一括で請求されるため高額になる場合がある。ケアが合算されて請求されるのは当たり前のことではない。医療においては、複数の組織に分かれてサービスを受ける場合が多いからだ。

最近メイヨー・クリニックを退職した元CAOのロバート・スモルト医師と、院長兼CEOのデニス・コーティーズ医師は、メイヨーのケアが価値の高いケアとなるよう内部の取り組みを促進している。彼らは、国内の全ての医療提供者のなかから質の高い費用効率の高い医療を特定するには、価値が最高の測定基準になると主張する。最近発表された論文で、彼らは質（ケアの転帰、安全性、サービス）を患者1人当たりのコストで割った価値公式を提示している。[7] コーティーズ医師はこう分析する。「メイヨーの請求額は、請求書の個々の項目で見れば高額な部類に入るかもしれませんが、他の医療提供者ほど施す医療の回数が多くないので、長い目で見るとコストは良心的だといえます」。また彼は、メイヨー・クリニックの医師は全員、臨床検査、放射線画像診断報告書、他の医師のメモを閲覧できてコピーを取る必要がないため、財政の効率化も図れていると指摘する。さらに、メイヨーが2型糖尿病のような病気の進行を防ぐことができれば、長年にわたる価値は非常に高くなる。糖尿病は生涯にわたる慢性疾患のため、治療費が高く、きちんとした治療が施されないと複数の合併症を引き起こし、さらに費用が加わる上に患者の生活の質《クオリティ・オブ・ライフ》の低下を招く。コーティーズ医師はこう加える。「病気になる可能性を予測し、可能であれば未然に防ぎ、疾患が生じたときに正確に診断し、具体的な治療を施すことで、たとえば、乳がんや糖尿病などの病気においては、質と価値の高いケアを長年にわたって提供できます」。

価値方程式を学ぶ特別部会を率いたドーン・ミリナー医師は、コスト問題の全体像を把握している。「米国で医療を提供しているわたしたちは皆、一歩下がって自分にこう問いかける必要があります。『国の制度はなぜ高額で、不良転帰しか生み出さないのか』と。この問題を批判的に見ないかぎり、メイヨーは責任ある医療提供者にはなり得ません。メイヨー・クリニックは、医療でより良い価値を提供する役割を果たす必要があります。それが患者の最大の関心事で、わたしたちの患者に対する責任です。このことは、わたしたちの第一の価値と完全に一致しています」。多くの医療サービスの買い手、つまり連邦政府、主な雇用主、医療保険は、医療提供者の改善のためのインセンティブとともに一歩前に踏み出している。「ペイ・フォー・パフォーマンス」という一般規程の下、これら支払人は、自分たちの受益者たちが質の高いケアを受けられる取り組みに――診療報酬より若干高額な――資金を費やしている。だが、スモルト医師とコーティーズ医師は、こうしたプログラムはもっぱら結果ではなく、過程に支払われていると主張する。さらに、こうしたプログラムの一部はパーセントベースで支払いを増やしているため、ケアのコストが高い非効率的な医療提供者は、効率的な医療提供者より報酬が高くなっている。

「メイヨー・クリニックのケアモデルが価値の高いケアを生み出している証拠は数多くあります」とスモルト医師は言う。最適な情報源として、彼はダートマス医療地図を挙げる。[8] ダートマスの研究者たちは、人生最後の6カ月と最後の2年間の医療費のデータが効率を計る良い目安であると主張した。こうしたコストが高くつくのは、米国の医療保険制度「メディケア」の個々の患者に対する支出のうち、約3分の1は亡くなる前の2年間に使われているからである。米国のメディケア患者全員のデータを大量に用いることで、ダートマスの研究者たちは、ケアの回数が多いからといって必ずしも良いケアとはかぎらないと主張する。「余分な出費、資金、通院、入院、それに医療支出の高い州や地域や病院で実施される診断テストによって、寿命が長くなったり生活の質《クオリティ・オブ・ライフ》が向上したりするわけではありません。問題なのは無駄な出費や過剰利用で、過少利用や医療の配給が問題なのではありません」[9]。大学医療センターについて議論する中で、ダートマスの研究者たちは指摘する。人生最後の6カ月で、ニューヨーク市のある大学病院を利用した患者が「ひとりにつき76回通院したのに対して、メイヨーの患者の通院数は24回だけでした」。人生最後の2年間に、カリフォルニア州のある大学病院の患者に使われた「医師の労働力は、常勤医換算でメイヨー・クリニックの2倍」であった。[10] この報告は、さまざまな大学医療センターをあらゆる評価基準に照らしたとき、メイヨー・クリニックをもっとも効率的な医療提供者と位置づけているわけではないが、メイヨーは一貫してもっとも効率的な部類の医療提供者であり続けている。研究者たちは、人生の終わりに近づいている多くの患者のケアの責任を担う者はいないと結論付けている。しかし、「メイヨー・クリニックのような大規模グループ診療や、インターマウンテン・ヘルスケアのような統合した医療提供システムは、その解決策の実例を示している[11]」。

最後に、メイヨー・クリニックは、価値の高い医療提供者に対する表彰や報酬を支持することで患者を擁護している。患者は質の高い臨床結果、安全な治療、より良いサービスを受けることができる。根拠に基づいた価値スコアを支持することには、メイヨーのリーダーの考えではふたつの見かえりがある。まず、将来の支払い方式において、医師や病院、支払人、医療の政策立案者などを含めた米国の医療体制が長期的に質とコストの両方を考慮するよう働きかけること。次に、メイヨー・クリニックを賢明な、価値の高い選択だと位置づけることだ。

健康を提供する

ニコラス・ラルッソ医師は、メイヨー・クリニックには今後の医療提供の変革のリーダーになってほしいと願っている。変化の必要性が旧来の医療業務の崩壊を約束する力を中心に生まれつつあるようである。その力とは、ゲノミクスや通信技術、破綻した高額な医療制度、従来の規則をすでにたくさん破っている成熟したフェイスブック世代などだ。メイヨー・クリニックのイノベーション・医療変革センター長のラルッソ医師は新しいものに焦点を当てている。とくに、病気の治療より健康維持に重点を置く医療提供に関心を寄せている。これは、今日のの医療と明日の医療の境界線といえるかもしれない。

1980年代初頭、メイヨー・クリニックのリーダーたちは、ミネソタ州ロチェスターまで患者がケアを受けに来られないか、来ようとしないことを非常に懸念していた。今日のリーダーも同様に、一部のオンサイトケアが時代遅れになるような、より徹底した医療提供の変革の可能性を軸とした不安を抱えている。通信技術によって、患者と医師による現在の対面診察の大半とはいわないが、一部を置き換えられるようになった。ロチェスターの元内科長であるラルッソ医師は、一般的な既往歴と、全身をくまなく調べる診察という方式でおこなわれている従来の「定期健康診断」が時代遅れになる可能性が高いと考えている。患者の遺伝子解析と組み合わせた健康リスク評価は、最終的に、従来の一般的な健康診断よりもずっと効率良く病気の予測ができるようになるかもしれない。「個人別のゲノミクス医療と、進化する画像法を組み合わせることで、医療業務に革命を起こす破壊的な力となるでしょう」とラルッソ医師は言う。「メイヨー・クリニックは『発見』の改革に参加する一方で、『提供』の改革を主導しなければなりません。わたしたちはこうしたイノベーションを利用できるようになったときに迅速に導入できる提供システムを構築する必要があります」。

メイヨー・クリニック・ロチェスターのCEO、グレン・フォーブズ医師は言う。「個人の遺伝子構造の知識があれば、将来は人々も医学界も、予測予防医療の流れを重視するようになるでしょう」。彼は、イノベーション・医療変革センターの役割を、双方向の対話的な健康をめぐる関係に必要な発展途上のイノベーションと捉えている。フォーブズ医師は説明する。

将来的にわたしは、地球上のどこでも住むことができ、どこでも旅行できるようになります。自分の健康に関してメイヨーと提携しているので、わたしにはメイヨーとのなんらかの通信方法があります。それは、カードに埋め込まれたコンピュータチップかもしれませんし、わたしの身体に埋めこまれたコンピュータチップかもしれません。メイヨーはわたしの遺伝子構造を知っていて、わたしの遺伝子プロファイルを、何百万もの異常や、わたしの状態に類似した群と相互参照して、取り組むべき予測予防課題を特定しています。メイヨーはわたしの健康面の脆弱性やリスク、長所をわかっていて、これらもデータベースに入っています。

わたしは健康ですが、ときどき受診します。チップが埋め込まれている場合は、知らないうちに「受診」しているかもしれません。週に1度、メイヨーはわたしの血糖値を調べて、

１１６から１２４に上がっていると、クッキーを控えてくださいといったメッセージを送ってきます。こうした情報や助言はわたしとメイヨーの提携の一部で、わたしが個人的に恩恵を受けるために購入を決めたものです。

しかし、わたしは今フランスに旅行していて、具合が悪くなったので、メイヨーと連絡を取る必要があります。マイクロチップを利用するため――プラスチックカード上のチップであれば――ホテルのなかの健康維持「ＡＴＭ」にカードを入れます。すると、今日の銀行がパリの街角で銀行カードを認識するように、ＡＴＭがカードを認識します。わたしはメイヨーに状況を説明します。ずっと頭が痛いんです。するとメイヨーはこう答えます。「あなたの遺伝子によれば、あなたはパスタを食べ過ぎると頭痛が起こる傾向があります。けれども医者にかかりたい場合は、あなたのＧＰＳ情報によれば、そこから３キロの場所にメイヨー・クリニックの卒業生または提携している医療提供者がいます。ここに診療室の座標があります。診療室にはあなたが行くかもしれないことをすでに知らせてあります」。

このように、わたしはメイヨーと提携していて、健康な生活を送っているので、そのときに利用できる通信技術を駆使して、高度な診察や対話を提供することができます。

この新時代における医師は、なおも臨床データを分析して、その意味するところを患者に伝

えるだろう。医師と患者の対話にはなおも聞く技術と個人の独自性に対する感受性が求められる。しかし、患者の遺伝子プロファイルで特定されるリスクの意味について交わされる会話は新しくなるだろう。ラルッソ医師は次のように説明する。「乳がんになる可能性を予測する遺伝子型には、乳がん遺伝子突然変異１（ＢＲＣＡ１）とＢＲＣＡ２のふたつがあります。しかし、これらふたつを合わせても乳がん全体で占める割合はごくわずかです。ＢＲＣＡ３、４、５、６、７……10が見つかれば、近い将来実施される検査では、この人物は乳腺Ｘ線写真を撮りはじめるべきだとか、他の特別な診断検査を20歳で受けるべきだといった疾患早期発症の遺伝子型を特定できるかもしれません。他の型はその女性が子どもを産むのに最適な時機を示唆するかもしれません」。同様に、患者のなかには閉経後のがんの発症と関連する遺伝子型を持つ人がいるかもしれず、その場合は乳腺Ｘ線写真を今日の推奨年齢より何年も先まで安全に後回しにできるだろう。

こうした検査や情報交換の多くは、患者がメイヨー・クリニックの医師の目の前にいる必要がない。しだいに、新たな通信技術を通じて、こうしたケアが世界中のあらゆる場所の患者に施されるようになるだろう。「これこそ人々がめざす医療センターで、一《いち》ＵＲＬであるメイヨー・クリニックの新たな概念となるでしょう」とラルッソ医師は指摘する。「メイヨーに予約をしたからといって必ずしも家を出る必要はありません」。実際、メイヨーはすでに、ミネソタ州の非営利医療保険プロバイダーであるブルークロス・ブルーシールドと提携して、ミネソタ州ダルース地域の診療所と、メイヨー・クリニック・ロチェスターとのあいだでフィージビリティ・プロジェクトを実施している。もし患者と、ダルースの主治医が、ロチェスターへの紹介が問題なくおこなわれていると感じたら、「仮想診察《バーチャル》」を選ぶことができ、ロチェスターの医師がセキュリティ保護されたポータルサイトから提供された情報を吟味し、電子的に48時間以内に見解を共有する。この種のサービスのビジネスモデルは、すでに試験が実施されている。「これまで、概念実証試験からわかったのは、多くの患者とその主治医はこの仮想モデルを利用でき、患者はロチェスターまで出向かなくてもいいということでした」とメイヨーのイノベーション・医療変革センターの上級職員であるバーバラ・スパリアー医師は言う。「患者が、大きな外科的処置や手続きのためにメイヨー・クリニックのような場所に出向く必要があると決定された場合、彼らのケア管理は仮想診察によって迅速に処理されます」。

メイヨー・クリニックの信頼性と患者支援についての評判のおかげで、同クリニックは、この医療情報交換という業務において有利な立場に置かれている。だが、新しいアイデアは、市場で実現される前に、実行可能な顧客体験《カスタマーエクスペリエンス》や、堅実な事業提案に変換されなければならない。そこで、新たなセンターが重要になってくる。バーバラ・スパリアー医師は、アイデアやイノベーションを変換するには専門知識が必要だが、そうした知識が今日のメイヨー・クリニック内には十分にそろっていないと強調する。「イノベーションには1つの専門分野として取りかかります」。

同イノベーションセンターは、SPARC（S：見る、P：計画する、A：行動する、R：磨く、C：伝達する）プロジェクトから派生しており、ラルッソ医師とスパリアー医師の主導の下、内科に拠点が置かれている。SPARCは、対面医療の提供法を再定義することに焦点を当てている。ロチェスターにあるメイヨーの外来患者専用施設にある、一続きの大きなオフィスと診察スペースは、ケア提供研究所に改造された。同施設には、たとえば可動式の壁があって、スペースの機能性をテストするために再設定できる。ケア提供のプロトタイプが構築されたあと、医師や患者が実際に予約を取る外来患者診療所として、リアルタイムで研究がおこなわれる。SPARCでは25件以上のケア提供に関する実地調査がおこなわれている。

ラルッソ医師とフォーブズ医師は、こうして構想された転換によって、実際の施設が時代遅れになってしまうわけではないと強調する。健康管理で形成される関係は、必要に応じて病気管理に切り替わるが、それはおそらく、メイヨー・クリニックでも同様である。「患者はいまだに手続きや手術などでは、直接会っておこなう人の手による医療を求めています。患者はまた、高性能な診断・治療装置も求めています」とフォーブズ医師は言う。「わたしたちはメイヨー・クリニックが、バーチャルな意味でも実際の場所という意味でも、魅力的な目的地であり続けてほしいと思っています」。

遠慮なく意見を言う

2006年、メイヨー・クリニック健康政策センターは、医療改革に関する上層部会談に正式に参加した。「わたしたちの外部理事はメイヨー・クリニックの指導者たちに、メイヨーの患者支援に関する評判に投資するよう求めています」とスモルト医師はいう。彼は2005年に健康政策センターの創設所長に就任し、現在もメイヨー・クリニックの最高管理責任者（CAO）を務めている。1980年代の提案も1993年に始まるビル・クリントン政権の取り組みにしても、ふりかえると、政策立案者が良いアイデアだと思う施策の運命を定めているのは明らかに患者の声だとわかる。患者は選択肢を望んでいる。患者の利益を最大にすることをめざす医師や病院によるケアを求めている。「長年にわたる成功、患者満足度の高さ、高い付加価値の提供者であることを早々に実証したことが、その議論のなかで、われわれの言葉に信憑性を与えているのです」とスモルトは言う。

メイヨー・クリニックの医療改革についての見解は、次の3つの理念に明確に示されている。ひとつめは、米国の国民は誰もが健康保険を必要としているということ。ふたつめは、誰もが統合医療を必要としているということ。この理念は、共通の医療記録、各科の専門家と一体になって診療にあたる医師、患者の利益が最大となる医療をめざしてスムーズに連携する医師と病院といったキーとなる要素を、全ての地域医療が取り入れることを提案するものだ。3つめは、提供される全ての医療は、長期的な医療成果と経費を考慮した価値のメトリックによって評価されなければならないということ。これらの理念は、2006年以来、メイヨー・クリニックが全米で主催したシンポジウムや会議に参加した患者、患者擁護団体、有数の医療専門家によって定められたものだ。

本書のためのインタビューのなかで、スモルトは、少し間をとって、こんな話をしてくれた。

1970年代、メイヨー・クリニックで働きはじめたころ、放射線科のリーダーで理事会のメンバーでもあったジャック・ホジソンと仕事をする機会がありました。彼はわれわれの多くと同じようにメイヨー・クリニックを愛していました。メイヨーでの仕事を離れると、彼は歯に衣着せぬ平和主義者でした。知り合って1年ほどたったころ、彼にこう尋ねられました。「メイヨー・クリニックをどう思う?」即答できずにいると、彼はこう続けました。「知ってのとおり、わたしは平和主義者だ。でも、メイヨー・クリニックのためなら人を殺せる気がする」。

そのあと、スモルトは、ホジソン医師同様、自分のなかにもふたつの気持ちがあることに気づいた。ひとつは、患者のニーズに焦点を合わせる医療という利他の精神を尊重する気持ち、もうひとつはメイヨー・クリニックのような組織が後世の患者のために守られ、存続していくことを個人的に望む気持ちだ。ふたつめの関心は彼ひとりのものではなく、外部理事やリーダーのみならず患者も共有している。医療事業を動かしているのは市場の力だけではない。メイヨー・クリニックで治療を受けた患者の30パーセントから60パーセントはメディケアやメディケイドといった公的医療保険の加入者だ。そういった患者は〝相場〟の治療費を支払っていない。国または州の政策によって上限が決められているからだ。医療提供の市場は、政策や政治哲学や政治的な駆け引きから、大きな影響——場合によっては壊滅的な影響を受けることがある。スモルトは続ける。

われわれ、医療政策センターのメンバーは、今後10年のあいだに大々的な医療改革かメディケア・プログラムの見なおしのいずれかが始まると考えています。ベビーブーマーの大きな流れが患者のためにさらにいろいろなことができるようになった医学的環境に向かうことになるため、いまのメディケアの存続が危ぶまれているからです。何かが起きることは必至です。「メディケアの改定はメイヨーにどの程度の影響を与えることになるのか？」と聞かれることがあります。影響は非常に大きなものになります。その討論にしっかり関わって、患者中心の医療の長い伝統を守り続ける方策を見いだすことが、メイヨー・クリニックの自己利益につながるんです。

明日のリーダーを育てる

メイヨー・クリニックの上級リーダーは、医師のリーダーを含むクリニックの次世代のリーダーにまったくといっていいほど不安を感じていない。キャンパスには、今後のメイヨーを率いる2世代ぶんの候補が確保されていて、上級リーダーの地位につくための準備が着々と進められている。人材プールには多数の候補者が名を連ねているが、やがて、主要な地位に就く候補者のより小さなグループへと絞られていく。そこからはふたつの重要な方針を読み取ることができる。ひとつは、長年にわたって効果的であることが証明されてきた価値観や文化、臨床モデルを維持する人材は組織内で見つけるということ。メイヨーの外から来た者がCEOになることは絶対にないし、上級管理指導者になることもめったにない。もうひとつは、医師のリーダーとハイレベルの管理指導者を計画的に育てるということ。人材プールは、メイヨー・クリニックのキャリア&リーダーシップ開発プログラムの奏功により、いまだかつてない充実ぶりを示している。

現在のプログラムは、1990年代半ばのキャンパス開設時に使われたトレーニングコースを継承するものだ。2005年、21世紀の医師や科学者のリーダーにはメイヨーのマネジメント・スキルのあらましや財政とマーケティングとマネジメントの基礎を短期コースで学ぶだけでは不十分ということになり、新しいプログラムが導入された。「よそで使われているプログラムには、メイヨーの特異なニーズに対応できるものがほとんどありませんでした」と、メイヨー・クリニックにおけるキャリア&リーダーシップ開発プログラムのチームリーダーで、ロチェスターの執行委員でもあるテリーサ・ルマンズ医師は言う。「このプログラムは、経済的に実現可能な方法で、メイヨーとその未来のリーダーならではのニーズに対応するものです」。ファシリテーターとプレゼンターは主として内部の人間が務めるが、個々人の啓発やマネジメントの改変といったトピックについては、学究の世界に身を置く外部の専門家が指導者を務めている。

「このプログラムの目的は、ケアマネジメントの包括的な改変を率いるリーダーの育成にある」とプログラムの設計者は書いている。[12] 医療に関する改変には、部下ではなく同僚を率いておこなうがゆえの難しさがある。医師のリーダーは、医師たちを説得してその気にさせなければ

表9-1　メイヨー・クリニックのキャリア&リーダーシップのプログラム

キャリア&リーダーシップ開発Ⅰ	キャリア&リーダーシップ開発Ⅱ	キャリア&リーダーシップ開発Ⅲ	キャリア&リーダーシップ開発Ⅳ
新たに任命されたスタッフ	新たに任命されたリーダーとそのリーダーが率いるチームのメンバー	経験を積んだリーダー	上級リーダーシップ
モジュールⅠ-A メイヨー・クリニックに受け継がれる伝統：クリニックへの適応指導	モジュールⅡ-A リーダーの役割を理解する	モジュールⅢ-A 価値の提供：品質、安全性、最良の結果を生み出すサービスの文化を築く	モジュールⅣ-A 戦略の構想：方向を定め改革を実現する
モジュールⅠ-B 個人：個人を啓発する	モジュールⅡ-B 任務達成の財務実績を最大化する	モジュールⅢ-B 価値の提供：コストの合理化に向けた出費の削減	モジュールⅣ-B 査定の履行：必要に応じて進捗を評価しコースを修正する
モジュールⅠ-C チーム：チームを啓発する	モジュールⅡ-C 組織の改革を率いる		
	モジュールⅡ-D スタッフを啓発する		

ばならない。「われわれが示すのは、さまざまな委員会と合意に基づくマネジメントという方針によって運営されるメイヨー・クリニックで、どうすれば改変を促すことができるかということです」と、ウィスコンシン州ラクロスにあるメイヨー・ヘルス・システム傘下のフランシスカン・スケンプ医療センターのCEOで、理事会のメンバーでもあるロバート・ネス医師は言う。彼は、前任地ロチェスターでのリーダーとしての豊かな経験を買われてこのコースのプレゼンターに抜擢され、メイ

ヨー・クリニックのマネジメント文化の権威として、外部の人間には決してできない話をしている。

プログラム（表9－1参照）は、全ての新人医師が通過する3つのモジュール（左側の列に示されている）からスタートする。これらの3つのモジュールは1週間にわたっておこなわれる。新たにリーダーになる者とそのリーダーが率いるチームのメンバーは、レベルⅡのプログラムに3日半参加することになる。このプログラムには医師と管理者の双方が参加する。レベルⅢでは、選ばれた部門長や他のリーダー（250人にもおよぶこともある）が、1日半のプログラムに参加する。最後のレベルⅣは、執行委員会と、3つのキャンパスの理事会のメンバーのためのプログラムだ。「このプログラムは、ジャスト・イン・タイムをひとつの特徴としていて、情報が必要になる直前または直後におこなわれます」とルマンズ医師は説明する。

ネス医師は、このプログラムには、もうひとつ目的があると考えている。新たに任命された若手リーダーたちが10～20年にわたって相互交流をおこなう〝リーダーのコミュニティ〟を生み出すことだ。眼科医、病理学者、リウマチ専門医としてだけでなく、リーダーとしての自分を考えることで、彼らはメイヨー・クリニックにおけるリーダーシップのキャリアの新たな役割に同化することができる。

経営者のためのレッスン

偉大なリーダーは組織の未来を創造する。これは21世紀の全ての企業が大きな課題ととらえていることで、医療の世界にとってはまさに難題である。明日の医療を形づくる力に対して、今日の医療提供者は、影響を与えることはできても制御を加えることはできない。それについては、メイヨー・クリニックのように規模の大きな提供者も変わらない。世界じゅうの大学や企業の研究所では、新しい科学、新しい技術が開発されている。重役の会議室や議会では、医療政策、経費、管理について熱のこもった話し合いがおこなわれている。社会では、最高の医療を誰に提供すべきか、その公正さと権利についての論争が繰り広げられている。医師は、病院、保険会社、雇用主、製薬会社が関係するこのシステムに生じる利害の対立にたびたび苦しめられながら、患者に医療を提供する機能の維持に努めている。しかし、メイヨー・クリニックは、プレーヤーの利害が複雑に交錯するこの業界で、社会との戦略的なつながりと未来のリーダーの質を確保するための投資をおこないながら、組織のコア・バリューや戦略に忠実になることで、自らの運命を制御しようとしている。そして、権力が広く分散され、リーダーを支配者ではなく指導者と考えるこの組織には、経営者が学ぶべきものがある。

レッスン1：卓越は旅である

卓越は旅であり、完璧――欠陥のないこと――はたどりつくのが難しい最終目的地である。メイヨー・クリニックに最初の大きな飛躍が訪れたのは、メイヨー兄弟が手術と手術の合間に手を洗うことを決めたときのことだ。このアイデアは自分たちのものではなかった。しかし、当初はバカにしていた父親も、それを機に患者の死亡率が低下したことで納得し、診療所はその卓越した治療により最初の評判を獲得した。それから1世紀、院内感染との戦いはいまだ勝利に至っておらず、手洗いの旅はメイヨーでもその他の医療機関でも続けられている。

卓越性を追求する全ての組織は、目的地を定め、旅の計画を立てなければならない。メイヨー・クリニックは、卓越集団のトップに立つだけで満足せず、測定した品質と他の組織のベストの品質との差をより大きなものにする努力に積極的に取り組んでいる。この計画は〝メイヨー式〟――患者に最大の利益をもたらす高品質を実現するために最良の資源を使っておこなう協調努力――にも反映されている。これは楽な仕事ではない。スタッフは、ときにリーダーからの挑発を燃料にして、旅を続けなければならない。

メイヨー・クリニックは、労働者が自発的に動くという幸運に恵まれている。メイヨーでは特別な努力に対してボーナスが支払われることも休暇が与えられることもない。メイヨーは、試験後に発表された相対評価のトップに名前がある場合のみ、満足できる成績優秀者を雇用するようにしている。それがなんであるかということと、それが何になりうるかということの違いを明確に示すことは、学習、高度な業績、顧客の最善の経験に労働者が深く関わる組織にさらなる力を与える。

米国最強のヘルスケア・ブランドであるメイヨー・クリニックは、提供するサービスの質と範囲の改善を喫緊の課題とみなしている。メイヨーはさまざまな品質指標で業界のリーダーを任じているが、さらに良いものになりたいという願望に比べれば、それもささいなことだ。重篤な患者へのケアで輝かしい評判を築き上げたメイヨー・クリニックは、いま、病気予防に役立つケアモデルの普及を始めている。メイヨー・クリニックのような卓越した組織は、より良いものをめざすこと――より良い旅をすること――に、つねにエネルギーを集中させている。これは全ての経営者にとって貴重な教訓となる。

レッスン2：構造をブランドに合わせる

ブランドは全ての現場と提供品目に共通したものでなければならない。メイヨー・クリニックの患者は、その名のついた全ての門、全てのドアの向こうに、メイヨー・クリニックが見つかることを期待している。患者の経験がきちんと複製され、サービスの文化がフロリダとアリゾナの新しい診療所に移植されたことは患者の満足度調査に表れていたが、開設から15年が経っても何かがおかしかった。姉妹組織がたがいに競い合ったり、数千マイル以上離れた同僚医師と面識がなかったり、中央の資源が割り当てられたことにリーダーが文句を言ったりすると、対等な立場でおこなわれるチームワークの価値が損なわれることになった。メイヨーが提供する臨床サービスは、始められたのと同じ場所で完了するとはかぎらない。複雑なケアは、他のキャンパスに委ねられることもある。したがって、それぞれのキャンパスがメイヨーのモデルをそれぞれに実行するだけでは十分とはいえない。患者はキャンパス間のチームワークがひとつのキャンパスのチームワークと同等に機能することを期待している。

組織の運命を制御するには、サービスの力とマネジメントの力を合致させる必要がある。めったにあることではないが、メイヨー・クリニック・ブランドの地理的拡大には、持ち株会社のモデルが機能しないことが、サービスの低下により明らかになった。「ひとつのメイヨー」は合言葉となり、その意味するところは、個人的な関係性、臨床的協調、共用システムへの投資、キャンパス間のスタッフの異動、全てのキャンパスに共通する新基軸を通じて成熟に向かっている。たとえば、ワイアット・デッカー医師は、ロチェスターとジャクソンヴィルの救急科の部門長を兼務している。臨床神経生理学や行動神経学といった〝分科〟からなる神経科は、研究や教育をとりまとめるために、3つのキャンパスにまたがる合同組織を構成している。決断力のある上級リーダーは、「ひとつのメイヨー」への旅にかなりの資産を投資している。複数の専門分野を扱う統合医療というコンセプトを考案した組織にとって、異なる地域とのチームワーク強化に向けた協調的な努力は、他の地域への進出が決まった時点で、避けて通ることのできない課題となった。それは「もしも」の話ではなく、「いつ」、「どのように」の問題だった。文化が組織に対してできることには限りがあり、構造にも役目を果たしてもらう必要があった。

全ての複合組織のリーダーが直面するもっとも厄介な問題といえば、中央集権と地方分権の適切なバランスを定め、それを実行していくことだ。問題は「最良の構造は何か？」ではなく、むしろ、「戦略の実行にとって最良の構造は何か？」ということにある。第8章で述べたように、ブランドはパフォーマンスを約束するものだ。メイヨーのリーダーシップが外部向けのブラントを強化するために、内部向けのブランド――ひとつのメイヨー――を役立てていることには、教訓にすべきものがある。

レッスン3：パフォーマーを鼓舞してパフォーマンスを向上させる

どんな職種であれ、仕事に熟達した従業員が、自分の椅子にすわったことのない〝経営陣〟や外部の人間の助言を進んで受け入れることはまずありえない。メイヨー・クリニックでは、チームワークの価値が医師たちの感度を和らげてきている。それは臨床上の決定が単独ではなく共有する形でおこなわれていて、多くの場合、医師は自律的に仕事をすることを放棄しているからだ。本章のはじめに、仲間の臨床業務を成功に導いた医師たちの例を紹介した。ロチェスターの整形外科の診療では、肺炎の管理に関してより高いスタンダードを確立し、コスト削減を推進することで、最終的に8000万ドルの節約を実現している。証拠に基づくリサーチをおこなったこれらの外科医は、メイヨーの根底にある価値を尊重し、自分たちの業務に必要な変更について科学的に決定を下している。CEOでも最高財務責任者でも部門長ではない外科医たちが、変革をもたらしたのである。

メイヨーでは、来るべき未来に備えて、組織のあらゆる部分の改善努力を倍加させている（レッスン1）。それは、もっとも良く機能する状態を知る人々に改善を委ねるということ、パフォーマーにパフォーマンスの向上を求めるということだ。スタッフのチームには業務の品質のスタンダードを上げることが義務づけられている。リーダーを務めるのは医師だが、問題を解決するために、看護師、セラピスト、技術者、コンピュータ・プログラマー、システム・エンジニアなど、ケアに関わる全ての部署の代表が集められる。チームのメンバーは「ひとつのメイヨー」の精神で、全てのキャンパスから呼び集められる。これらの専門家の力を結集して、ケア・プロトコルと実行計画を設計し、結果を評価する。組織のパフォーマンスをより高いレベルに引き上げる権限は、実際にその業務をおこなう専門家の手と頭に委ねられる。リーダーはビジョンを明確にし、その重要性を伝え、時間とツールという資源を提供しなければならないが、ひとたびチームがサービスの提供に改変を加える段になれば、熱心な傍観者となる。

まとめ

「フェイスブック世代は自分の組織にどんな影響を与えるのか？」ということは、サービス提供者にとってゆるがせにできない問題である。未来に投資するなら、こういった問題に答えを出さなければならない。新しい世代の顧客にサービスを提供するすぐれた組織を維持し、さらに成長させることは、変革に他ならない。が、そのはじまりは、コア・バリューへの傾倒に裏づけられた明確なアイデンティティ意識にある。そこに欠かせないのは、革新と変更を導くリーダーの存在だ。変革はパフォーマンスの向上に関わるパフォーマーに依存している。変革は日々の挑戦であり、明日の顧客のニーズに応えることを中心に据えた、終わりなき探求の旅なのである。

第10章
人間の潜在能力を発揮する

わたしは何年ものあいだ、正看護師として、主に救命救急の診療や麻酔後の看護の仕事をしてきました。臨床看護師として働き、また指導的役割も担ってきました。アリゾナ州のメイヨー・クリニックには2000年から、夫の仕事の関係でニュージャージー州へ引っ越す2004年まで働いていました。現在は看護師の法律顧問の仕事をしています。

メイヨーを懐かしく思わない日はありません。引っ越したあと、地元の病院で非常勤で働こうとしました。けれども、一度メイヨーで看護師の仕事をすると、よそで勤めるのはとてもつらくなります。看護師にとってメイヨーは驚くべきところです。わたしは「看護師のディズニーランド」と呼んでいました。17年間、看護師の仕事をしてきて、ついに自分がいつも理想としていた看護師になれたからです。患者さんのことはほんとうに第一に考えられていました。患者さんのケアはチームで取り組みます。メイヨーで働きはじめたころのことはいまでもおぼえています。予防的な医療のレベルの高さ、そしてチームアプローチによって大惨事を防ぐやり方に目を見はっていました。以前いたところでは助からない患者さんでも、退院して普通の生活を送っていらっしゃいます。医療チームがあきらめずに相談し合って解決策を考え出すのはごく普通のことでした。チームのどのメンバーも助言するよう求められ、その意見は尊重されます。チームには、医師、看護師をはじめ、理学療法士、呼吸療法士、ソーシャルワーカーと家族が含まれています。

メイヨーでは、全ての医療従事者がたがいに尊重し合っています。いまでも思い出すのは、ある日、担当の術後の患者さんに起き上がるリハビリをさせるために理学療法士が病室へ入ったときのことです。患者さんはトイレに行きたいと言いました。すぐにわたしは患者さんを介助しようと部屋に入りましたが、理学療法士はこう言いました。「わたしがやるから、あなたは自分の仕事を続けなさい」。前の職場では、排せつに関することは全て「看護師の仕事」でした。メイヨーでは「それは自分の仕事ではないから」というのを聞いたことがありません。

メイヨーは雇用について厳しい選抜をします。雇った人をメイヨー式にはめ込もうとするのではなく、最初からビジョンの合う人を雇います。いままで働いてきた職場では、何度も病院の使命とビジョンを一方的に教えこまれてきました。医療機能評価機構の訪問のために暗記させられたこともありました。わたしがすでにそういった価値観を持っているなどと思った人は誰もいなかったのです。けれどもメイヨーでは理解してくれました。

メイヨーでは患者を看護するのにわたしがやりたい方法でやるための時間と援助がありました。痛みのある患者さんには前もって薬を飲んでもらい、時間をかけて気をつかいながら包帯交換をさせることができますし、痛みを伴う治療処置の途中で、他の患者さんのために中断されることなくやり遂げられるのもわかっています。わたしの患者さんは同僚の看護師が時間をさいてみてくれるし、喜んでやってくれるからです。それがわたしたちの文化なのですから。

それから、家族会議に1時間かけることもできるし、危篤状態の患者さんのご家族をなぐさめることもできます。メイヨーではそういったことをささいなこととは考えずに仕事の一部だとみなしているからです。通常の病院では重篤な患者さんにより多くの看護の時間をあてています。メイヨーが他と違うところは、入院している全ての患者さんが特別な手当を必要としていると考えられており、それに応じて人員の配置がおこなわれている点です。もちろん、毎日が完璧というわけではありませんし、十分な時間がとれなかったという日もありますが、時間の90パーセントは、さっき言ったような使い方ができていました。

最終章の冒頭は、メイヨー・クリニックなどの病院で働いてきた、受賞経験もあるベテラン看護師ローリ・プレイトの話だ。彼女はメイヨーの同僚に優秀な仕事ぶりで認められており、彼女の話から、メイヨー・クリニックが模範的な医療提供者、およびサービス組織として有名になり持続している主な理由は、職員であることが明らかだ。労働集約型のサービス組織では、職員がすぐれたサービスを果たさなければすぐれることはありえない。純然たるサービス組織における「製品」とは、実際は一連のパフォーマンスなのである。このように製品の品質は職員《パーフォーマー》の質によって決まる。メイヨー・クリニックの職員は一貫してハイレベルなサービスをしているし、サービスがハイレベルでおこなわれることが必要とされている。患者の

生活の質《クオリティ・オブ・ライフ》、そして、ときには患者の命そのものが職員の質を頼りにしているのである。

たいていのサービス会社は、医療従事者のように脆弱な状態の顧客にサービスをおこなうことはないにしても、メイヨー・クリニックの物語の教訓はヘルスケア以外の分野のサービスでも同様に重要である。あらゆるサービス組織の経営者は、100年以上も存在する組織から得るところがあるはずだ。どのようにして規模的にも複合化の面でもしっかりと成長し、一貫して技能集約型と労働集約型サービスをうまく提供できたのか、その結果、90パーセント以上の患者が称賛の言葉を人に伝えたのか（第8章参照）。

世界的規模のブランドは医療サービスでは珍しい。医療サービスはたいてい車で行ける範囲に住んでいる顧客に提供されるからだ。われわれがリサーチして、本書を執筆したのは、19世紀後半に米国中西部の小さな町で家族が開業した医院が、どのように世界的なブランドになったのかを理解するためだ。どうやったらそんなことができるのか？　われわれが深く研究し、課題をこなし、学んでいることを各々の体験と結びつけて考察することで、どんなことを学び、読者と共有できるのか？　長年にわたるサービスの研究者レナード・ベリーは、サバティカルの休暇にメイヨーでサービスの研究を綿密におこなった。ヘルスケア・マーケティング専門の重役として、ケント・セルトマンは、メイヨー・クリニックのマーケティング部長を1992年から2006年まで務めた。本書の執筆前から、われわれはメイヨーについて多くのことを知っていたにもかかわらず、自分たちが書きたい本——なぜこんなことができたのかという問いに答える本を書けるほど十分ではなかった。読者のためにこの問いに答えるには、まず自分たちで答えを出さなければならなかった。

われわれの発見したことについてはこれまでの章に記してきた。この最終章で、われわれは、これまでの章のリサーチや執筆から学んだことを熟考しよう。メイヨー・クリニックは驚くべき病院だ。たぶん、どんな組織でも1世紀以上存在していれば「驚くべき」というブランドに値する。だが、ただ長く存在しているだけでなく、人々から大いに称賛され、多くの人から求められ続けるなら、その価値があるのは間違いない。

たしかに、メイヨー・クリニックの物語は人間の潜在能力を発揮するという物語だ。たぐいまれな人々が、一度にひとりの患者やひとつの検査検体、ひとつの部屋の掃除に取り組むたぐいまれな仕事をする物語だ。この章では、メイヨーの長く維持している成功の秘訣の背景にある秘訣を抽出する。この章を書くことは、それまでの章をリサーチしたり書いたりせずにはできなかった。われわれはこの最終章まで階段を上ってこなくてはならなかったし、このルールはわれわれの読者にも当てはまる。これは先に最終章を読んではならない本だ。読者にも階段を上っていただきたい。

3つの大きな理念

メイヨー・クリニックは3つの大きな理念からできていた。ひとつ目はどんな利益より患者の利益を優先することだった。ふたつ目は人材を確保することだった。ウィリアム・J・メイヨー医師が言及したように「力の結集」をするためだ。3つ目は時間効率のよい臨床ケアをおこなうことだった。これを第4章では「ディスティネーション医療」と呼んでいる。患者の利益を第一に置くことは、「大志」である。それはクリニックがそうありたいとめざしているものだ。メイヨー・クリニックの職員はよくこれを「第一の価値観」と言っている。チーム医療とデスティネーション医療はクリニックが患者の利益のためにおこなう方法である。ある患者のためだけに技能と知識が統合された医療チームが特別に編成されるという利点が患者にある。そして、そういったサービスは効率的におこなわれるので、臨床サービスをおこなう決定がされてから、実際サービスがおこなわれるまでの時間が短縮される。後者のふたつの理念は実行にかかるものだ。

ビジネスの教科書や教授は、たいてい組織の価値観と戦略を区別する。メイヨー・クリニックの精神と創立者の遺産を考えると、そういった区別はしにくい。一般的にいえば、患者第一主義は目的であり、チーム医療とディスティネーション医療は目的を達成するための戦略である。クリニックはこの3つの理念を持ち続け、それらはクリニックの中心的な価値観《コア・バリュー》を表している。メイヨーでは、中心的な価値観と中心的な戦略が集結している。中心的な戦略は深く埋めこまれ、メイヨーの根底をなすので、それは価値観にもなっている。第3章で述べたように、「ビジネス界では一般に、企業のコア・バリューは不変でも、戦略と戦術は時とともに変化すると考えられている。ところが、メイヨー・クリニックから教えられるのは、すぐれた組織ではひとつ、あるいは複数の戦略が信条体系の中心をなし、組織の成り立ちにとって重要で、コア・バリューの域に達することがあるということだ」。

3つの大きな理念では十分とはいえない

メイヨー・クリニックが開業したころからの理念は、現在も理念として残っている。だがそれはなぜだろう？　重病や診断が確定されていない患者なら、たいてい患者の利益を最優先にしてほしいだろうし、専門的な知識と技術が共有のものとなった恩恵にあずかりたいだろうし、時間効率の良いケアを受けたいだろう。さらに、第9章で述べたように、もうひとつの理念である病気の予防がメイヨーの未来にある。だが、理念だけでは十分ではない。理念はオリエンテーションクラスやケアモデルの小冊子から患者の実体験へ変換される必要がある。理念は遂行されなければならないし、実践されなければならない。

すぐれたサービス組織は実行を重視する。約束され、予想されたパフォーマンスが提供されることを重視する。戦略を隠しておくことはできないし、成功は模倣されやすい。存続するための選択肢は、統合型、複合専門医療グループ診療機関という成功した革新を追うに違いない競争相手をパフォーマンスでしのぐしかない。他の医療機関はメイヨーのモデルを――いくつかの点だけは――追ってきた。だが、メイヨーは第8章で示したデータに表されるように、いまなおヘルスケアのリーディングブランドだ。鍵となるのは実行である。リサーチして本書を書くにあたり学んできたことを熟考した上で、われわれがメイヨー・クリニックについてもっとも印象的だったのは、メイヨーが1世紀以上も前からクリニックの中心的な価値観と戦略をうまく実行してきたということだ。そのように結論付ける根拠は、サービスのパフォーマーであるメイヨー・クリニックの職員こそ、クリニックが維持してきた卓越性のきわめて重要な説明変数だからだ。

レナード・ベリーは以前の著書でこう述べている。「すぐれた人々を魅了することは、実行の第一の原則である。すぐれたサービス会社にはサービスを提供するすぐれた人々が集まる。それはシンプルな考えだが、説得力のある考えだ。だが、ほとんどの会社にとっては捉えどころのない考えだ[1]」。

メイヨーの職員の質には3つの要素があり、それはまた本書で述べた組織の特質の機能でもある。第一に、メイヨーは一流の人々を引きつけて魅了し続ける。第6章でクリニックが職員を引きこむ際の投資と努力について述べたが、求められる職員は、戦略の実行に成功するための能力と背景を持っているだけでなく、成功するための個人的な価値観も持っている人である。メイヨーは個人の持っている価値観が組織の価値観と合致する人を探すために投資しており、これが意味深い利益をもたらしている。というのも、クリニックの価値観は患者中心と協力にあるので、メイヨーは患者中心で協力的な人を引きこむからだ。戦略に基づいた価値観を実行する最良の方法は、もともと望ましい価値観を持っている人を雇うことである。メイヨーはこれを非常にうまくおこなっている。価値観が一致すれば、多くの有能な職員が探し求めている質の高い労働生活が生み出され、職員の離職を防げる。第6章で指摘したように、メイヨーは万人向きではないが、なかにはぴったり合う人もいる。クリニックの職員の離職率はヘルスケア産業の平均よりかなり低く、メイヨーを「生涯の仕事《キャリア》」とする職員も多くいる。必要とされる価値観を持つすぐれた人を引きこむおかげで、メイヨーがリーダーの地位を埋めるために組織の外で人材を探す必要はほとんどない。クリニックのリーダーは彼らが管理職の地位に昇進させる職員の価値観を知っている。それは彼らが内部の人を昇進させるからで、メイヨーが中心的な価値観を保つのにも役立っている。[2]

労働集約型で双方向のサービス組織では、パフォーマーの個人の価値観は、パフォーマンスの価値に直接影響を与える。これはメイヨーの成功を理解する上できわめて重要な鍵である。クリニックの価値観はその戦略で、戦略はその価値観でもある。メイヨー・クリニックはメイヨー・クリニックであるために、人間味のある価値観を持つ有能な人材が必要だ。そしてメイヨー・クリニックだからこそ、人間味のある価値観を持つ有能な人材の心をつかんで離さない。メイヨー・クリニック・アリゾナのCEO、胸部外科のヴィビクター・トラステック医師はこう述べる。「一緒に働いている同僚は、ずば抜けた人たちです。ひとりの患者さんを助けるためならどんなこともやってくれるし、こちらもどんなことでもする。同じことを二度頼む必要もありません」。

第二に、メイヨーの文化とカリスマ性の結びつきは職員に最善の努力を促す。つまり、病院は優秀な人材プールからだけでなく潜在能力を発揮する職員からも利益を得る。あらゆる経営者にとって重要な問いとは「うちの職員は持てる力を出しきっているか、それとも、出しきれていないか」である。メイヨーでたいていの職員が必要とされるレベルまで達しているのは、クリニックの名声とその中心的な価値観と協調し合う文化に埋めこまれている同僚からの高い期待のためである。ほどほどの努力をする程度では、通常メイヨーのスタッフの満足のいくパフォーマンスのレベルには達しない。もちろん、なかにはそのくらいで満足するスタッフもいるが、ほとんどの職員はとてつもない自発的な努力を見せる。つまり悪い結果を避ける程度の最小限の努力をするのではなく、仕事に対して最大限の努力を尽くす。[3] この章の冒頭で看護師のローリ・プレイトが「それは自分の仕事ではないから」と同僚が言うのを聞いたことがないと述べたように。

第二に、メイヨーの協力的な文化はメイヨーの職員の個人的な成長を促進する。メイヨーの職員はただまじめに取り組むだけでなく、自分の技能や知識を向上させ続ける。同僚からのプレッシャーがより一層の努力を促す一方で、同僚の教えが個人の能力を伸ばしている。メイヨーのスタッフは同僚からも学ぶのだ。つまり、成長するだけの理由があるだけでなく、喜んで助けてくれる教師もいるのである。第1章で述べたようにウィリアム・J・メイヨー医師の考えたクリニックの将来の成功に欠かせない3つの条件のひとつは、職員の一人ひとりが他の全てのメンバーの職業的成長に関心をよせ続けることだ。クリニックのスタッフが他のメンバーを個人的にほぼ知っていた時代は遠くなったとはいえ、チーム医療モデルや相談の文化、メイヨーの高性能の呼び出し装置《ページング》や統合電子カルテのような遠隔教示を容易にする通信技術への投資は、この条件の精神が継承されることに全て役立っている。

第5章で述べたように、メイヨーのシステムでは管理部門の任務が交替制になっており、それもまた医師と管理部門のリーダーがペアを組むことと同様に、個人的な成長を促進する。第9章で述べたキャリア&リーダーシップ開発プログラムは、個人のリーダーシップの発達をさらに高める投資である。

すぐれた職員を引きこんで、彼らからすぐれたパフォーマンスを引き出すのは、どんな産業に携わっている経営者にとっても価値ある目標である。製品が、本質的には職員のパフォーマンスである場合にはとくに重要だ。メイヨーはどうやってそのようなすぐれた人材の心をつかんで離さず、しかもそのあいだに彼らから最善の努力を引き出し、個人的な成長を促しているのか？　本書の各章は重要な洞察を示している。この結びの章では、われわれはそういった洞察をふたたび採り上げ、よりはっきりとした言葉で再構成して、メイヨーがヒューマン・パフォーマンスで「A」評価を得る理由を説明してみよう。

高邁な目的の力

メイヨー・クリニックの存在価値、すなわち、重症の患者を助けるということは、人間味のある価値観を持っている人や自分の仕事で貢献したい人、つまり、命に関わる集中的なサービス業にうまく適合するような人の共感を呼ぶ。チームの一員として働きたいと思っている人ばかりではないが、それを望んでいる人のために、メイヨーはほんとうによいチームに入れる機会を与える。期待とリスクがとてつもなく高い職場で働きたいと思っている人ばかりではないが、それを望んでいる人たちにメイヨーは完璧な機会を与える。自分の仕事を通じて患者の生活の質の向上に貢献したいという人ばかりではないが、それを望んでいる人にメイヨーは実現する場をもたらす。

ヘルスケア業界はメイヨー・クリニックを必要としている。医学教育や研究などの健康関連の貢献に加えて、メイヨーは米国や世界の大部分で類を見ないヘルスケア提供の代替モデルを示している。メイヨーは多くの患者にとって最後の手段としての裁判所であり、判断しにくい診断を下し、患者の故郷ではとうていできない専門的な手術をおこなうことができる場所である。どんな経営者にとっても重要な問題は「われわれの組織が一夜のうちに消滅したら、果たして顧客はほんとうに惜しんでくれるだろうか?」である。明らかに、メイヨー・クリニックに対する答えはイエスだろう。クリニックの仕事は重要で、これがすぐれた人々を引きつけて魅了し続け、彼らを努力へと駆り立てるのである。

メイヨーの職員は高い割合でクリニックの中心的な価値観を受け入れている。彼らは患者の役に立ちたくて医療の業界に入ったのだし、そもそもクリニックの根幹にある患者第一の価値観に引き込まれてメイヨーに来たのだから、いったん職に就いたからには自主的な努力へと強く駆り立てられる。メイヨー・クリニックでのキャリアは、患者に効率よく効果的に尽くすという中心的な価値観を革新的に応用できるチャンスが、毎日あるということだ。それが、第1章でわれわれがメイヨーを「モダントラディショナルな組織」と呼んだ理由だ。毎日、さまざまな方法で強化されたそういった価値観は、意思決定や資源配分の羅針盤である。それらは、働く人々を導き、気づかせ、活力を与える。救急医アニー・サドスティはこう述べている。「価値体系は意識的にせよ、潜在的にせよ、毎日思い浮かぶものです。わたしはメイヨーで研修を受けていませんが、25年間ここにいる人のようにすらすらと『患者のニーズが第一』と言えるようになるのにそんなに時間はかかりません。そのワンフレーズこそがみんなを団結させるものなのでしょう。誰もがその意味を知っています」。

卓越するためのリソース

メイヨー・クリニックは職員を引きつけて魅了し続け、活力を与える。それはひとつには、クリニックが独自のやり方で成功を追い求めるという方針によるものだ。クリニックは金銭的な利益ではなく社会利益を生み出すという観点で成功を定義する姿勢を曲げずにきた。社会利益は社会の改善に役立つが、それをメイヨーは患者のケア、医療研究や医学教育を通して自求めてきた。メイヨー・クリニックが存在するのは、より良い収益を生み出すためではなく、より良い生活の質を生み出すためである。種は早くにまかれていた。1921年にウィリアム・メイヨー医師はこう記している。「医療は米国のためになる最大の要素になり得る。国のもっとも大切な財産は国民の健康だからだ[4]」。

だからといって、クリニックが財政状態に関心がないというわけではない。診療報酬の償還のマージンの減少、病院経営の拡大に関連する多大な資本需要、研究と教育活動のための適切な資金の必要性に直面しつつも、クリニックの首脳陣は、医療業務は経済的に自立しなければならないという原則を少なくとも25年間は守ってきた。クリニックは自らの運命を支配するために収支のバランスをとらなければならない。自らの運命を制御し、その使命と遺産に忠実である唯一の方法は、財政的に賢明であることだ。したがって、メイヨーにとっても金銭は重要である。メイヨーと多くの組織（営利団体であれ非営利団体であれ）の違いは、その金がバスを走らせていないことだ。使命がバスを走らせるのだ。これこそ、クリニックのそういった働きぶりのいいすぐれたスタッフを引きこむことができる重要な理由である。1999年にメイヨー・クリニックのCEOとして退職したロバート・ウォラー医師はこう述べている。「ミネソタ州ロチェスターは住みやすい地域ですが、スタッフがロチェスターにとどまるのは、天候や給料がいいからではありません」。

メイヨー・クリニックのビジネス的な面がメイヨー・クリニックの使命を踏みにじることはない。財政上の責任を果たそうとするあまり、卓越した仕事をするのに必要な資源を切り詰めることはしないからだ。メイヨーのスタッフは、適切な方法で仕事をするための十分な時間、設備、施設が与えられている。ローリ・プレイトは「わたしはいつも理想としていた看護師になることができました」と言っているが、この発言は、多くのクリニックの職員が自分たちの仕事についてどう感じているかを正確に表している。彼らは卓越した仕事をするために必要な資源を自由に使えるのだ。

メイヨーが医師主導型であることは、利益より使命を優先する文化にも役立っている。第5章で述べたように、医師のリーダーが管理者のリーダーとチームを組むと、ビジネスとマネジメントの鋭い感覚がリーダーシップにもたらされる。ところが、両者が対立したときは、医師の見方が優先される。管理職はパートナーであるが、対等のパートナーではない。しかもこれには意図がある。メイヨー・クリニック・アリゾナの最高管理責任者ジェームズ・アンダーソンはその根拠をこう説明する。

われわれは臨床側とビジネス側に求められるリーダーシップを提供しなければなりません。そのためにこのようなパートナーを組んでいるのです。ではなぜ、「管理職主導」ではなく、「医師主導」というのでしょうか？　医師主導にすれば、われわれの意思決定がメイヨー・クリニックの基調とする「第一の価値」――何よりも患者の利益を優先すること――の方へ傾くからです。われわれが厳しい選択を迫られ、行き詰っているとき、医師の判断と研修と直観が、考慮すべき事柄の臨床側の方へわれわれを傾ける。それこそがわたしたちが望んでいることです。日々の無数の意思決定をする際に、そういった偏りが功を奏してほしいのです。われわれのメイヨーのモデルについては、組織を患者と医師の方へ傾けたいのです。

使命を優先する手段にはさらに、資源配分の〈ひとつのバケツの哲学〉がある。メイヨーはガバナンスモデルに従い、全ての収入を中央の組織に集めた上で、使命の優先順位に沿って資金を割り当てる。ヘルスケアの医療報酬システムのために、高い収益をあげる医療サービス（外科や画像診断など）もあれば、収益の少ない科（小児科や精神科など）もあるが、その事実によって、メイヨーのさまざまな科に割り当てる資源配分が決まるわけではない。むしろ、資源は財政上の考察だけでなく、診療科がどのくらい患者や研究と教育の要求を満たしているかということに基づいて分配される。ある診療科がクリニック全体のために何をしているのかが、ほんとうに重要なのだ。しかし、このシステムでは、もっと予算をもらえるはずだと感じているグループとの間に緊張を引き起こすのではないか？　そのとおり。たしかに収益の所有者は誰なのかという内部の議論は起こる。とはいえ、このシステムは劇的に変わりそうにない。それによって、メイヨーは統合型複合専門診療機関として卓越するという約束を果たすことができるからだ。ウォラー医師はこう説明する。

世間の人々はあるサービスには惜しげなく金を払っても、別のサービスには払おうとしない。うちがしているのは、世間の人々が払ってくれるサービスで収益を得て、それを全てひとつのバケツに入れることです。予算の分配はわれわれの理事会と役員でどうするのか決めます。うちの〈バケツの哲学〉のおかげで、たとえば、精神科や小児科の治療のために最新の設備をつくることもできたし、診療報酬は高くなくても必要とされている他の診療科に投資することもできました。われわれのアプローチは患者さんが必要とする治療を可能にするのです。

敬意の文化

メイヨー・クリニックの中心的な価値観は敬意の文化を育み、労働生活の質の向上に貢献する。育まれてきたもの（価値観）が振る舞い（文化）を形づくるのだ。メイヨーの職員が概して患者に対して、同僚に対して、そして、組織に対して深い敬意を抱いているのは明らかだ。患者の利益を第一に考えることに誇りを持っている医療機関で、患者の存在や声や尊厳や脆弱さを敬わないのは居心地が悪い。重症で複雑な病気の患者を引きこんだ病院で、同僚の献身を敬わなかったら、愚かである。メイヨーにおいて協力的な医療とは、中心的な価値観というだけでなく、必要不可欠なものなのだ。これほど長きにわたって、人類に尽くすために存在し、しかも成功を収めてきた組織を敬わなかったら、それは傲慢というものだ。メイヨーにはいろいろな要素があるが傲慢ではない。自尊心があるというのはそのとおりだ。名声を守ろうとしているのも、そのとおり。なかなか戦略的な決定をしない、これもしかり。だが、傲慢である、これは違う。スティーヴン・スェンソン医師はこう述べている。「メイヨーでは管理者であれ、看護師であれ、医師であれ、なんであれ、スタンドプレーヤーは認められません。ここかしこで目にするかもしれませんが、そういった類いの人を雇うことはめったにありません。雇ったところで、たいてい長続きしないのです」。

患者は、最初、医師が自分のためにじっくり時間をかけて診察してくれることに驚くことが多い。クリニックは第2章で示したケアモデルの信条にあるように、急き立てない診療をおこなう。この信条の起源は設立者にまでさかのぼり、それは適切な診断を下すために綿密な診察が必要だからというだけでなく（第1章でドクター・ウィルが1895年に医学部の卒業生に向けた講演の抜粋を参照のこと）、患者の存在や声や信用に対する欠かせない敬意からも生じている。メイヨーの患者は予約を3カ月待たなければならないとしても、いったんなかに入りこめば、たいていは並外れた敬意を持って接してもらえる。

メイヨーの合意《コンセンサス》に基づく文化は意思決定の観点から見て、いら立つほど時間がかかることがあるが、それは医療機関がそもそも慎重なのに加えて、同僚の声を尊重している結果ともいえる。1986年、元管理部長のロバート・フレミングはクリニックのスーパーバイザーたちに向けた講演でメイヨーの文化について述べ、そのなかで、医学研究者ルイス・トーマスのコンセンサスについての記述を引用して、その言葉がメイヨーに当てはまると主張した。

> わたしたちは言葉を周りに伝える。わたしたちは他の人ならどうするかをよく考える。わたしたちは詩を読む。わたしたちは文学について深く考える。わたしたちは音楽を奏でる。わたしたちは気持ちを変える。わたしたちは折り合いがつく。このように社会は進展していくのであって、たがいに大声をあげて黙らせるのではなく、個性的な人間の個性的な能力によってたがいに理解しはじめるのだ[5]。

この組織に対する敬意には、無数の表現の仕方があるが、最近退職した上級管理者カールトン・ライダーの表現「組織の自己批判という人格的特徴」は秀逸だ。ライダーはこう説明する。メイヨーのリーダーはたいてい長年勤めてきたので、いよいよ自分がリーダーシップの地位に就くと、引き継いだ遺産をとくに尊重する。さあ、自分が病院のリーダーとして貢献する時がきた。病院を発展させたいし、強化させたいが、衰えさせたくはない。こうして、ライダーの言葉によれば「自分たちに厳しい」という傾向が生じてくる。

自己批判的なのはリーダーだけではない。組織のプライドは全職員に少なからぬ心配を募らせる。組織は中心的な価値観の重視を疎かにしているのではないか、職員がベストを尽くしていないのではないか、医師が以前ほど熱心に患者を救おうとしていないのではないか、といった心配をしているメイヨー職員と話すのは珍しいことではない。こういった懸念にはつねになんらかの真実が潜んでいる場合もあるからだ。組織の中心的な価値観が当然のもととはみなされていないこともありうるし、考えようによっては、もともと危険にさらされている恐れもある。それに、職員の誰もが等しく懸命に働いていない場合や、チームメイトと仲が良くない場合もある。だが、病院の自己批判という人格は、ほとんどの職員にクリニックと遺産に対して圧倒的なプライドを持たせるという働きもある。彼らはメイヨーのことを深く気にかけている。メイヨーのブランド力は、外部の利害関係者《ステークホルダー》だけでなく、職員にも内面的に影響をおよぼす。職員はそのブランドが衰えるのを見たくないのである。

メイヨー・クリニックの物語

メイヨー・クリニックの物語は人々――技能や価値観やビジョンを持つ人々――についての物語だ。他の人たちのために卓越したサービスを届ける組織をつくり、維持していくことを決意し、全力を尽くし続ける人々の物語だ。人間味のある価値観、組織の寛大の精神、伝統的な考えを革新的に応用することについての物語だ。時の試練に耐えてきた輝かしい組織構造についての物語だ。マーケティング・コミュニケーションよりむしろ、サービスのパフォーマンスから生み出された強大で世界的に有名なブランドについての物語だ。過去を重んじて未来に投資する昔ながらのチームワークと現代的な効率性についての物語だ。自分たちの叩くドラムの音に合わせて前進し、自身に忠実で、その独自性に対して安らぎとプライドを持っている唯一無二の組織の物語だ。

だが、それは基本原則が他のサービスの事業体に当てはまるのだから、普遍的な物語でもある。そして、一貫してビジョンを実行することについての物語である。見事なパフォーマンスをおこなうすぐれた人たちの物語であり、自分たちが受け継いだ卓越した組織が強さを維持し、人類に貢献し続けることができるよう、最善を尽くす。

それはあなたの物語にもなる。
最後は、看護師のローリ・プレイトに再登場していただき、メイヨー・クリニック物語のもうひとつのエピソードで締めくくろう。彼女の話はあらゆる偉大な物語に共通の主人公を示している。つまり、人間たちである。[6]

救命医療で働いていると、わたしたちは死や臨終の場に立ち会うことがよくあります。これはどのようにわたしたちチームがこの特別な死に臨んだのかについての話であり、チーム一丸となった究極の努力を示しています。

患者のMさんは最近、末期の症状だと診断されました。Mさんは50年以上連れ添ってきた奥さんとともに積極的な治療をさらに続けるのか、それとも緩和ケアを受けるのかという決断に悩んでいました。メイヨーでは、もっとも難しい状況でもわたしたちは苦もなくチームとして働きます。この夫婦のもっともつらい時期に、適切なチームのメンバー全員がふたりを支援するために自分の役割を果たしました。看護師はすぐれた病室看護を続けました。ケースマネジャーとソーシャルワーカーはM夫妻と時間を持ち、ホスピスと短期治療の両方の選択肢についてくわしく説明しました。その一方で、個人的な問題や差し迫った準備について手助けしました。その家族会議がベッドのわきでおこなわれ、Mさんが意思決定に参加できるようにしました。その会議には医師とソーシャルワーカーとケースマネジャー、チャプランと看護師も出席しました。Mさんは積極的な治療を終わらせる覚悟ができていましたが、奥さんはMさんの最期が近いことを受け入れられませんでした。治療は続けられ、Mさんを延命させるためにあらゆる処置がおこなわれました。チャプランは家族と祈りをささげ、M夫妻に必要な時はいつでも呼んでくださいと言いました。

ここからがほんとうのチームワークが発揮されるところです。Mさんを担当していた若い看護師Wは、こんなに死期が近い患者のケアをしたことはありませんでした。わたしは20年以上の経験があるベテランなので、この難しい時期のあいだ、わたしが必要ならいつでもそばにいて彼女の力になると伝えました。Wは感謝するとともに安心したようでした。Mさんは日に日に死の淵に近づき、奥さんも夫がどれだけ苦しんでいるのかわかってきたようでした。その日の午後4時ごろ、奥さんはWを病室に呼んで、夫を楽にしてやりたい、そして穏やかに逝かせてやってほしいと頼みました。Wは医師に知らせ、わたしはMさんの死が差し迫ったときに病室へ来てくれるようにと頼まれました。

1時間後、ほとんどの書類（心肺蘇生の処置をおこなわない意思を示す〈いわゆるDNR〉）に署名されて、痛みを和らげる処置とそのときが来たら安楽死を迎える許可が出されました。奥さんはMさんの横にいて、Wとわたしはそばで支えていました。わたしたちの担当区画では他の看護師たちがわたしの患者の看護を続けてくれたので、わたしはこのご夫婦の最後の別れを介助しているWに付き添うことができました。いよいよお亡くなりになるというときには、自分はかなり技能があるし、哀れみの情を表すことができると思っていましたが、この日、わたしは生徒となり、見て、学んだのです。

夕方6時に奥さんは、夫が反応しなくなって死が近づいてきたので、チャプランを呼んで一緒に祈ってもらいたいと言ってきました。わたしはWに、チャプランはもうひとつの区画で同じような状況にいる別の家族といるから探して呼び出せばよい、と指示しました。チャプランは20分ぐらいでこちらへ来られると言いました。でもMさんには20分も残されていません。奥さんは泣きながら、夫の臨終のあいだチャプランに祈ってもらいたいと頼みました。Mさんがあと20分ももたないのは間違いありません。わたしはティッシュペーパーをつかんで奥さんをなぐさめる準備をして、Mさんに精いっぱいの哀れみの情を示しました。わたしが病室に入ったとき見えたのは、Mさん夫婦と宗教の異なるWが、片方に奥さんの手を、もう片方にMさんの手を取って、祈りはじめるところでした。彼女はふたりのファーストネームを言ってふたりの50年の結婚を祝福するように神さまに願いました（わたしにはとっさにふたりのファーストネームが出てくるかわかりません）。彼女は力強く、明瞭な優しい声で、震えずに主の祈りを唱えました。そして、その祈りのなかでMさんは息を引き取りました。

わたしは部屋の入口付近に立ったままむせび泣きました。そして、複雑な感情が湧きました。Mさんの奥さんのお悔やみに対する悲しみと、わたしたちチームが患者さんに必要なことをして差し上げた安堵です。Wは究極のチームプレーヤーです。彼女はもうひとつの役割を引き受け、もっとも重大なときにわたしたちのシステムを補って完璧にしたのです。

NOTES 原注

第1章

1. Denis A. Cortese, "The Note on the Windshield," *Mayo Clinic Checkup*, July 2002, p. 2.

2. Thomas R. Viggiano, Wojciech Pawlina, Keith Lindor, Kerry D. Olsen, and Denis A. Cortese, "Putting the Needs of the Patient First: Mayo Clinic' s Core Value, Institutional Culture, and Professionalism Covenant," *Academic Medicine*, November 2007, p. 1089.

3. "A Study of Attitudes toward Mayo Clinic," Report for Mayo Clinic, Social Research, Inc., December 1961, p. 55.

4. "A Study of Non-Patient Attitudes toward the Mayo Clinic," Research report for Mayo Clinic, Social Research, Inc., October 1962, p. 53.

5. "A Study of Attitudes toward Mayo Clinic," p. 56.

6. Robert C. Roesler, *Principles and People: Key Elements of Mayo* (Rochester, MN: Mayo Foundation, June 1984), p. 27.

7. 引用元は Roesler, p. 6.

8. See Rajenda S. Sisodia, David B. Wolfe, and Jagdish N. Sheth, *Firms of Endearment: How World-Class Companies Profit from Passion and Purpose* (Upper Saddle River, NJ: Wharton School Publishing, 2007) and Leonard L. Berry, *Discovering the Soul of Service: The Nine Drivers of Sustainable Business Success* (New York: Free Press, 1999).（レオナルド・ベリー『成功企業のサービス戦略：顧客を魅了しつづけるための9つの原則』和田正春訳、ダイヤモンド社、2001年）

9. Berry, 1999, pp. 35-38.

10. Leonard L. Berry, "The Best Companies are Generous Companies,"

Business Horizons, July.August 2007, pp. 263-269.

11. J. T. Logan, "The Mayo Clinic," *The Free Methodist*, February 13, 1931, p. 8.
12. Leonard L. Berry and Neeli Bendapudi, "Health Care: A Fertile Field for Service Research," *Journal of Service Research*, November 2007, pp. 111-122.
13. Leonard L. Berry, "Leadership Lessons from Mayo Clinic" *Organizational Dynamics*, Fall 2004, pp. 228-242.
14. William Mayo, (address, Minnesota State University) published in *Northwest Lancet*, 1895, vol. 15, pp. 221-225.

第 2 章

1. 2006 年 9 月 5 日付の手紙。
2. Helen Clapesattle, The Doctors Mayo [abridged] (Rochester, MN: Mayo Foundation for Medical Education and Research, 1969), pp. 136-140. この公認された一家の伝記はもともと 1941 年に University of Minnesota Press より刊行された。メイヨー・クリニックがその版権を買い取り、1969 年以降、縮約版を出版している。(『メイヨーの医師たち』加地正郎、菅正明訳、近代出版、1982 年)
3. William J. Mayo, "The Necessity of Cooperation in Medicine," address delivered at the Rush Medical College commencement, June 15, 1910, originally published in the *Collected Papers* by the Staff of Saint Marys Hospital, Mayo Clinic, 1910; 2: pp. 557-566; and reprinted verbatim in *Mayo Clinic Proceedings*, vol. 75, 2000, pp. 553-556. The quote used in this chapter appears on p. 554 of the *Mayo Clinic Proceedings* reprinting.
4. Robin Finn, "Public Lives; New Man in the Hot Seat of State Health

Commissioner," *New York Times*, February 2, 2007.

5. Leonard. L. Berry and Kent D. Seltman, "Building a Strong Services Brand: Lessons from Mayo Clinic," *Business Horizons* 50, 2007, pp. 203-204.
6. Elizabeth Pestka, "Nurses Built the Hospital: A Readers' Theatre Used in Nursing Orientation," forthcoming in *Journal of Continuation Education in Nursing*.
7. 朗読劇の台本は以下より引用した。 Sister Ellen Whalen, O.S.F., *The Sisters' Story* (Rochester, MN: Mayo Foundation for Medical Education and Research, 2002), p. 60.
8. Clapesattle, p. 145.
9. Harold Severson, "After 30 Years and 4,355 Recitals, Drummond to Retire as Carillonneur," *Rochester Post-Bulletin*, December 24, 1957, p. 10.

第3章

1. このエピソードをはじめ、この章のいくつかの引用は以下を出典とする。Leonard L. Berry, "The Collaborative Organization: Leadership Lessons from Mayo Clinic," *Organizational Dynamics*, No. 3, Fall 2004, pp. 228.242.
2. William J. Mayo, "The Necessity of Cooperation in Medicine," speech delivered at the Rush Medical College commencement, June 15, 1910, originally published in the *Collected Papers* by the Staff of Saint Marys Hospital, Mayo Clinic, 1910, vol. 2, pp. 557-566, and reprinted verbatim in *Mayo Clinic Proceedings*, vol. 75, 2000, pp. 553-556. The quote used in this chapter appears on p. 554 of the *Mayo Clinic Proceedings* reprinting.
3. Thomas J. Watson, Jr., *A Business and Its Beliefs: The Ideas that Helped*

Build IBM (New York: McGraw-Hill, 1963), pp. 5-6.

4. See Paul Roberts, "The Best Interest of the Patient Is the Only Interest to Be Considered," *Fast Company*, April 1999, pp. 149-162.
5. Matthew Dacy, "Aspects of Integration--The Spirit and Systems that Hold Mayo Clinic Together," *Mayo Today*, January-February 2007, p. 20.
6. As quoted in *Teamwork at Mayo: An Experiment in Cooperative Individualism*, a publication of the Mayo Center for Humanities in Medicine, Mayo Press, 1998, p. 6.
7. Helen Clapesattle, *The Doctors Mayo* [abridged] (Rochester, MN: Mayo Foundation for Medical Education and Research, 1969), p. 423. Based on the original volume published in 1941.（『メイヨーの医師たち』加地正郎、菅正明訳、近代出版、1982年）
8. Daniel Yankelovich and John Immerwahr, *Putting the Work Ethic to Work* (New York: Public Agenda Foundation, 1983), p. 1. and Leonard L. Berry, *Discovering the Soul of Service: The Nine Drivers of Sustainable Business Success* (New York: Free Press, 1999), pp. 13-14.（レオナルド・ベリー『成功企業のサービス戦略：顧客を魅了しつづけるための9つの原則』和田正春訳、ダイヤモンド社、2001年）
9. Leonard L. Berry and Neeli Bendapudi, "Clueing in Customers," *Harvard Business Review*, February 2003, pp. 100-106. The wedding story appears on pp. 102-103.
10. Berry, *Discovering the Soul of Service*, Chapter 9.（ベリー、前掲書）
11. See Noel M. Tichy and Stratford Sherman, *Control Your Destiny or Someone Else Will* (New York: Currency Doubleday, 1993), pp. 234-235.（ノエル・M.ティシー、ストラトフォード・シャーマン『ジャック・ウェルチのGE革命：世界最強企業への選択』小林規一訳、東洋経済新報社、

1994 年）

12. As quoted in Frank Rose, “A New Age for Business,” *Fortune*, October 8, 1990, p. 162.

第 4 章

1. Helen Clapesattle, *The Doctors Mayo* [abridged] (Rochester, MN: Mayo Foundation for Medical Education and Research, 1969), p. 209.（『メイヨーの医師たち』加地正郎、菅正明訳、近代出版、1982 年）

2. Proctor P. Reid, W. Dale Compton, Jerome H. Grossman, and Gary Fanjiang, eds., *Building a Better Delivery System: A New Engineering/Health Care Partnership* (Washington, DC: The National Academies Press, 2005), p. 13.

3. Lawrence H. Lee, Stephen J. Swensen, Colum A. Gorman, Robin R. Moore, and Douglas L. Wood, “Optimizing Weekend Availability for Sophisticated Tests and Procedures in a Large Hospital,” *The American Journal of Managed Care*, vol. 11, no. 9, September 2005, pp. 553-558.

第 5 章

1. Judith Hartzell, *I Started All This: The Life of Dr. William Worrall Mayo* (Greenville, SC: Arvi Books, Inc., 2004), p. 138.

2. Harry J. Harwick, *Forty-Four Years with the Mayo Clinic : 1908-1952* (Rochester, MN: Mayo Clinic, 1957), p. 5.

3. Helen Clapesattle, *The Doctors Mayo* [abridged] (Rochester, MN : Mayo Foundation for Medical Education and Research, 1969), p. 227.（『メイヨーの医師たち』加地正郎、菅正明訳、近代出版、1982 年）

4. Clapesattle, p. 228.

5. Harwick, p. 11.
6. Clark W. Nelson, *Mayo Roots: Profiling the Origins of Mayo Clinic* (Rochester, MN: Mayo Foundation for Medical Education and Research, 1990), p. 120.
7. Harwick, p. 15.
8. Harwick, p. 17.
9. Harwick, p. 7.
10. Harwick, pp. 18-19.
11. Clapesattle, p. 417.
12. Harwick, p. 19.
13. John H. Herrell, "The Physician-Administrator Partnership at *Mayo Clinic,*" *Mayo Clinic Proceedings*, January 2001, p. 108.
14. Herrell, p. 109.
15. Herrell, p. 108.
16. Kenneth E. Smith, "Mayo Health System: Development of an Integrated Delivery System in Southern Minnesota, Northern Iowa, and Western Wisconsin," in *Integrated Health Care: Lessons Learned*, J. William Appling, ed. (Englewood, CO: Medical Group Management Association, 1999), p. 308.
17. Mary Ellen Landwehr and Gregg Orwoll, "Warren Burger--Beyond the High Court," *Mayo Alumnus*, Fall 1986, p. 25.
18. Alfie Kohn, "Why Incentive Plans Cannot Work," *Harvard Business Review*, September.October 1993, p. 62.
19. Francis Fukuyama, *Trust: The Social Virtues and the Creation of Prosperity* (New York: The Free Press, 1995), p. 156.（フランシス・フクヤマ『「信」無くば立たず』加藤寛訳、三笠書房、1996 年）

第6章

1. Robert C. Roesler, *Principles and People: Key Elements of Mayo* (Rochester, MN: Mayo Foundation, 1984), p. 7.
2. Leonard Berry, *On Great Service: A Framework for Action* (New York: The Free Press, 1995), p. 167.
3. Leonard Berry, *Discovering the Soul of Service: Nine Drivers of Sustainable Business Success* (New York: The Free Press, 1999), p. 84.（レオナルド・ベリー『成功企業のサービス戦略：顧客を魅了しつづけるための9つの原則』和田正春訳、ダイヤモンド社、2001年）
4. Leonard A. Schlesinger and James L. Heskett, "*Breaking the Cycle of Failure in Service,*" *Sloan Management Review*, Spring 1991, pp. 17–28; also see James L. Heskett, W. Earl Sasser, Jr., and Leonard A. Schlesinger, *The Service Profit Chain* (New York: The Free Press, 1997).（ジェームス・L・ヘスケット、W・アール・サッサー・ジュニア、レオナード・A・シュレシンジャー『カスタマー・ロイヤルティの経営：企業利益を高めるCS戦略』島田陽介訳、日本経済新聞社、1998年）
5. Berry, *Discovering the Soul of Service*, p. 133.（ベリー『成功企業のサービス戦略』）
6. 高い業績のサービス企業による職員の業績への投資に関する優れた考察として、以下を参照されたい。Sybil Stershic, *Taking Care of the People Who Matter Most: A Guide to Employee-Customer Care* (Rochester, NY: WME Books, 2007).
7. Ron Zemke, "World-Class Customer Service," *Boardroom Reports*, December 15, 1992, p. 1; also see Dan J. Sanders, *Built to Serve* (New York: McGraw-Hill,2008), Chapter 4.

8. Leonard L. Berry, "The Collaborative Organization: Leadership Lessons fromMayo Clinic," *Organizational Dynamics*, No. 3, Fall 2004, p. 231.

第7章

1. Leonard L. Berry and Neeli Bendapudi, "Clueing in Customers," *Harvard Business Review*, February 2003, p. 106.
2. Leonard L. Berry, Eileen A. Wall, and Lewis P. Carbone, "Service Clues and Customer Assessment of the Service Experience: Lessons from Marketing," *Academy of Management Perspectives*, May 2006, pp. 43-57.
3. Lewis P. Carbone and Stephen Haeckel, "Engineering Customer Experiences," *Marketing Management*, Winter 1994, pp. 8-19; and Stephen H. Haeckel, Lewis P.Carbone, and Leonard L. Berry, "How to Lead the Customer Experience," *Marketing Management*, January. February 2003, pp. 18-23. Also see Lewis P. Carbone, *Clued In: How to Keep Customers Coming Back Again and Again* (Upper Saddle River, NJ: FT Prentice Hall, 2004).
4. Leonard L. Berry and Lewis P. Carbone, "Build Loyalty through Experience Management," *Quality Progress*, September 2007, pp. 26-32.
5. See Leonard L. Berry, A. Parasuraman, and Valarie A. Zeithaml, "Improving Service Quality in America: Lessons Learned," *Academy of Management Executive*, Spring 1994, pp. 32-44.
6. Susan M. Keaveney, "Customer Switching Behavior in Service Industries: An Exploratory Study," *Journal of Marketing*, April 1995, pp. 71-82.
7. Berry and Bendapudi, pp. 104-105.
8. Valarie A. Zeithaml, A. Parasuraman, and Leonard L. Berry, *Delivering Quality Service: Balancing Customer Perceptions and Expectations* (New

York: The Free Press, 1990).

9. Berry, Wall, and Carbone, p. 49.

10. Michael C. Krauss, "Starbucks 'Architect' Explains Brand Design," *Marketing News*, May 1, 2005, pp. 19-20. To read more about Starbucks, see Joseph Michelli, *The Starbucks Experience* (New York: McGraw-Hill, 2006)（ジョゼフ・ミケーリ『スターバックス５つの成功法則と「グリーンエプロンブック」の精神』月沢李歌子訳、ブックマン社、2007年）, and Howard Schultz, *Pour Your Heart into It* (New York: Hyperion, 1997).（ハワード・シュルツ、ドリー・ジョーンズ・ヤング『スターバックス成功物語』小幡照雄、大川修二訳、日経 BP 社、1998 年）

11. Roger Ulrich, "Effects of Interior Design on Wellness: Theory and Recent Scientific Research," *Journal of Healthcare Design*, November 1991, pp. 97-109.

12. Jain Malkin, *Medical and Dental Space Planning*, 3rd ed. (New York: John Wiley & Sons, 2002).

13. Berry and Bendapudi, p. 106.

14. 病院での騒音の影響と参照元リストについて詳しくは以下を参照されたい。Leonard L. Berry, Derek Parker, Russell C. Coile, Jr., D. Kirk Hamilton, David D. O' Neill, and Blair L. Sadler, "The Business Case for Better Buildings," *Frontiers of Health Services Management*, Fall 2004, pp. 5-24.

15. Berry, Parker, Coile, et al., p. 10.

16. Cheryl A. Cmiel, Dana M. Karr, Dawn M. Gasser, Lorretta M. Oliphant, and Amy Jo Neveau, "Noise Control: A Nursing Team' s Approach to Sleep Promotion," *American Journal of Nursing*, February 2004, vol. 104, no. 2, pp. 40-49.

17. J. A. Overman Dube, M. M. Barth, C. A. Cmiel, S. M. Cutshall, S. M. Olson, S. J. Sulla, J. C. Nesbitt, S. C. Sobczak, D.E. Holland, "Environmental Noise Sources and Interventions to Minimize Them: A Tale of Two Hospitals," *Journal of Nursing Care Quality*, July/September, 2008, vol. 23, no. 3, forthcoming.

18. この段落と次の段落は以下を書き改めたもの。 Berry, Wall, and Carbone, p. 49.

19. Lois A. Mohr and Mary Jo Bitner, "The Role of Employee Effort in Satisfaction with Service Transactions," *Journal of Business Research*, vol. 32, 1995, pp. 239-252.

20. See Leonard L. Berry, *On Great Service* (New York: The Free Press, 1995), pp. 89-94.

21. *Mayo Clinic Model of Care*, Mayo Press, 2000.

22. Berry and Bendapudi, p. 106.

23. See Neeli M. Bendapudi, Leonard L. Berry, Keith A. Frey, Janet T. Parish, and William Rayburn, "Patients' Perspectives on Ideal Physician Behaviors," *Mayo Clinic Proceedings*, March 2006, pp. 338-344.

24. この手紙の初出は以下のとおり。Bendapudi, Berry, Frey, et al., p. 343.

25.「体験モチーフ」について詳しくは以下を参照されたい。Carbone 2004 (note 3) and Berry and Carbone 2007 (note 4).

第8章

1. Joe M. Inguanzo, "PRC National Consumer Perception Study," Professional Research Corporation, Omaha, NE, publication pending.

2. この章の枠組みと内容の一部は以下を書き改めたもの。Leonard L. Berry and Kent D. Seltman, "Building a Strong Services Brand: Lessons

from Mayo Clinic," *Business Horizons*, May.June 2007, pp. 199-209.

3. Leonard L. Berry, "Cultivating Service Brand Equity," *Journal of the Academy of Marketing Science*, Winter 2000, pp. 128-137.
4. Stan Richards, "Building a Brand," a presentation at Texas A&M University' s Center for Retailing Studies Symposium, Dallas, TX, October 8, 1998.
5. Berry, 2000, p. 129.
6. Leonard L. Berry and A. Parasuraman, *Marketing Services: Competing through Quality* (New York: The Free Press, 1991).
7. Kevin Keller, "Conceptualization, Measuring, and Managing Customer-Based Brand Equity," *Journal of Marketing*, January 1993, pp. 1-22.
8. As quoted in Leonard L. Berry and Sandra S. Lampo, "Branding Labor-Intensive Services," *Business Strategy Review*, Spring 2004, p. 20.
9. Helen Clapesattle, *The Doctors Mayo* [abridged] (Rochester, MN: Mayo Foundation for Medical Education and Research, 1969), p. 242. (『メイヨーの医師たち』加地正郎、菅正明訳、近代出版、1982 年)
10. Clapesattle, pp. 243.244.
11. メイヨー・クリニック独自の市場調査、2007 年。
12. John T. Shepherd, *Inside the Mayo Clinic: A Memoir* (Afton, MN: Afton Historical Press, 2003), p. 135. (ジョン・T・シェパード『メイヨー・クリニックの内側』中根いずみ訳、ぱる出版、2007 年)
13. Robert Waller, "Diversification Update to the 理 事 会 ," September, 1894. Private papers of Robert Waller, p. 6.
14. Peter W. Carryer and Sylvester Sterioff, "Mayo Health System: A Decade of Achievement," *Mayo Clinic Proceedings*, vol. 78, 2003, pp. 1047-1053.

14. Peter W. Carryer and Sylvester Sterioff, "Mayo Health System: A Decade of Achievement," *Mayo Clinic Proceedings*, vol. 78, 2003, pp. 1047-1053.

15. William J. Mayo and Charles H. Mayo, "A Disclaimer from the Mayo Brothers," *JAMA*, May 15, 1909, p. 2.

16. ウィリアム・J・メイヨーからJ・F・パーシーとフレッド・エウィングへの 1908 年 11 月 4 日 付の手紙。

17. メイヨー・クリニック独自の市場調査、2007 年。

第 9 章

1. Leonard L. Berry, *Discovering the Soul of Service: The Nine Drivers of Sustainable Business Success* (New York: The Free Press, 1999), p. 111.（レオナルド・ベリー『成功企業のサービス戦略―顧客を魅了しつづけるための 9 つの原則』和田正春訳、ダイヤモンド社、2001 年）

2. Committee on Quality Health Care in America, Institute of Medicine, *To Err Is Human: Building a Safer Health System*(Washington, DC: National Academies Press, 2000).（米国医療の質委員会、医学研究所『人は誰でも間違える:より安全な医療システムを目指して』L. コーン, J. コリガン, M. ドナルドソン編、医学ジャーナリスト協会訳、日本評論社、2000 年）

3. 疾病管理予防センター発表。以下で参照可能 : www.cdc.gov.

4. Donald A. B. Lindberg, "NIH: Moving Research from the Bench to the Bedside," statement to U.S. House of Representatives Committee on Energy and Commerce; subcommittee on Health, 108th Congress, 1st Session, July 10, 2003.

5. E. Andrew Balas and Suzanne A. Boren, "Managing Clinical Knowledge for Health Care Improvement," *2000 Yearbook of Medical Informatics*

(Bethesda, MD: National Library of Medicine) pp. 65-70.
6. E. A. McGlynn, S. M. Asch, J. Adams, et al., "The Quality of Healthcare Delivered to Adults in the United States," *New England Journal of Medicine*, 2003, pp. 2635-2645.
7. Robert K. Smoldt and Denis A. Cortese, "Pay-for-Performance or Pay for Value ? " *Mayo Clinic Proceedings*, February 2007, pp. 210-213.
8. Dartmouth Medical School Center for the Evaluative Clinical Sciences, *Dartmouth Atlas of Health Care*, available at: www.dartmouthatlas.org.
9. John Wennberg, Elliott Fisher, and Sandra Sharp, "Executive Summary" from *The Care of Patients with Severe Chronic Illness: An Online Report on the Medicare Program*, (Trustees of Dartmouth College, 2006), p. 1. Available at: http:// www.dartmouthatlas.org/atlases/2006_Atlas_Exec_Summary.pdf.
10. Wennberg, Fisher, and Sharp, p. 2.
11. John Wennberg, Elliott Fisher, and Sandra Sharp, *The Care of Patients with Severe Chronic Illness: An Online Report on the Medicare Program*, (Trustees of Dartmouth College, 2006), p. 71. Available at: http://www.dartmouthatlas. org/atlases/2006_Chronic_Care_Atlas.pdf.
12. Robert Nesse, Teresa Rummans, and Scott Gorman, "The New Physician/ Scientist Leaders: Mayo Clinic Responds to Changing Trends in Healthcare Executive Education," *Group Practice Journal*, April 2007, pp. 13-17.

第 10 章

1. Leonard L. Berry, *Discovering the Soul of Service: The Nine Drivers of Sustainable Business Success*(New York: The Free Press, 1999), p. 239.（レ

オナルド・ベリー『成功企業のサービス戦略：顧客を魅了しつづけるための9つの原則』和田正春訳、ダイヤモンド社、2001年）

2. Berry, *Discovering the Soul of Service*, p. 240.（ベリー『成功企業のサービス戦略』）

3. Daniel Yankelovich and John Immerwahr, *Putting the Work Ethic to Work*(New York: Public Agenda Foundation, 1983), p. 1.

4. William J. Mayo, "The Medical Profession and the Public," *Journal of American Medical Association*, vol. 76, 1921, pp. 921-925.

5. 1986年3月4日、メイヨー・クリニックでのロバート・W・フレミングのスピーチより引用。

6. この話の初出は以下のとおり。Leonard L. Berry, "The Collaborative Organization: Leadership Lessons from Mayo Clinic," *Organizational Dynamics*, no. 3, Fall 2004, pp. 239-240.

著者紹介　About the Authors

レナード・L・ベリー　Leonard L. Berry

テキサスA&M大学マーケティング特別教授。メイズ経営大学院で小売りおよびマーケティング・リーダーシップ講座を担当し、医学部の医学人文学教授も務める。メイヨー・クリニックの客員研究員としてヘルスケアサービスを2001年から2002年にかけて研究した。元米国マーケティング協会会長で、著書に『成功企業のサービス戦略』(ダイヤモンド社)、『*On Great Service*』などがある。AMA/アーウィン/マグロウヒル・傑出したマーケティング教育者賞、マーケティング科学アカデミーの卓越したマーケティング教育者賞、ポール・D・コンヴァース賞（米国マーケティング協会）を受賞した。

ケント・D・セルトマン　Kent D. Seltman

メイヨー・クリニック元マーケティング部長。16年にわたるメイヨーでのキャリアの前に、19年間、大学で英語教授や学部長を務めた。ヘルスケア・マーケティングのキャリアは1984年、フロリダ州オーランドにあるフロリダ病院の広報およびマーケティング・コミュニケーション部長としてスタート。1987年にMBAを取得し、ロマリンダ大学医療センターロマリンダ国際心臓研究所の創設所長を経て、1992年、メイヨー・クリニックに着任する。ヘルスケア・マーケティングやブランディングについて広く講演や執筆活動を行い、米国マーケティング協会の季刊誌『*Marketing Health Services*』の編集者を務めた。

全米No.1クリニックが教える
最強のマネジメント

2018年（平成30年）10月7日　第1刷発行

著　者——レナード・L・ベリー　ケント・D・セルトマン
訳　者——近藤隆文
発行者——青木仁志
発行所——アチーブメント株式会社
〒135-0063　東京都江東区有明3-7-18
有明セントラルタワー19F
TEL 03-6858-0311（代）／ FAX 03-6858-3781
http://www.achievement.co.jp

発売所——アチーブメント出版株式会社
〒141-0031　東京都品川区西五反田2-19-2
荒久ビル4F
TEL 03-5719-5503 ／ FAX 03-5719-5513
http://www.achibook.co.jp

twitter　@achibook
facebook　http://www.facebook.com/achibook
Instagram　achievementpublishing

装　丁————吉村朋子
本文DTP——合同会社キヅキブックス
校　正————株式会社ぷれす
印刷・製本——大日本印刷株式会社

　ISBN 978-4-86643-036-2